LA PRÁCTICA DE LA CONSULTORÍA ESTRATÉGICA DE NEGOCIO

LA METODOLOGÍA AVANZALIS MANAGEMENT

© 2011 Avanzalis Management S.L. Todos los derechos reservados.

Barcelona. España

ISBN: 978-84-615-7625-8

Autor:

José Carlos Ramos Carrasco

Colaboradores:

Ignacio Esteban Gassó

Yady Liliana Alvarado Salazar

Imprime: Impulso Global Solutions

Diseño de portada realizado por Red Vinilo

CONTENIDO

1.	**INTRODUCCIÓN**	**9**
1.1	**OBJETIVOS**	**9**
1.2	**A QUIÉN VA DIRIGIDO**	**9**
1.3	**CONTENIDO DEL MANUAL**	**10**
2	**FUNDAMENTOS DEL MANAGEMENT**	**12**
2.1	**HISTORIA DEL MANAGEMENT. LOS GRANDES APORTES A LA DIRECCIÓN Y GESTIÓN DE EMPRESAS**	**12**
2.1.1	PREHISTORIA DEL MANAGEMENT	12
2.1.2	AÑOS 1900 -1929	14
2.1.3	AÑOS 30 Y 40	15
2.1.4	AÑOS 50	17
2.1.5	AÑOS 60	19
2.1.6	AÑOS 70	21
2.1.7	AÑOS 80	22
2.1.8	AÑOS 90	26
2.1.9	AÑOS 2000	30
2.2	**ESTRUCTURA ORGANIZATIVA**	**32**
2.2.1	DISEÑO ORGANIZATIVO	33
2.2.2	PARTES FUNDAMENTALES DE LA ORGANIZACIÓN	35
2.2.3	FASES DE CRECIMIENTO DE LA ORGANIZACIÓN	38
2.3	**MODELOS DE NEGOCIO**	**39**

2.3.1	EL CANVAS PARA MODELIZAR ACTIVIDADES DE NEGOCIO	40
2.3.2	MODELO DE NEGOCIO ABIERTO	41
2.3.3	MODELO DE NEGOCIO PLATAFORMA	42

3 PLANIFICACIÓN ESTRATÉGICA — **44**

3.1 ESTRATEGIA — **44**

3.1.1	ELEMENTOS DE LA ESTRATEGIA	44
3.1.2	PLANIFICACIÓN ESTRATÉGICA	46

3.2 EL ENTORNO — **48**

3.2.1	ANÁLISIS PESTEL	48
3.2.2	ANÁLISIS DE LAS CINCO FUERZAS DE PORTER	50
3.2.3	CADENA DE VALOR DE PORTER	54
3.2.4	ANÁLISIS DAFO	56

3.3 ESTRATEGIA DE OCÉANO AZUL. CURVAS DE VALOR — **59**

3.3.1	ESQUEMA DE LAS CUATRO ACCIONES. ESTRATEGIA DEL OCÉANO AZUL	60

3.4 BALANCED SCORECARD — **63**

3.4.1	PERSPECTIVAS DEL CUADRO DE MANDO INTEGRAL	64

3.5 MAPAS ESTRATÉGICOS — **66**

4 HABILIDADES DE UN CONSULTOR FACILITADOR — **68**

4.1 PERFIL FACILITADOR — **68**

4.2 PENSAMIENTO ESTRATÉGICO — **70**

4.3 ESPÍRITU EMPRENDEDOR — **70**

4.3.1	EL EMPRENDEDOR	71
4.3.2	ESPÍRITU EMPRENDEDOR	71

4.4 PERFIL COMERCIAL — **72**

4.5 ORIENTACION A LA GESTIÓN Y EL CONTROL — **73**

4.6 LIDERAZGO — **73**

4.6.1	ESTILOS DE LIDERAZGO	75

4.6.2   LIDERAZGO PARTICIPATIVO   76

5   NUEVOS PARADIGMAS   **77**

5.1   FACTORES DE COMPETITIVIDAD EN LAS ECONOMÍAS AVANZADAS   **77**

5.2   LA ECONOMÍA DEL CONOCIMIENTO   **79**

5.3   LA TIERRA ES PLANA Y PUNTIAGUDA   **80**

5.3.1   APLANADOR 1: CAÍDA DEL MURO DE BERLÍN   81

5.3.2   APLANADOR 2. NETSCAPE COTIZA EN BOLSA   81

5.3.3   APLANADOR 3. APLICACIONES INFORMÁTICAS PARA EL FLUJO DE TRABAJO   81

5.3.4   APLANADOR 4. ACCESO LIBRE A LOS CÓDIGOS FUENTE   82

5.3.5   APLANADOR 5. SUB-CONTRATACIÓN   82

5.3.6   APLANADOR 6. TRASLADO DE FÁBRICAS PARA DISMINUIR COSTOS   82

5.3.7   APLANADOR 7. CADENA DE SUMINISTROS   82

5.3.8   APLANADOR 8. SUBCONTRATACIÓN DENTRO DE LAS EMPRESAS CONTRATANTES   82

5.3.9   APLANADOR 9. ACCESO LIBRE A LA INFORMACIÓN   83

5.3.10 APLANADOR 10. LOS ESTEROIDES   83

5.4   NATIVOS DIGITALES   **83**

5.5   MODELOS DE NEGOCIO FREEMIUM   **85**

5.6   NUEVOS VALORES INTER-GENERACIONALES   **92**

5.6.1   TALENTO HUMANO   93

5.7   INNOVACIÓN ABIERTA   **94**

5.8   COMUNIDADES OPEN SOURCE (OSC)   **96**

5.9   INNOVACIÓN EN MODELOS DE NEGOCIO   **97**

5.10 LA WEB PODRÍA MORIR   **98**

5.11 REDES SOCIALES   **99**

5.12 ABUNDANCIA   **101**

6   CONSIGUIENDO UN PROYECTO   **107**

6.1   LA IMPORTANCIA DEL MARKETING   **107**

6.1.1   PROSPECCIÓN   109

6.1.2   COMUNICACIÓN Y ACCESO AL CLIENTE   112

6.1.3   EL MARKETING MIX   114

6.1.4   ANÁLISIS. INTELIGENCIA DE NEGOCIO   116

6.2   LA VENTA CONSULTIVA   117

6.2.1   EL PROCESO DE VENTA   117

6.2.2   FACTORES DE ÉXITO EN LA ENTREVISTA   120

6.2.3   LAS LLAMADAS DE VENTAS   121

6.2.4   LA PROPUESTA   121

7   LA INICIATIVA ESTRATÉGICA   127

7.1   INTRODUCCIÓN   128

7.2   PRESENTACIÓN DE LAS FASES DE LA INICIATIVA   129

7.2.1   DISEÑO   131

7.2.2   IMPLEMENTACIÓN   132

8   DISEÑO. PARTE A. SENSIBILIZACIÓN, PRIMERA VISIÓN Y DIAGNÓSTICO   137

8.1   INTRODUCCIÓN   137

8.2   PROPORCIONANDO LIDERAZGO   140

8.2.1   CONOCER AL DIRECTOR GENERAL (CEO), GERENTE (MD), ALTA DIRECCIÓN.   140

8.2.2   IMPORTANCIA DEL PAPEL DEL DIRECTOR GENERAL (CEO)   141

8.2.3   SENSIBILIZACIÓN DEL EQUIPO DE INICIACIÓN   142

8.3   ENLACE CON LA ESTRATEGIA CORPORATIVA   143

8.3.1   ORGANIZAR UNA SESIÓN EJECUTIVA (EXECUTIVE BRIEFING)   145

8.3.2   REALIZAR ENTREVISTAS INDIVIDUALES Y OBSERVACIÓN   147

8.3.3   ANÁLISIS DAFO   148

8.3.4   ANÁLISIS DE PROCESOS DE NEGOCIO   151

8.3.5   SELECCIONAR EL ÁREA DE NEGOCIO Y LOS PROCESOS CLAVE EN LOS QUE SE VAN A ENFOCAR   152

8.4   ANÁLISIS DE LAS CAPACIDADES CLAVE DE LA COMPAÑÍA   153

8.4.1   RECURSOS Y CAPACIDADES CLAVE   154

8.4.2   PUNTO DE PARTIDA. INVENTARIO DE CAPACIDADES CLAVE   157

8.4.3   NECESIDADES DE RECURSOS Y CAPACIDADES CLAVE   160

8.5   EVALUANDO EL GRADO DE PREPARACIÓN AL CAMBIO   **162**

8.5.1   ANÁLISIS DEL GRADO DE PREPARACIÓN AL CAMBIO   163

8.5.2   ANÁLISIS DE LOS GRUPOS DE INTERÉS (STAKEHOLDERS)   167

8.6   ANÁLISIS DE PROCESOS DE NEGOCIO CLAVE   **169**

8.6.1   PROCESOS. DEFINICIÓN Y USO   169

8.6.2   POR DÓNDE EMPEZAR   171

8.6.3   IDENTIFICACIÓN DE ELEMENTOS CLAVE EN LOS PROCESOS   172

8.6.4   LAS PERSONAS CLAVE DE LOS PROCESOS   173

8.6.5   IDENTIFIQUE EL CONTENIDO DETALLADO   174

8.6.6   SISTEMAS CLAVE QUE AUTOMATIZAN LOS PROCESOS   175

8.7   ANÁLISIS DE REDES DE PERSONAS   **177**

8.7.1   DEFINICIÓN DE LAS REDES DE PERSONAS   177

8.7.2   POR DÓNDE COMENZAR   177

8.7.3   PERFIL DE LAS PERSONAS EN LA RED   179

8.7.4   CÓMO IDENTIFICAR LAS REDES QUE SOPORTAN CONOCIMIENTO CLAVE   180

8.7.5   TIPOS DE REDES   180

8.7.6   ASPECTOS A TENER EN CUENTA   182

8.7.7   PLANTILLAS Y RECURSOS PARA EL ANÁLISIS DE LAS REDES DE CONOCIMIENTO   183

8.8   ANÁLISIS DE TECNOLOGÍAS   **184**

8.8.1   POR DÓNDE COMENZAR   184

8.8.2   PLANTILLAS   185

8.9   DIAGNÓSTICO   **194**

8.10   PRIMERA APROXIMACIÓN A LA VISIÓN DE LA INICIATIVA   **195**

9 DISEÑO. PARTE B. DETALLE DE DISEÑO. ANÁLISIS Y POTENCIACIÓN DE PROCESOS, PERSONAS Y TECNOLOGÍAS   **197**

9.1 PLANIFICACIÓN DETALLADA Y ESTIMACIÓN DE ESFUERZOS   **197**

9.1.1 PLANIFICACIÓN DETALLADA. DESGLOSANDO EL MAPA ESTRATÉGICO   197

9.1.2 CRONOGRAMA DETALLADO DE LA IMPLEMENTACIÓN   199

9.1.3 OBJETIVOS E INDICADORES DE MEDIDA   200

9.1.4 EVALÚE EL IMPACTO DE NEGOCIO   202

9.2 EL CASO DE NEGOCIO   **203**

9.2.1 ¿POR QUÉ DESARROLLAR UN CASO DE NEGOCIO?   203

9.2.2 ¿QUÉ ES UN CASO DE NEGOCIO?   203

9.3 APROBACIÓN DE LA ALTA DIRECCIÓN   **205**

9.3.1 ¿POR QUÉ ES IMPORTANTE OBTENER LA APROBACIÓN DE LA ALTA DIRECCIÓN?   205

9.3.2 MEJORAR EL NIVEL DE CONCIENCIA DE LA DIRECCIÓN   205

10 IMPLEMENTACIÓN   **207**

10.1 CONSTRUCCIÓN DE LOS COMPONENTES DE LA SOLUCIÓN   **207**

10.1.1 PERSONAS   207

10.1.2 PROCESOS   209

10.1.3 TECNOLOGÍA   209

10.2 SEGUIMIENTO Y CONTROL DEL DESPLIEGUE   **210**

10.2.1 GESTIÓN DE EXPECTATIVAS   211

10.2.2 REPORTING EJECUTIVO   212

10.3 REVISIÓN CONTINUA   **212**

10.4 FORMACIÓN EN EL NUEVO ENTORNO   **213**

10.5 EL CIERRE   **214**

11 ANEXOS   **217**

11.1 ANEXO I. GLOSARIO   **217**

11.2 ANEXO II. CLASIFICACIÓN DE PROCESOS DE AA   **225**

11.3 ANEXO III. EVALUACIÓN DE RECURSOS Y CAPACIDADES CLAVE   **237**

11.3.1 ENCUESTA PARA LA EVALUACIÓN DE RECURSOS Y CAPACIDADES CLAVE   237

11.3.2 EJEMPLO DE PLANTILLA PARA INVENTARIO DE ACTIVOS LATENTES   247

11.4 ANEXO IV. BIBLIOGRAFÍA RECOMENDADA   **253**

1 INTRODUCCIÓN

En los últimos tiempos ha crecido el número de emprendedores, directivos y profesionales que deciden orientar su carrera hacia la práctica de la gestión estratégica del negocio. La realidad competitiva empresarial demanda nuevas habilidades para lanzar una empresa, llevar una existente a su máximo rendimiento o ayudar a sus directivos a transformarlas en aras de aumentar sus beneficios.

La crisis demanda profesionales excepcionales, que ayuden a las organizaciones a adaptarse a la nueva realidad, capacitados en una práctica global, que poco tiene que ver con las formas de concebir la estrategia y la dirección anteriores.

La metodología de práctica para la Consultoría Estratégica de Negocio, permite estructurar el pensamiento directivo y planificar un proyecto de alto impacto en el negocio. Se trata de una completa guía diseñada de manera modular, que permite empezar a trabajar en cualquiera de los diferentes niveles dependiendo de sus necesidades y requerimientos.

La metodología de Consultoría Estratégica de Negocio (CEN), permite estructurar el pensamiento y planificar un proyecto de alto impacto en el negocio. La metodología de consultoría en CEN está diseñada de manera modular, de forma tal que se puede empezar a trabajar en cualquiera de los diferentes niveles dependiendo de sus necesidades y requerimientos.

1.1 OBJETIVOS

Las personas que se capaciten en la metodología de Avanzalis Management de Consultoría Estratégica de Negocio, tendrán las habilidades y los conocimientos necesarios para gestionar una empresa a nivel estratégico del negocio, por lo tanto es aplicable para cualquier profesional.

Específicamente puede ser de especial interés para consultores que deseen acreditar su maestría como profesionales de la asesoría a la alta dirección.

1.2 A QUIÉN VA DIRIGIDO

- directivos, mandos que desean desarrollarse profesionalmente para mejorar su perfil como gestores y que desean capacitarse en la sistemática del pensamiento estratégico de negocio.
- profesionales que desean desarrollar o mejorar sus habilidades y conocimientos como asesores, consultores y sobre todo facilitadores.
- estudiantes de carreras universitarias, masters de especialización y educación ejecutiva, que deseen profundizar en aspectos prácticos de la gestión estratégica de negocio.

1.3 CONTENIDO DEL MANUAL

El presente manual de CEN está dividido en seis partes de aprendizaje y actividad.

- La primera parte se concentra en los fundamentos del Management. Presenta las ideas clave que estructuran el conocimiento de esta disciplina, la terminología utilizada y por qué es importante.

- En la segunda parte se introduce al profesional acerca de la importancia que tiene el pensamiento estratégico y la estrategia para la competitividad del negocio. Se detallan los principales marcos de planificación estratégica y las herramientas más potentes para abordar su elaboración.

- El tercer bloque de contenidos se orientan a las habilidades que debe desarrollar un excelente consultor que vaya a trabajar con la alta dirección de las organizaciones. Un perfil de facilitador con conocimientos globales en gestión, herramientas y marcos de trabajo para construir soluciones y visión holística de la organización. Un soporte para la capacitación, más que un experto en un actividad de la organización en concreto.

- La cuarta parte se enfoca a la venta de servicios de consultoría. Comercializar el valor añadido que se aporta en el trabajo con el equipo directivo no es sencillo. Cada vez más las organizaciones entienden que es necesario consumir consultoría para poder alcanzar mejores estándares de trabajo.

- El capítulo sexto supone una revisión exhaustiva de una iniciativa estratégica de negocio tipo. Desde el inicio de los contactos con el cliente, pasando por la planificación, llegando hasta el desarrollo e implementación de la iniciativa dentro de la organización. Un detalle de las fases concretas que comprende la entrega de valor, a lo largo de la vida del proyecto. Todo un recorrido práctico con ejemplos y herramientas para el trabajo. Se trata de diseñar y llevar a la práctica aquellas actividades que mejor cubran las necesidades de la organización para el desarrollo de la transformación de negocio diseñada.

PRIMERA PARTE

FUNDAMENTOS TEÓRICOS DEL MANAGEMENT

HABILIDADES DEL CONSULTOR

ENTENDIENDO LA NUEVA REALIDAD

2 FUNDAMENTOS DEL MANAGEMENT

2.1 HISTORIA DEL MANAGEMENT. LOS GRANDES APORTES A LA DIRECCIÓN Y GESTIÓN DE EMPRESAS

Con el objetivo de entender el Management, es importante conocer su origen, evolución y desarrollo. Esta sección realiza un recorrido por su historia y principales hitos, enumerando brevemente las aportaciones que los padres de la gestión empresarial han realizado.

Se desarrolla esta visión usando una herramienta visual que ubica cada avance entorno a distintas dimensiones de la gestión de los negocios. Se trata del radar del Management.

Esta herramienta fue diseñada, para ubicar de manera gráfica cada uno de los conceptos desarrollados por los autores desde la pre-historia hasta ahora.

Se encuentra dividido en las cinco áreas más importantes del Management: estrategia y dirección, procesos – sistemas – operaciones, mercado – cliente, personas – desarrollo, TICS.

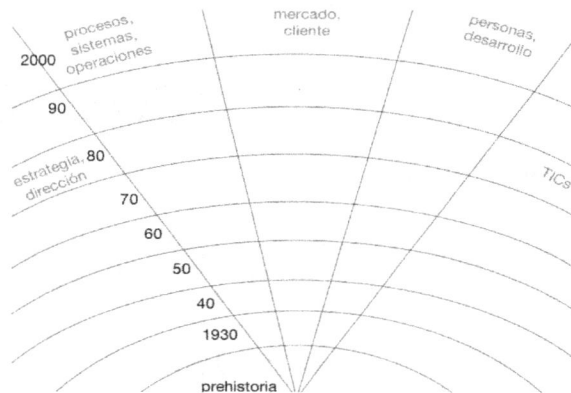

2.1.1 Prehistoria del Management

500 a.C. El arte de la guerra. Sun Tzu.

Todo lo militar, con sus elementos de estrategia y liderazgo es fascinador. Y la conexión entre el mundo militar y el empresarial ha existido desde tiempos inmemorables.

Dominar las fuerzas del enemigo sin combatir es la cima de la técnica. El mejor enfoque es atacar la estrategia de la otra parte; el siguiente mejor es atacar sus alianzas; el siguiente mejor es atacar a sus soldados; el peor es atacar sus ciudades.

1513   El príncipe de Maquiavelo

Para un príncipe (director) resulta totalmente innecesario tener todas las buenas cualidades, pero es muy necesario aparentar que las tiene. Habla ya de internacionalización, recomendando emigrar a quien quiera hacer negocios en el extranjero y no remotamente.

1776. The welth of nations. Adam Smith.

Valor económico: el valor de un artículo o servicio concreto está determinado por los costes de producción. En la actualidad, la era del conocimiento, el término 'trabajo' es engañoso y esquivo.

La remuneración liberal del trabajo, al igual que es efecto necesario, también es el síntoma natural del aumento de la riqueza nacional. Por otra parte, el exiguo mantenimiento de los trabajadores pobres es síntoma de que las cosas están estancadas.

Sentó las bases para el trabajo de F. Taylor un siglo después. Si el trabajo denota el valor definitivo, el control y la medición del mismo son vitales.

El trabajo individual debe desglosarse hasta reducirlo a sus tareas más sencillas y básicas. Pero Champy en su obra 'reenginering the corporation' dice que en la era post-industrial las empresas se fundarán y levantarán en torno a la idea de reunificar esas taras en procesos empresariales coherentes.

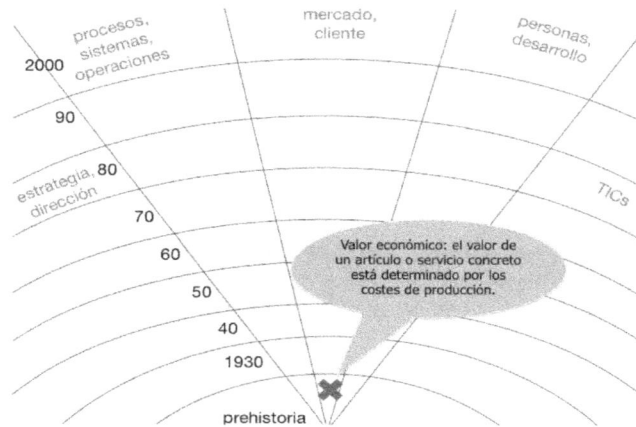

2.1.2 Años 1900 -1929

1911. The principles of scientific Management. Frederick W. Taylor

La reingeniería de los 90 es sencillamente el Taylorismo de finales del siglo XX, según Hamel.

Creador de la gestión científica derivada del examen minucioso de las tareas individuales de los trabajadores. Habiendo identificado cada sencillo movimiento y cada acción necesaria para hacer algo, Taylor determinaba el tiempo óptimo necesario para finalizar la tarea. El director, según eso, podía determinar si una persona estaba haciendo bien el trabajo o no.

Hasta ese momento a nadie se le había ocurrido que para llegar a ser un director competente se requería una instrucción formal.

1916. Administration industrielle et générale. Henri Fayol

Puso a la dirección en el centro de la organización, no como un simple eslabón como la veía Taylor.

Identifica 6 actividades que dan lugar a las empresas industriales: técnicas, comerciales, financieras, seguridad, contabilidad, dirección. Dirigir consiste en prever y planificar, organizar, mandar, coordinar y controlar.

Creó principios generales de dirección: división del trabajo, autoría, unidad de mando, remuneración del personal, centralización, cadena escalar,... esprit de corps.

1923. My life and work. Henry Ford

Concibió el negocio sin considerar ningún coste fijo. Por lo tanto reducía el precio hasta el punto que creía que conseguiría más ventas. Los nuevos precios hacen que los costes bajen. Su aportación brillante fue el marketing pues, la producción en serie fue el resultado, no la causa de sus precios bajos. Pero se desconectó totalmente de las apetencias de los clientes al no bajarse del burro de su modelo T.

Aunque deshumanizó el trabajo, generó un nivel de riqueza para los trabajadores y unos productos para los consumidores que previamente eran inalcanzables. Ford introdujo un salario de 5$, duplicando la media del sector.

2.1.3   Años 30 y 40

1937. How to win friends and influence people. Dale Carnegie

Manual práctico sobre relaciones humanas. Técnicas básicas: no censurar, no criticar o quejarse, brindar un aprecio honrado y sincero. Para que le aprecien: sonría, interésese por la verdad de otras personas, recuerde el nombre, escuche, anime a los demás a hablar de sí mismos, hable según los intereses de la otra persona, haga sentirse importante al otro sinceramente.

1938. The functions of the executive. Chester Barnard

Destaca la necesidad de comunicación. El director ejecutivo no es una figura dictatorial, debe potenciar los valores y metas de la organización. Añade una dimensión moral (que Taylor no identificó) para el mundo del trabajo

1941. Dynamic administration. Mary Parker Follett

Rechaza la compartimentación de ideas en relación con todos los problemas que aparecen. "No creo que tengamos problemas psicológicos, económicos y éticos. Lo que tenemos son problemas humanos con aspectos psicológicos, económicos y éticos..."

La responsabilidad es lo que más desarrolla al hombre.

El líder con más éxito es el que ve otra imagen, aunque todavía esté sin materializar.

Tres formas de afrontar la confrontación: dominio, transigencia o integración. La última, concluye, es la única manera positiva de avanzar.

1947. Theory of social and economic organization. Max Weber

Weber no daba importancia al liderazgo carismático e idolatraba la burocracia, su forma impersonal impulsada por las reglas. La veía como la única forma de supervivencia a largo plazo

Sostiene que" la forma más eficaz de organización tiene mucho parecido con una máquina... La burocracia es el medio más racional para ejercer nuestro control imperativo sobre los seres humanos"

Estructura de autoridad de 7 puntos: 1) organización continua de funciones oficiales vinculadas por reglas; 2) esfera especificada de competencias; 3) las oficinas con un lay out en función de la jerarquía; 4) las reglas técnicas o normas deben ser aplicadas de forma tradicional con formación especializada; 5) los miembros de la plantilla administrativa deben estar completamente separados de la propiedad de los medios de producción y administración; 6) ausencia total de apropiación de la posición oficial por parte del interesado; 7) actos, decisiones y reglas administrativas se formulan por escrito (todos).

2.1.4 Años 50

1954. Motivation and personality. Abraham Maslow

Conocido por su jerarquía de las necesidades que se popularizó en su representación como una pirámide. Esta jerarquía contempla:

- fisiológicas fundamentales de afecto, cobijo y alimentación;
- seguridad;
- sociales o afectivas;
- ego y autoestima;
- auto-realización (la cúspide de la pirámide)

En su formulación, establece que a medida que se van cubriendo las necesidades inferiores, las personas desean cubrir las de niveles jerárquicos superiores. Aunque es un marco racional para la motivación, su fallo está en que los hombres siempre quieren más.

1954. The practice of Management. Peter F. Drucker

"Solamente hay una definición válida de la finalidad de la empresa: crear un cliente. Los mercados no los crea Dios, la naturaleza o las fuerza económicas, sino los hombres de negocio. La carencia que satisfacen incluso la puede haber sentido el cliente antes de que se le ofrecieran los medios para satisfacerla. ".

La estructura de la organización se debe diseñar de tal manera que posibilite el logro de los objetivos de la empresa para los cinco, o más años.

Cinco principios básicos del papel de la dirección: 1) establecer objetivos, organizar; 2) motivar y comunicar; 3) medir y desarrollar al personal. La función que distingue al director por encima de todos los demás es la función educativa.

Cinco áreas de la visión de responsabilidad y moral. 1) Debe haber exigencias de actuación (no mediocre) y recompensas según el nivel; 2) Cada trabajo debe ser gratificante en sí mismo y no un peldaño más en la carrera de ascensos; 3) Debe haber un sistema racional y justo de ascensos; 4) La dirección necesita una "carta de privilegios" que especifique claramente quién está facultado para tomar decisiones de "vida o muerte" que afecten a un director; 5) La integridad es una de las exigencias ineludibles de un director.

Dirección por Objetivos y autocontrol: "El trabajo de un director se debe basar en una tarea que ha de realizarse a fin de alcanzar los objetivos de la compañía... el director debe estar orientado y controlado por los objetivos de actuación y no por su jefe"

1958. Parkinson's law. C. N. Parkinson

Ley de Parkinson: "el trabajo da de sí hasta llenar por completo todo el tiempo disponible para su terminación. Como resultado las compañías crecen sin pensar en cuánto están produciendo. Aunque no ganen más dinero, las compañías crecen y la gente cada vez está más ocupada"

No hay reglas sobre el tiempo óptimo para llevar a cabo una tarea específica, depende de la persona que está haciendo el trabajo y de su situación específica.

No es un ejercicio de cinismo superficial, sino las conclusiones (irónicas) de un estudio sobre funcionarios. El almirantazgo de la Marina británica aumentó un 78% entre 1914 y 1928, al tiempo que el número de barcos descendió un 67% y el número de oficiales y marineros un 31%.

1959. The motivation to work. Frederick Herzberg

Introduce importantes complementos a la visión de Maslow. Los factores motivacionales del trabajo:

- Higiénicos o de mantenimiento: atienden a las necesidades animales de las personas. Incluyen la supervisión, relaciones interpersonales, condiciones materiales de trabajo, salario, políticas y prácticas administrativas, subsidios y seguridad laboral. Esta motivación es insuficiente para trabajar.
- Motivacionales: satisfacen exclusivamente las necesidades humanas. Los logros del desarrollo personal, la satisfacción en el trabajo y el reconocimiento. Constituyen la ruta para la satisfacción.

"En último extremo, la motivación proviene de dentro del individuo en lugar de ser creada por la organización siguiendo alguna fórmula". El énfasis actual en el autodesarrollo, la gestión de la carrera y el aprendizaje auto-gestionado ha evolucionado de aquí.

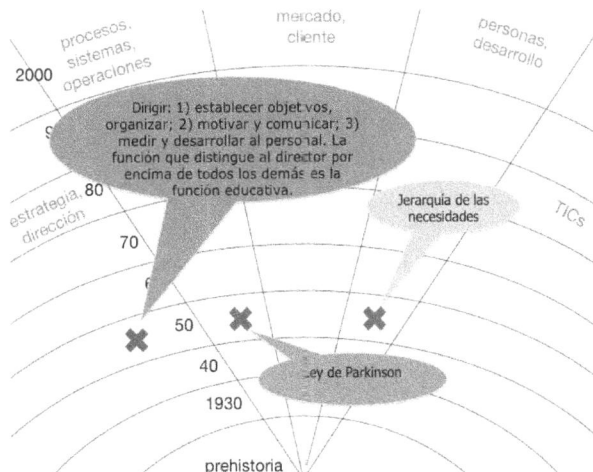

2.1.5 Años 60

1960. The human side of Enterprise. Douglas McGregor

Dos formas de describir el pensamiento de los directores: Teoría X: zanahoria y palo. Asume que los trabajadores son vagos, necesitan que los supervisen, motiven y consideran que el trabajo es un mal necesario para ganar dinero. Teoría Y: la gente quiere y necesita trabajar. Las organizaciones necesitan ampliar el compromiso del individuo con sus objetivos, y luego liberar sus aptitudes en favor de esos objetivos.

Cuatro tipos de aprendizaje apropiados para directivos: 1) intelectual; 2) técnicas manuales; 3) técnicas para solucionar problemas; 4) Interacción social. Recomienda la creación de grupos T, para ayudar a recabar feedback.

1962. Innovation in marketing. Ted Levitt

"Vender es algo relacionado con los trucos y técnicas para conseguir que la gente cambie su dinero por el producto que le ofrecen. No tiene nada que ver con los valores que atañen al intercambio. Y no ve, como hace invariablemente el marketing, el proceso empresarial completo compuesto de un esfuerzo altamente integrado por descubrir, crear, estimular y satisfacer las necesidades del cliente"

1962. Strategy and structure. Alfred Chandler

Estrategia "determinación de las metas y objetivos de una empresa a largo plazo, y la adopción de las líneas de actuación y la asignación de recursos que sean necesarias para alcanzar esas metas"

1963. A company and its beliefs. Thomas Watson Jr.

Mientras Sloan en General Motors hace caso omiso a personas y potencia los sistemas y estructuras, Watson en IBM pondera el potencial de las personas y gestiona los valores.

Las creencias no cambian nunca, todo lo demás sí, pero no las verdades básicas en las que se basa la compañía (Hamel advierte de que pueden llegar convertirse en dogmas y el peor ancla).

1963. My years in GM. Alfred P. Sloan

Sloan creó una nueva forma de organización - multidivisional- en GM que se convirtió en una doctrina en gestión. Supo hacer frente a Ford orientándose al mercado medio y sacando 5 gamas que renovaban sus modelos anualmente y de más de un color!

La organizó en 5 divisiones de automóviles y 3 de recambios. Cada una responsable de sus operaciones comerciales, ingeniería, producción y ventas, pero supervisadas por la central responsable de la política y finanzas generales → descentralización federal.

Los ejecutivos tenían más tiempo para centrarse en asuntos estratégicos y las decisiones operativas las tomaban los empleados de primera línea, no desde una central distante.

1965. Corporate strategy. Igor Ansoff

Modelo de planificación estratégica basado en la "cascada de decisiones": 1) establecer conjunto de elementos, 2) diferencia entre posición actual de la empresa y dónde se quiere llegar, 3) proponer una o más líneas de actuación (estrategia), 4) comprobar que reducen separaciones.

"El éxito del mercado depende cada vez más del aprendizaje, aunque la mayoría de la gente todavía no sabe cómo aprender"

1969. The age of discontinuity. Peter F. Drucker

La idea más relevante es la del "Trabajador del conocimiento: el profesional de la gestión inteligente y con una formación óptima, consciente de su propia valía y contribución para con la organización".

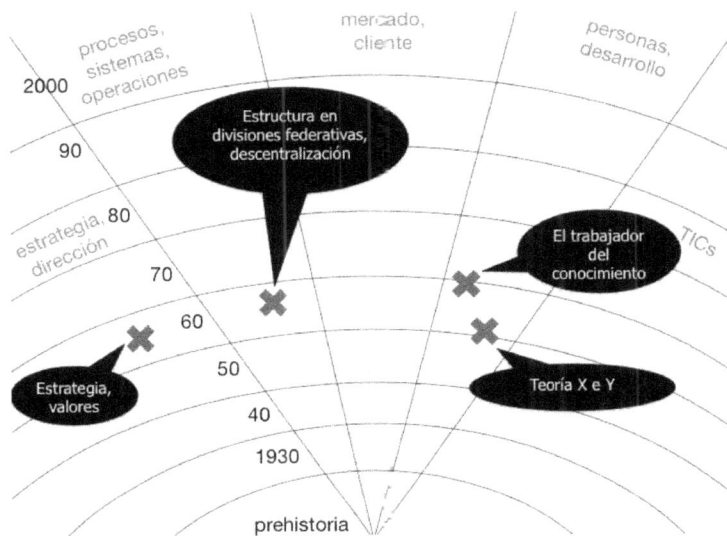

2.1.6 Años 70

1970. Up the organization. Robert Townsend

Los líderes están trabajando sobre la base de suposiciones incorrectas "porque durante los últimos 200 años hemos estado utilizando a la Iglesia Católica y las legiones del César como nuestro modelo de crear organizaciones... El tipo medio de católico practicante, soldado y obrero no tenía formación y dependía de las órdenes de sus superiores"

1973. The nature of managerial work. Henry Mintzberg

Investigó qué hacen los directores en realidad: esclavos del momento presente, apagando fuegos. La media de tiempo dedicado a cada asunto es de 9 minutos.

Los papeles laborales del director: i) interpersonales: figura decorativa, líder y coordinador; ii) informativos: supervisor, difusor y portavoz; iii) decisión: emprendedor, encargado de resolver imprevistos, repartidor de recursos y negociador. Todos estos papeles son comunes en cualquier director, pero la prominencia de algunos varía en diferentes puestos directivos.

21

1978. Organizational learning. Chris Argyris y Donald Schon

Proponen dos modelos básicos de organización: 1) Basado en la premisa de que intentamos manipular y dar forma al mundo de acuerdo con nuestras aspiraciones y deseos individuales. Los directivos se fijan metas individuales, que no difunden sin mostrar sus preocupaciones o desacuerdos. La defensa es la principal característica, ya que todo el mundo conspira en silencio. Son las organizaciones de un solo bucle: cuando la corrección de los errores permiten a ésta continuar con sus políticas actuales y alcanzare sus objetivos. 2) De aprendizaje de doble bucle. Un error detectado se corrige de tal manera que implica la modificación de las normas, políticas y objetivos subyacentes

1978. Leadership. James McGregor Burns

Dos ramas de liderazgo: 1) Transformacional: los líderes se lanza hacia una nueva relación con los seguidores que se sentirán "elevados" por ella y con frecuencia se hacen personas más activas, con lo que crean nuevos cuadros de líderes. 2) Transaccional: basado en la reciprocidad. La relación entre líderes y sus seguidores se desarrolla en el intercambio de alguna recompensa, como las calificaciones según actuación, la retribución, el reconocimiento y los elogios. Son análogos a las teorías X e Y de Douglas McGregor. El secreto está en combinar los dos elementos de manera que se desarrollen y compartan los objetivos, los procedimientos y los resultados.

2.1.7 Años 80

1980. Competitive strategy. Michael Porter

Por primera vez se habla de la cadena de valor. El autor establece que hay tres estrategias genéricas para competir:

- diferenciación
- costes y
- enfoque. Las compañías con una clara estrategia (enfoque a un segmento del mercado muy concreto) actúan mejor que las que la tienen poco clara o aquellas que tratan de conseguir tanto la diferenciación como el liderazgo en costes.

Además explica las que acuña como 5 fuerzas competitivas: 1) incorporación de nuevos competidores; 2) amenaza de sustitutivos; 3) poder de negociación de los clientes; 4) poder de negociación de los proveedores y; 5) rivalidad entre competidores existentes.

1980. The third wave. Alvin Toffler

Una nueva ola tecnológica tras la segunda ola que era la industrial. Es la sociedad superindustrial. La primera ola era la agrícola.

Prosumer: Ola caracterizada por la adaptación masiva de la producción a los gustos del cliente. El cliente se integra tanto en el proceso de producción que ya será difícil distinguirlo.

Redefinición de la organización merced a 5 fuerzas: 1) cambios de entorno físico, cuidado con el medio ambiente; 2) cambios en la alineación de fuerzas sociales; 3) cambios en el papel de la información; 4) cambios en la organización del gobierno. Mundo empresarial y político más interactivos que nunca entre sí; 5) cambios en la moralidad. Esto se ha hecho realidad y las empresas de hoy se preocupan más por temas ecológicos, morales, raciales, sexuales y sociales.

1982. In search of excellence. Tom Peters y Robert Waterman

Examinaron de cerca las características de 43 empresas exitosas, en busca de atributos en común que pudieran ser transferibles y utilizables por otros..

Los ocho principios para la excelencia: 1) predisposición a la acción; 2) cerca del cliente; 3) autonomía y espíritu emprendedor; 4) productividad contando con el personal; 5) fomentar los valores de colaboración; 6) no apearse del burro (no distraerse); 7) forma sencilla (a pesar de las terribles presiones internas para complicarlas), plantilla justa; 8) propiedades simultáneas flojo- apretado (autonomía y controlado, grande, pero pequeño)

1982. Out of the crisis. W. Edwards Deming

Preceptos básicos de la calidad: 1) debe estar liderada por los altos directivos; 2) La puesta en práctica requiere una "cascada": formación de la cúpula a toda la jerarquía; 3) Es necesario el uso de métodos de control estadísticos, de manera que finalmente se puedan ampliar los planes empresariales.

1983. Change masters. Rosabeth Moss Kanter

De un estudio de 65 empresas, surgieron 47 como líderes porque: si usted gestiona bien a su gente, probablemente esté gestionando bien su negocio.

Tres nuevos conjuntos de aptitudes necesarios para gestionar entornos integradores y estimulantes de innovación:

1) persuadir;

2) gestión de los problemas asociados a la mayor intervención de equipos;

3) comprensión de cómo se diseña y crea al cambio

1984. Management teams. Meredith Belbin

Identificó nueve funciones arquetípicas que contribuyen al equipo ideal:

1) Planta: creativo;

2) Coordinador: maduro, seguro, planificador, no es necesariamente el más inteligente;

3) Formador: dinámico, reta, presiona, salva obstáculos, tendiente a estallidos de mal genio;

4) Trabajador en equipo: sociable, complaciente, escucha, evita roces, indeciso en situaciones de crisis;

5) Rematador, concienzudo, en busca de errores, se puede preocupar innecesariamente, se niega a delegar;

6) Iniciador: disciplinado, convierte ideas en acciones, en cierto modo inflexible;

7) Investigador de recursos: entusiasta, comunicativo, explora oportunidades, pierde interés tras el entusiasmo inicial;

8) Especialista: resuelto, aporta conocimientos o habilidades poco corrientes, contribuye sólo en un frente reducido;

9) Evaluador supervisor: estratégico, moderado, perspicaz, analiza opciones y hace juicios, carece de fuerza y habilidad para motivar a los demás

1985. Leaders. Warren Bennis y Burt

Nanus sobre un estudio de 90 líderes identificó 4 habilidades comunes: gestión de la atención, de las comunicaciones con sentido, de la confianza y del propio ser.

Liderazgo: "capacidad de crear una visión convincente, traducirla en una actuación y mantenerla".

1985. Organizational culture and Leadership. Edgar Schein

Cultura: "una serie de supuestos básicos, inventados, descubiertos o desarrollador por un grupo determinado a medida que va aprendiendo a solventar sus problemas de adaptación externa y de integración interna, que ha funcionado bastante bien para considerarla válida. Y que por lo tanto, que se puede enseñar a nuevos miembros como la manera correcta de percibir, pensar y sentir con relación a estos problemas"

Híbridos culturales: son los directivos capaces de lograr el cambio cultural desde una cultura con la que están plenamente identificados.

1985. Competitive advantage. Michael Porter

Cómo una empresa realmente puede desarrollar ventajas sobre sus rivales. Este concepto supone una nueva forma de entender la actividad de una firma, dividiendo la misma en una serie de funciones discretas o procesos que representan los elementos base de dicha ventaja competitiva. El autor lleva la idea más allá y habla de las ventajas competitivas sostenibles, como aquellas que se mantienen por un largo periodo de tiempo.

1988. Planning for quality. Joseph M. Juran

Juran creyó que el éxito japonés se basaba en productos de calidad, hacía de la calidad una prioridad de la cúpula, en Occidente era un tema operativo más...

Trilogía de la Calidad: Planificación de la calidad, Gestión de la calidad y Puesta en práctica.

En lugar de esperar al final de la cadena de producción para contar los productos defectuosos, Juran analizó el proceso de fabricación al completo. "La planificación de la calidad consiste en desarrollar los productos y procesos necesarios para satisfacer las necesidades de los clientes'.

1989. The age of unreason. Charles Handy

Cambio "discontinuo". Handy explica la historia de los indios peruanos que vieron los barcos invasores en el horizonte. Al no conocer nada que se pareciese, los consideraron un fenómeno de la climatología. Optaron por su sentido de la continuidad.

La Organización Trébol: Núcleo de directivos y trabajadores esenciales + contratistas externos + Empresas de Trabajo Temporal

La Organización Federal, como una forma de descentralización. La central coordina, influye, aconseja y sugiere. No dicta condiciones o decisiones a corto plazo.

La Organización Triple I: Información, Inteligencia e Ideas. Integrada por individuos inteligentes que junto con la organización tienen que ocuparse de la materialización del aprendizaje para mantener el ritmo de cambio.

Insta a pensar más en lo que se quiere hacer. El tiempo se dividirá entre: 1) Estudio, 2) Trabajo remunerado (vecinos, obra social), 3) Trabajo no remunerado y 4) Trabajos en el hogar y ocio

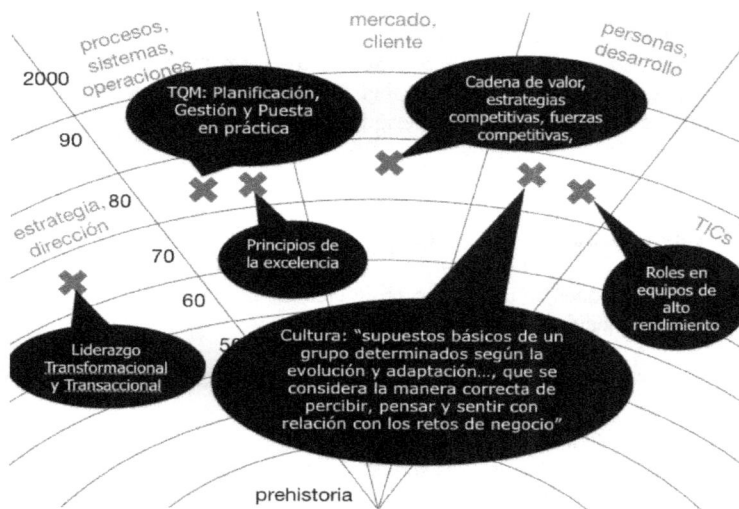

2.1.8   Años 90

1990. The competitive advantage of nations. Michael Porter

Sirvió para que los gobiernos crearan políticas que promovieron la competitividad de empresas indígenas.

1990. Managing on the edge. Richard Pascale

Pascale no se centra en instrumentos y técnicas simplistas, sino en principios y paradigmas, haciendo a los directivos pensar en profundidad.

La planificación estratégica gira en torno a formular preguntas, más que en intentar responderlas.

1990. The fifth discipline. Peter Senge

A medida que el mundo se va interconectado y todas las empresas se van haciendo más complejas y dinámicas, el trabajo debe hacerse más rico en aprendizaje. Ya no se puede seguir pariendo ideas en la cúpula y hacer que todos los demás sigan las órdenes del 'gran estratega'.

Los 5 componentes de una organización que aprende son:

1) pensamiento sistémico, admitiendo que las cosas están interconectadas

2) autoridad personal basada además de en las competencias y técnicas asociadas a la gestión, en un crecimiento espiritual. Implica dos movimientos y la consiguiente separación entre la visión y la realidad que produce la tensión creativa a partir de la cual se genera aprendizaje.

3) modelos mentales, alerta con las pautas de pensamiento asentadas;

4) visión compartida, sólo cuando hay un alineamiento de valores con la visión personal;

5) aprendizaje en equipo: implica diálogo (exploración) y discusión (reducir el campo hasta llegar a la mejor alternativa). Es importante separarlas y la mayoría de los equipos no son conscientes de esta diferenciación.

1990. The 7 habits of high performing people. The 8th habit. Stephen Covey

No importa a cuántas personas se supervisen, sólo se puede tratar de cambiar a uno mismo. Pero para cambiar el comportamiento, se debe antes modificar los paradigmas – la forma de interpretar el mundo.

Los tres primeros hábitos tratan del auto-dominio. Es decir, están orientados a lograr el crecimiento de la personalidad para obtener la independencia. Los siguientes tres hábitos tratan de las relaciones con los demás – trabajo en equipo, cooperación y comunicaciones; están orientados a lograr la interdependencia. El hábito siete, se refiere a la renovación continua que le llevará a entender mejor los hábitos restantes. El octavo hábito supone escuchar nuestra propia "voz interna" y enseñar a los demás a identificar la nuestra propia.

1992. Liberation Management. Tom Peters

Presta más atención a la estructura de la organización. Así a través de los ejemplos de CNN, ABB y Body Shop trata de demostrar que sus estructuras altamente flexibles pueden cambiar para amoldarse a las necesidades empresariales de cada momento.

1992. La meta. Eliyahu Goldratt

La solución a los problemas de producción se encuentra en la Teoría de las Limitaciones (Theory of Constraints o TOC). Según ésta, es necesario identificar los "cuellos de botella", aquellas unidades de producción cuya capacidad es igual o menor de lo que el mercado espera del proceso. Una vez hallados, se debe organizar todo de forma que esas unidades estén en lugar prioritario en cualquier plan de trabajo.

1993. Maverick. Ricardo Semler

Semler es un ejecutivo de éxito que habla de sus experiencias e ideas transgresoras que a él le han funcionado en un entorno atípico (latino. Basó su revolución en 3 valores: participación de los empleados, participación en los beneficios y sistemas de información abiertos.

1993. Reenginering the Corporation. James Champy y Michael Hammer

Las organizaciones necesitan encontrar los procesos clave y hacerlos tan claros y eficaces como sea posible. Los procesos periféricos (y por tanto la gente periférica) tienen que descartarse.

Actualmente se considera una nueva versión de Taylor, con su creencia en la medición y las formas óptimas de hacer tareas específicas.

1993. Riding the waves of culture. Fons Trompenaars

Cultura. Básica para la comprensión de otras culturas es la conciencia de que la cultura es una serie de reglas y métodos que una sociedad ha desarrollado para ocuparse de los problemas recurrentes con los que tropieza.

1993. Guerrilla marketing excellence. Jay Conrad Levinson

Utilizando los recursos en forma eficiente, pueden ser tan efectivos como algunos de sus competidores de mucho mayor tamaño y con abundantes recursos.

1994. The rise and fall of strategic planning. Henry Mintzberg

Mintzberg sostiene que la estrategia no se puede planificar. Mientras la planificación está relacionada con el análisis, la elaboración de la estrategia está relacionada con la síntesis.

1994. Competing for the future. Gary Hammel y C. K. Prahalad

Una compañía renuncia a negocios de hoy cuando se da más prisa en perder tamaño que en mejorar. Una compañía renuncia a negocios de mañana cuando mejora sin hacerse diferente

La vitalidad (crecimiento) de una organización se deriva de la diferencia.

1995. The E mith manager. Michael Gerber

Cualquier persona dispuesta a emprender un negocio alberga en su seno tres personalidades que no siempre estarán de acuerdo en cuanto al rumbo que aquel debe asumir para desarrollarse con éxito: El emprendedor, es el innovador; El gerente es el organizador; El técnico es el trabajador incansable

1995. Emotional Intelligence. Daniel Goleman

El directivo actual debe:

1) conocer sus emociones;

2) auto-regulación, manejar sensaciones haciendo que las emociones sean las apropiadas;

3) auto-motivación, emociones que se ponen al servicio de una meta;

4) reconocimiento de emociones de otros (empatía);

5) habilidades sociales para manejar las emociones de otros

1996. Balanced scorecard. David Norton, Robert S. Kaplan

Kaplan y Norton desarrollaron el Balanced Scorecard (tablero de comando o cuadro de mando), sistema gerencial que vincula el logro de las metas estratégicas a largo plazo con las operaciones diarias de una organización. La herramienta se basa en 4 perspectivas: económica, mercado/ cliente, procesos internos y, desarrollo y sistematización

1998. El poder de lo simple. Jack Trout

El marketing es lo principal; más vale que se encarguen de él, el jefe y sus colaboradores más directos. Y no otra gente sin el nivel suficiente.

Una idea diferenciadora es un ángulo competitivo mental. Primero la idea determina la estrategia. Luego la estrategia conduce la idea.

1999. The catedral and the bazaar. Eric Raymond

De cómo una comunidad de colaboradores altruistas hicieron el sistema operativo más fiable del mundo. La comunidad Open Source

1999. La paradoja. James C. Hunter

Dirigir consiste, paradójicamente, en servir a los demás. Un buen líder está pendiente de sus subordinados: atiende sus legítimas necesidades, les ayuda a lograr sus metas y aprovecha sus capacidades al máximo.

1999. The Mckinsey way. Ethan M. Rasiel

Cómo esta gran consultora forja a sus profesionales. Sus métodos de trabajo y el servicio al cliente.

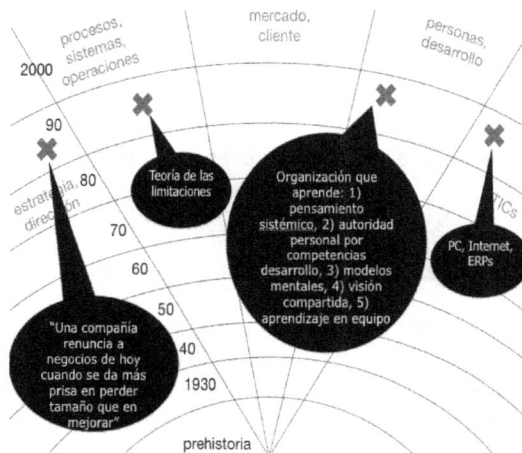

2.1.9   Años 2000

2000. La danza del cambio. Peter Senge

Todo un tratado sobre el cambio, sus fases, experiencias y casos. Entender que el cambio es un proceso que debe culminar con éxito cada fase, para ser una realidad provechosa.

2002. Leading the revolution. Tom Peters

Desde la década de los años noventa, las revoluciones organizacionales son el único método viable para mantener la empresa en el mercado sin que los consumidores pierdan interés en la misma.

2003. Open innovation. HW Chesbrough

Modelos de negocio abiertos para poder competir en el nuevo ritmo económico. La competencia, una fórmula para poder sobrevivir.

2003. The Toyota way. Jeffrey Liker

Toyota tiene la certeza de que ha fabricado un producto de altísima calidad, con menos defectos que los automóviles de cualquier otra marca, en menos tiempo y con menos trabajadores, y con la mitad del espacio que necesita la competencia. Base del modelo 6 sigma de calidad.

2004. Strategic maps. David Norton, Robert S. Kaplan

El mapa de estrategia de la compañía es el eslabón que vincula la estrategia fundamental de la misma (visión, misión y objetivos) con los resultados obtenidos.

2005. Blue ocean strategy. W Chan Kim, Reneé Mauborgne

En vez de tratar de superar a la competencia con el fin de obtener una porción de un mercado existente ("océano rojo"), lo mejor es buscar un "océano azul", es decir, un mercado virgen que nadie haya tocado y que tenga el potencial de crecer. En los océanos rojos, la competencia pone las reglas; en los océanos azules, la competencia se vuelve irrelevante.

2006. Wikinomics. Don Tapscott

El término "wikinomía" proviene de la conjunción de los términos "wiki" (que significa "rápido" en hawaiano) y "economía". Se trata pues de un vocablo para referirse al nuevo modelo económico basado en productos hechos con el esfuerzo conjunto de miles y miles de personas comunes, colaboran.

2006. The world is flat. Thomas L. Friedman

Un análisis de la globalización y sus efectos en las empresas y en la forma de hacer negocios hoy en día

2007. The future of Management. Gary Hammel

Hay que innovar el Management, porque esta disciplina ha tocado techo. Y eso pasa por desechar todos los conceptos del Management asumidos como dogmas

Después de haber revisado en la literatura el origen y evolución del Management se presenta el "Radar del Management" el cual muestra de manera gráfica las grandes aportaciones a la dirección y a la gestión de las empresas a lo largo de los años:

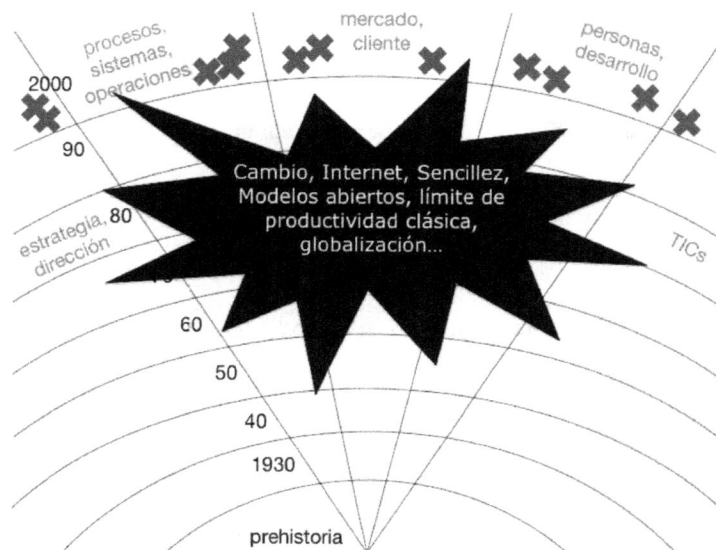

2.2 ESTRUCTURA ORGANIZATIVA

La estructura organizacional de una empresa se refiere a la manera en la que se agrupan y coordinan las actividades de la organización. Existen seis elementos claves que se deben tener en cuenta en el momento de diseñar la estructura organizativa:

1. Especialización del trabajo
2. Departamentalización

3. Cadena de Mando
4. Tramo de Control
5. Centralización y descentralización
6. Formalización

2.2.1 Diseño Organizativo

El diseño organizativo es el proceso en el cual se organiza el trabajo y se crean los mecanismos de coordinación que faciliten la implementación de la estrategia empresarial, previamente definida.

El objetivo del diseño organizacional es construir una estructura y puestos de trabajo alineados con la estrategia, con el fin de lograr los resultados y alcanzar la productividad por medio de la organización del trabajo y la distribución adecuada de las cargas laborales.

Las fases que se deben seguir para realizar un adecuado diseño de la estructura organizativa son:

Formular: Se debe formular la misión y la estrategia de la empresa.

Establecer: Los objetivos

Identificar: Los procesos y las tareas dentro de estos.

Agrupar: Una vez se identifican las tareas se deben agrupar por actividades.

Definir: Se deben definir los puestos de trabajo.

Asignar: Una vez definidos los puestos de trabajo se asignan las actividades, luego se deben asignar las responsabilidades y desarrollar los mecanismos necesarios para coordinarlos.

Medir: Los métodos de control del cumplimiento de objetivos.

Una vez diseñada la estructura organizativa se plasma en un organigrama, que es la representación gráfica de la estructura formal de la empresa, el cual muestra la organización jerárquica y funcional.

```
         ┌─────────────┐
         │   DG (CEO)  │
         └──────┬──────┘
      ┌─────────┼─────────┐
┌──────────┐┌──────────┐┌──────────┐
│ DO (COO) ││ DV (CSO) ││ DF (CFO) │
└──────────┘└──────────┘└──────────┘
```

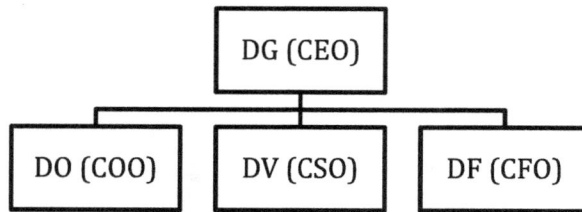

2.2.1.1 Diseño Vertical:

Refleja los diferentes niveles de poder, la responsabilidad y el control. De esta forma la persona que ocupa la posición más alta en el organigrama (Director General, Presidente...) es el que tiene el poder legítimo para mandar en todas las actividades de la empresa.

Se ha demostrado que la jerarquía soluciona los problemas de coordinación en la organización de tareas complejas. La jerarquía que funciona como una burocracia es aquella en la que el poder esta centralizado, lo que hace que la toma de decisiones sea más demorada y se vaya perdiendo el control.

En empresas innovadoras donde se producen cambios rápidos, este tipo de jerarquías basadas en principios burocráticos se están usando cada vez menos.

2.2.1.2 Diseño Horizontal:

Refleja la división del trabajo para realizar las actividades de la organización. Las relaciones horizontales fomentan la comunicación y coordinación entre los departamentos de la organización. Existen diferentes formas de realizar el reparto de las actividades:

- Especialización Horizontal: Es cuando se le asigna de manera permanente a una unidad de trabajo una actividad o proceso, para que se especialice y estandarice los procesos. Se debe tener en cuenta que cuanto más se divide un proceso productivo, mayores serán los costes de coordinación.
- Agrupación: Se utiliza para mejorar la coordinación del trabajo y consiste en reunir bajo un mismo jefe un grupo de puestos de trabajo, bien sea por tipo de producto, zona geográfica, clientes, etc.
- Departamentalización: En este tipo de diseño horizontal se dividen las actividades en departamentos, en los que se relacionan en línea o en staffs. Las relaciones en línea son las mismas que se ejercen verticalmente (jerárquicamente). En la relación de staffs un responsable tiene el poder jerárquico de disciplina, pero carece de poder para influir sobre sus responsabilidades.

- División: Consiste en agrupar los puestos de trabajo en unidades autónomas de descentralización del poder.

2.2.1.3 Estructura Matricial:

Una organización que cuente con este tipo de estructura en realidad está trabajando con dos tipos de estructura simultáneamente. Funciona de la siguiente manera:

Los empleados tienen dos jefes, es decir que trabajan con dos cadenas de mando. Una de ellas es la de funciones o divisiones y la segunda cadena de mando es la que combina al personal de diversas divisiones o departamento funcionales para formar un equipo de proyecto, encabezado por un gerente de proyecto que es experto en el campo de especialización asignado al equipo.

Ventajas:

- Es un medio eficiente para reunir las diferentes habilidades especializadas que se requieren para solucionar un problema complejo.

- Existe un contacto más directo entre los integrantes del equipo.

- Le concede a la organización mayor flexibilidad para ahorrar costos.

- Mejora la calidad en la toma de decisiones cuando hay conflicto de intereses.

Desventajas:

- Mayor tiempo en la toma de decisiones

- Alto grado de conflicto

- Este tipo de estructura no se adapta a todas las personas, ya que estas deben contar con habilidades interpersonales, ser flexibles y estar dispuestos a cooperar y trabajar en equipo.

2.2.2 Partes Fundamentales de la Organización

De acuerdo con el profesor Henry Mitzberg la organización debe tener seis partes fundamentales:

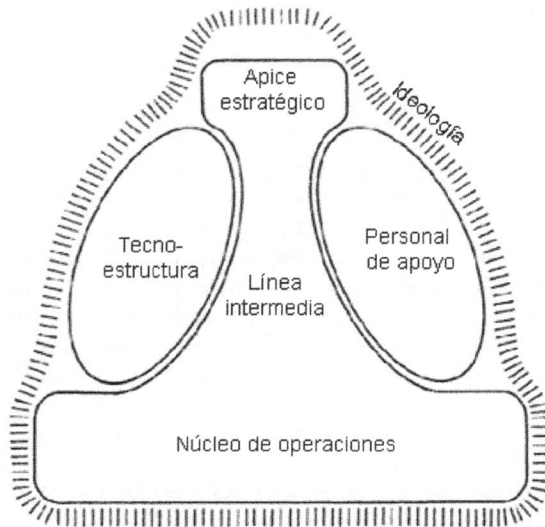

1. **Núcleo de Operaciones:** Esta es la base de la organización, es en dónde se encuentran las personas encargadas de la producción de los bienes o servicios que ofrece la empresa.

2. **Ápice Estratégico:** Se puede decir que es la alta dirección, son los responsables de dirigir la organización.

3. **Línea Media:** Son las personas que se encuentran entre el ápice estratégico y el núcleo de operaciones, son los mandos intermedios.

4. **Tecno-Estructura:** Son las personas encargadas en realizar las labores especializadas administrativas, como por ejemplo la planificación y el control. Este grupo no se encuentra en la línea jerárquica de autoridad.

5. **Personal de Apoyo:** Son las personas que se encargan de las labores complementarias.

6. **Ideología / Cultura empresarial:** Envuelve todas las partes de la organización, está compuesta por los valores, las creencias, es lo que la distingue de las demás, son las características propias de la organización.

2.2.2.1 Mecanismos de Coordinación

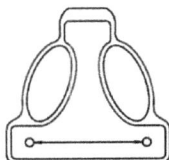

Adaptación mutua: Consiste en la comunicación informal, espontánea entre los empleados

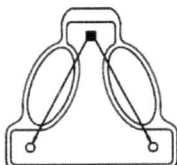

Supervisión Directa: Un jefe que le da instrucciones a sus   empleados

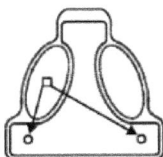

Normalización de los procesos de Trabajo: Son las normas de trabajo diseñada por la Tecno-estructura.

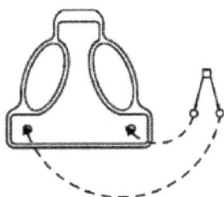

Normalización de las habilidades personales: Es la que ocurre entre profesionales cualificados que se complementan y se coordinan fácilmente

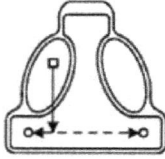

Normalización de los Resultados: Se realiza por medio de objetivos de resultados fijados por la Tecno-estructura.

Esta visión ha evolucionado notablemente. Hoy en día las organizaciones más dinámicas se orquestan por procesos de negocio o actividades y siempre entorno al cliente y el valor que le entregan.

2.2.3 Fases de Crecimiento de la Organización

Las organizaciones viven un proceso evolutivo que ha sido analizado por numerosos autores. Una de las aproximaciones más comunes es la de Grenier.

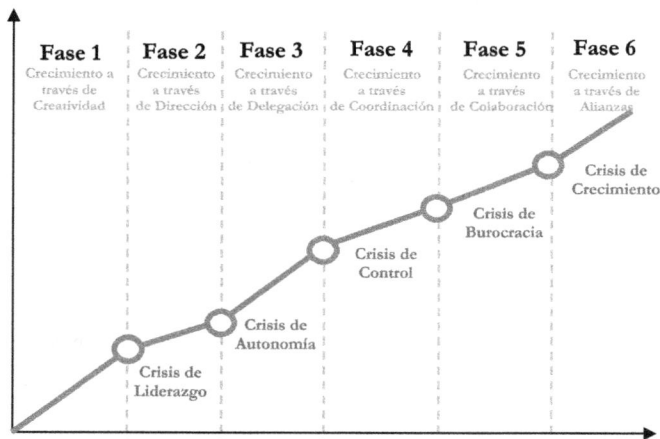

Figura 1. Modelo de Greiner: Fases de Crecimiento de la Organización

Fase 1: Crecimiento a través de la Creatividad

En esta etapa la empresa está dominada por sus fundadores y todos los esfuerzos se enfocan en dos objetivos: crear un producto o servicio y crear su respectivo mercado. Según Greiner los creadores de la empresa no dan ninguna importancia a los aspectos relacionados con la gestión. En este estadio surgen las primeras crisis ya que se agobian con las necesidades de gestión y administración.

Fase 2: Crecimiento a través de la Dirección

En el instante en el que aparece la crisis de liderazgo comienzan los cambios, por lo que se define la figura del director o gerente que sea capaz de afrontar la crisis y de sacar adelante a la organización. El problema que aparece en este estadio es que los niveles inferiores de la organización pierden autonomía en sus decisiones lo que provoca una nueva crisis.

Fase 3: Crecimiento a través de la Delegación

En esta etapa la organización desarrolla una estructura descentralizada, lo que repercute en la motivación de los niveles inferiores, solucionando así la crisis de autonomía. Sin embargo se genera una nueva crisis ya que los directivos sienten que pierden el control.

Fase 4: Crecimiento a través de la Coordinación

En este periodo la organización implementa sistemas formales para incrementar la coordinación entre la alta dirección y el resto de niveles. Sin embargo en organizaciones muy grandes y complejas aparece una nueva crisis ya que es gestionada por medio de sistemas rígidos y programas formales.

Fase 5: Crecimiento a través de la Colaboración

La crisis que provoca la burocracia se soluciona mediante la colaboración, en la que lo más importante es la espontaneidad de la gestión por medio de los equipos y la interacción entre los miembros, pasando del control formal al control social y la autodisciplina.

Fase 6: Crecimiento a través de Alianzas

En esta fase el crecimiento de la organización se logra por medio de alianzas, bien sean fusiones, tenencias, redes de organizaciones, etc.

2.3 MODELOS DE NEGOCIO

Un modelo de negocio es la vía por medio de la cual una organización genera ingresos y obtiene beneficios, en él se deben incluir las estrategias y formas de aplicarlas para lograr los objetivos o metas fijadas por la dirección.

Hasta hace unos años lo modelos de negocios eran estáticos y se mantenían inamovibles a lo largo de los años dentro de las compañías, pero con los cambios actuales, la globalización, la crisis y cada una de las variables que se encuentran presentes en el mundo empresarial, estos han tenido que cambiar radicalmente, incluyendo e ellos nuevos sistemas y formas de trabajar.

Usualmente un modelo de negocio debe contener los siguientes ítems:

a. Propuesta de Valor

b. Segmento de Mercado

c. Estructura de cadena de valor de la empresa

d. Formas para generar ingresos

e. Determinar cuál es la posición de la empresa en el exterior de la cadena de valor

f. Su estrategia

2.3.1 El Canvas para modelizar actividades de negocio

Este marco de trabajo fue creado por Alexander Osterwalder. Es una plantilla que de forma visual explica la manera en la que las organizaciones crean, capturan y entregan valor. El modelo de negocio es parte central de la estrategia de una compañía, por tal motivo es muy importante estructurar estos recursos, para así conocer en profundidad cómo funciona la empresa, así como las fortalezas y debilidades de la misma.

El modelo Canvas está compuesto por nueve bloques:

- Segmento de Clientes: La organización trabaja con uno o más segmentos de clientes
- Propuesta de Valor: Forma en la cual se resuelven los problemas y se satisfacen las necesidades de los clientes.
- Canales: La entrega de valor, debe realizarse a través de la comunicación, distribución y canales de venta.
- Relación con los Clientes: Se establecen y se mantienen en cada uno de los segmentos.
- Fuente de Ingresos: Son el resultado de la propuesta de valor exitosa que se le ofrece a los clientes.
- Recursos Clave: Son los activos claves que se requieren para la entrega de valor y que le permiten a la empresa la creación y la oferta de valor.
- Actividades Clave: Son las actividades más importantes para que el modelo funcione
- Socios Clave: son las alianzas estratégicas que hacen que el modelo de negocio funcione.
- Estructura de Costos: Se refiere a los costos que permitan llevar a cabo el modelo de negocio.

Estos nueve bloques permiten conocer los recursos con los que cuenta la empresa, la forma en la que opera y sus fortalezas y debilidades.

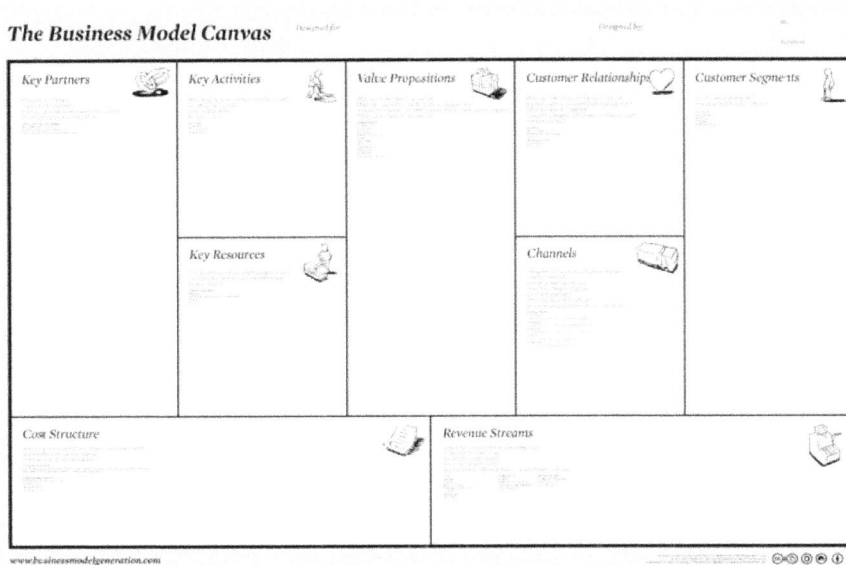

Figura 2. Los Nueve bloques de a plantilla de Modelo de Negocio "CANVAS"

Fuente: businessmodelgeneration.com

2.3.2 Modelo de Negocio Abierto

Para que un negocio sobreviva y se mantenga al nivel de sus competidores, sus administradores tienen que ser conscientes, de que no cuentan con todos los recursos para competir en entornos que cada vez son más complejos.

De este modo las empresas están empezando a compartir sus esfuerzos de investigación e innovación con otras organizaciones con el fin de crear valor, o bien de utilizar recursos externos en sus modelos de negocio.

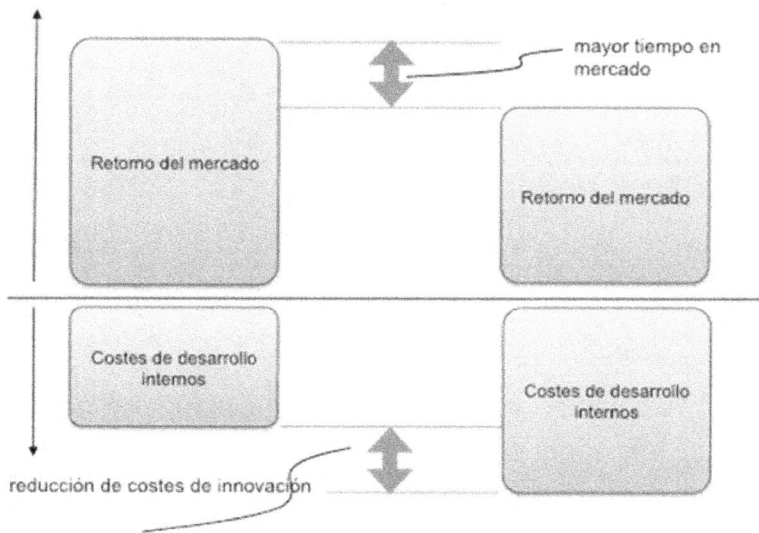

Figura 3. Modelo de Negocio Abierto

Fuente: Adaptado del modelo de negocio de Henry Chesbrough

El modelo de negocio abierto tiene su origen en la idea de innovación abierta del profesor Henry Chesbrough.

2.3.3   Modelo de negocio Plataforma

Es un modelo de negocio innovador, cuyo objetivo principal es dar al cliente todo lo que necesita, generando valor a toda su cadena de producción. Es el modelo de negocio soñado por cualquier empresario porque se caracteriza por:

- Poseer un entorno (plataforma) sobre el que distintos grupos de interés operan para dar valor al cliente, de una forma que aportan valor a la propia plataforma
- Crear barreras de entrada a los competidores aprovechando las reglas del mercado libre
- Afianzar al cliente de forma recursiva

Un ejemplo sencillo son las maquinillas de afeitar recargables o las impresoras de cartuchos. Por ejemplo, HP se encarga de fabricar y vender impresoras a bajos costes (casi gratis), pero su verdadero negocio está en la venta de cartuchos a altos precios.

Un ejemplo mucho más evolucionado que refleja este tipo de modelo de negocio es Apple. El fabricante de la manzana vende dispositivos inteligentes, pero la descarga de aplicaciones debe realizarse desde su plataforma lo que le genera al usuario dependencia de sus herramientas.

Nespresso es otro ejemplo clásico ya que para poder disfrutar de un delicioso café es necesario comprar cápsulas de su misma marca en tiendas exclusivas. Estas máquinas únicamente funcionan con las cápsulas que fabrica Nestlé.

3 PLANIFICACIÓN ESTRATÉGICA

3.1 ESTRATEGIA

Se puede definir la estrategia como un conjunto de acciones que se llevan a cabo para lograr un determinado fin, lo cual consiste en anticipar el futuro. Se puede decir que una estrategia es un plan, método, maniobra o acción para obtener un objetivo o resultado específico.

Para Mintzberg las estrategias tienen dos características esenciales: en primer lugar, se deben diseñar y elaborar antes de realizar la acción y, en segundo lugar, éstas se deben desarrollar de manera consciente y con un objetivo claro.

Existen distintos niveles de estrategia:

- Corporativa. Es la que establece el rumbo global de la corporación como un grupo de actividades de negocio. Supone una visión supra- organizacional comprendiendo decisiones como comprar o vender empresas, dividir negocios, diversificar, etc. Y suele ser desarrollada por los accionistas o propiedad del grupo o empresa en forma de Junta de Accionistas y en algunos casos el Consejo de Administración designado por aquella.
- De Negocio. Establece los objetivos de la compañía y el plan para llevarlos a cabo. Es una visión global del negocio que comprende aspectos económico- financieros, de ventas, de innovación, de productividad… Es una visión más ligada a la competitividad de la empresa en su sector/ actividad, con plazos de tiempo a medio y largo. Y es desarrollada por la Dirección General y el Comité de Dirección. En muchas ocasiones esta visión más ejecutiva de la estrategia, totalmente alineada con la Corporativa, se vincula con personas presentes en ambos órganos de gobierno, como son los Consejeros Delegados.
- Funcional u operativa. A un nivel departamental mucho más a corto plazo y con objetivos e hitos específicos. Es desarrollada por los responsables de área.

3.1.1 Elementos de la Estrategia

Los elementos que integran una buena estrategia son:

Reflexión:

Intentar anticipar en el futuro, buscando aquello que va a ser relevante para la organización.

El principal aporte de la reflexión tiene que ver con lo que M Porter acuñó como el pensamiento estratégico. Es decir, una visión de muy alto nivel, capaz de pensar corporativamente, fuera del plano operativo. Una perspectiva difícil de mantener y que sin embargo permite tomar decisiones como cambiar el modelo de negocio, diversificar la actividad u otras como comprar otra empresa o vender el negocio.

Misión:

Es la razón de ser de la organización. Se deben responder las siguientes preguntas: ¿Para que existe la organización?, ¿Qué necesidad cubre?

Tener clara la misión de una empresa es elemental para poder gobernarla adecuadamente. Y explicitarla no es una tarea obvia, pero imprescindible para alinear a los colaboradores con el rumbo deseado.

Visión:

Es la imagen o representación mental que plasma aquello en lo que aspira a convertirse la organización y que es compartida entre sus miembros. Se deben responder las siguientes preguntas: ¿Qué debemos hacer realmente bien?, ¿Hacia dónde queremos ir?, ¿Cómo deseamos ser percibidos por el cliente / mercado?

Normalmente, en las organizaciones, una empresa responde a la visión que un emprendedor o un líder tuvo en un momento. Esta visión se traduce en una meta que la organización desea alcanzar.

Valores:

Es el conjunto de creencias o principios que marcan el carácter de la organización y determinan la toma de decisiones.

Las organizaciones que tienen muy claros los valores prioritarios y los comunican continuamente en su forma de crear valor, permiten captar a personas cuyos valores están alineados con los corporativos. Y esa es la mejor garantía de alto rendimiento y mejores resultados.

Planificación:

Es el diseño de planes de acción ajustados a las conclusiones de la reflexión, el propósito y las metas en que se concreta la visión.

Una correcta planificación, por ejemplo en forma de un mapa estratégico, permite optimizar los esfuerzos, priorizando aquellas iniciativas que van a permitir alcanzar los objetivos marcados.

Ejecución: Es la puesta en marcha de los planes de acción diseñados en la planificación.

Si tener una adecuada estrategia es importante, tener la capacidad de llevarla a la práctica no lo es menos. En demasiadas ocasiones se hacen ejercicios exhaustivos de reflexión estratégica que después no son materializados.

3.1.2 Planificación Estratégica

La planeación estratégica es una etapa importante en un proyecto, ya que ayudará a la organización a enfocarse en los elementos con los que cuenta y los que generan valor a la compañía.

Una herramienta clave de la planificación estratégica es el plan de negocio, que permitirá establecer el alcance del proyecto y hacer proyecciones sobre su futuro. El objetivo del caso de negocio es convencer a la alta dirección de la necesidad y los beneficios del proyecto y así lograr su compromiso con la iniciativa.

Para empezar a comprender a la organización, se deben realizar las siguientes preguntas:

- ¿Cuál es la visión, estrategia y objetivos de la organización?

- ¿Cuáles son los productos o servicios críticos que afectan el rendimiento de la organización?

- ¿Cuáles son los factores de éxito críticos de la organización?

- ¿En qué áreas la competencia obtiene mejores resultados?

- ¿Cuáles áreas los competidores están alcanzando a la organización?

- ¿Dónde se puede mejorar la satisfacción de los clientes?

- ¿Cuáles son los principales problemas que enfrenta la organización?

Las respuestas a muchas de estas preguntas, son fáciles de localizar en el plan anual de negocio de la empresa, como por ejemplo: la visión, los reportes anuales, los comunicados de prensa y entrevistas ejecutivas, declaraciones del alcance del plan, análisis DAFO, presentaciones en la bolsa de valores, numero de agencias y cualquier otro tipo de documento en el que se discutan la futura dirección y posición en el mercado de la empresa.

3.1.2.1 El proceso de planificación estratégica

Gracias a los trabajos de Michael Porter y otros importantes padres del Management, la estrategia competitiva de las empresas se puede trabajar de una forma sistemática y estructurada.

La aproximación que sigue y que se representa en la figura piramidal, se trabaja desde la cúspide hasta la base y permite abordar una tarea ardua de forma muy constructiva y eficaz.

Parte de la elaboración de los tres elementos básicos de cualquier estrategia: Valores, Misión y Visión. Cada uno de estos aspectos se pueden entender por la descripción que aparece en la vertiente derecha de la pirámide.

Luego se debe establecer una serie de metas que deben formularse de forma clara y concisa. La meta final puede ser tan genérica como "ser los líderes del mercado consiguiendo el 75% de la cuota".

Como se ha planteado, la estrategia es el camino a seguir para conseguir dicha meta y para ello, se buscan unos objetivos intermedios que se alcanzarán si se llevan a cabo con éxito una serie de Iniciativas y Tareas.

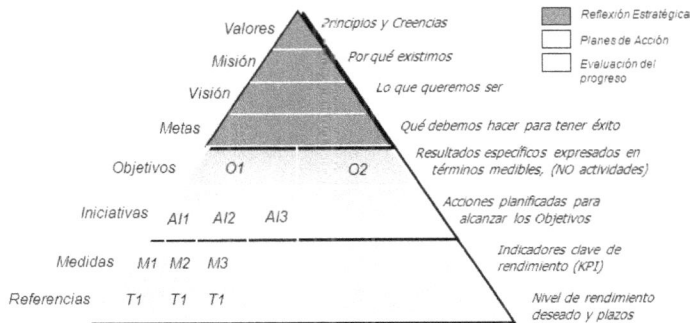

Figura 4. Pirámide del proceso de planificación estratégica

A la hora de llevar a cabo el proceso de planificación estratégica, se llevan a cabo tres etapas:

Etapa 1: Reflexión Estratégica: En esta etapa se deben definir los valores, la misión, visión y metas de la organización. Esto es la cúspide la pirámide.

Etapa 2: Planificación de los Planes de Acción: En este estadio se deben definir los objetivos y las iniciativas necesarias para lograr las metas propuestas. Es importante llegar a detallar los plazos asociados a cada iniciativa y tarea, así como los recursos y costes que conllevan y, por último, asignar responsables de su ejecución correcta.

Etapa 3: Evaluación de Progreso: En esta etapa se miden los avances en el despliegue de las iniciativas diseñadas. En general, se analiza el progreso de la organización en la consecución de su estrategia.

La siguiente figura muestra las tareas y los resultados que debe completarse en cada una de las etapas del proceso de planeación estratégica.

3.2 EL ENTORNO

La estrategia competitiva de una empresa debe tener en cuenta el entorno en el que ésta opera, así como una serie de factores que la pueden afectar. En esta sección presentamos una serie de marcos para el análisis de estos factores, empezando por una visión más macro hasta llevar a evaluar lo que el entorno más inmediato de la organización espera y aporta a la misma.

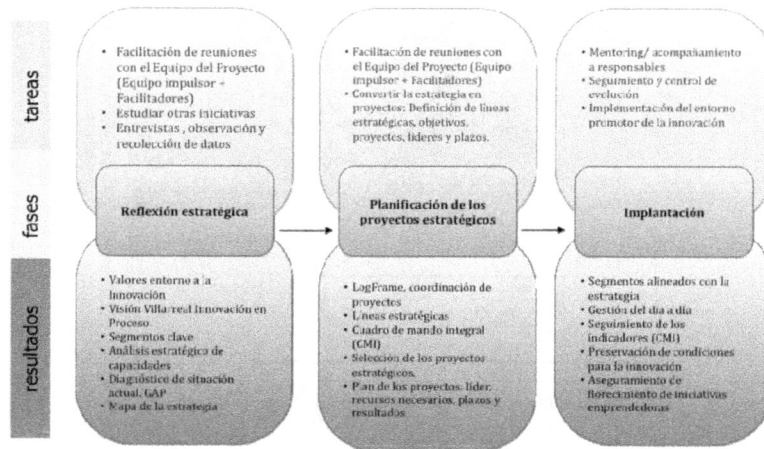

Figura 5. Tareas, fases y resultados de la planificación estratégic5a

3.2.1 ANÁLISIS PESTEL

Se trata de un análisis macro que contempla aspectos de: Política, economía, socio-culturales, Tecnológicos, Legales.

Político: Políticas impositivas, Regulación del comercio exterior, Regulación sobre el empleo, Promoción de la actividad empresarial, Estabilidad gubernamental, nivel de corrupción.

Económicos: Ciclo económico, Evolución del PNB, Tipos de interés, Oferta monetaria, Evolución de los precios, Tasa de desempleo, Ingreso disponible, Disponibilidad y distribución de los recursos, Nivel de desarrollo.

Socio-culturales: Evolución demográfica, Distribución de la renta, Movilidad social, Cambios en el estilo de vida, Actitud consumista, Nivel educativo, Patrones culturales.

48

Tecnológicos: Gasto público en investigación, Preocupación gubernamental y de industria por la tecnología, Grado de obsolescencia, Madurez de las tecnologías convencionales, Desarrollo de nuevos productos, Velocidad de transmisión de la tecnología.

Ecológicos: Incidencia en el medio ambiente, beneficios y perjuicios para el entorno ambiental inmediato y la biosfera.

Legales: Legislación antimonopolio, Leyes de protección del medioambiente.

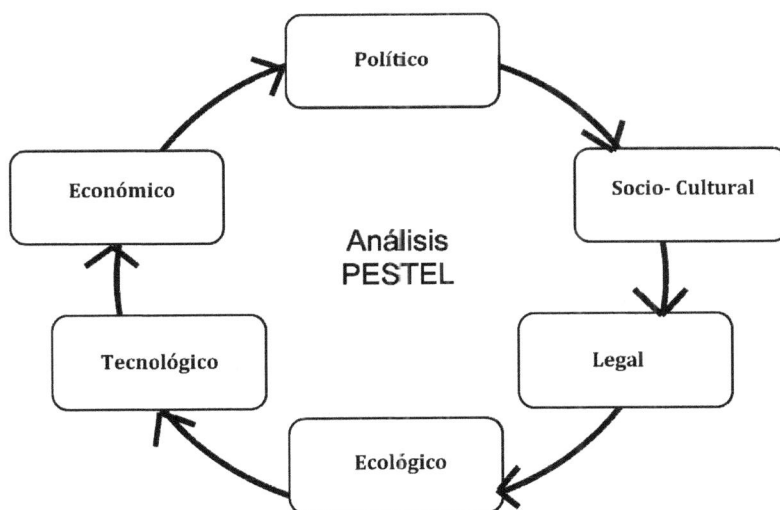

Figura 6. Análisis PESTEL

3.2.2 Análisis de las cinco fuerzas de Porter

De acuerdo con Michael Porter existen cinco motores tractores de la capacidad competitiva de una empresa. Estas cinco fuerzas determinan los beneficios potenciales de la industria en cuestión.

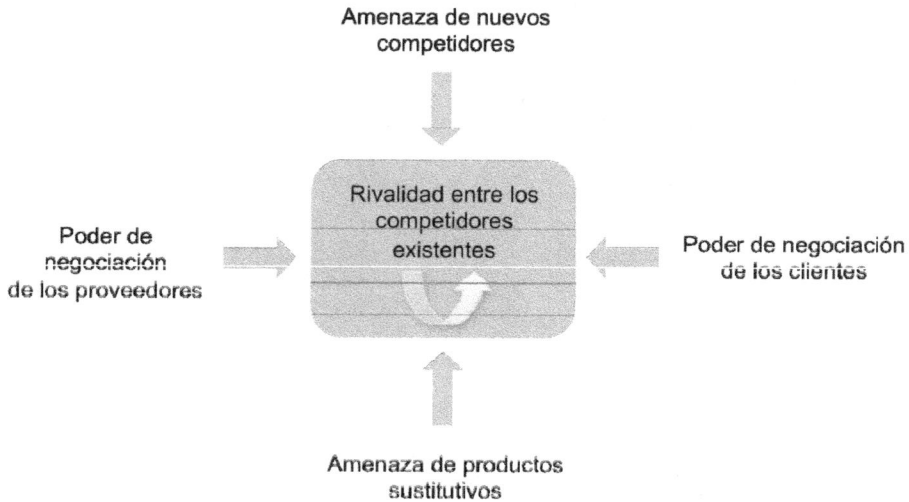

Figura 4. Cinco fuerzas de Porter

3.2.2.1 Amenaza de nuevos competidores:

Son las nuevas empresas que entran en el sector, las cuales traen nuevas capacidades y tienen como objetivo ganar participación en el mercado.

Las amenazas de entrada dependen de:

- *Barreras de entrada:*

Necesidad de lograr economías de escala con rapidez

Diferenciación de productos

Obtención de conocimiento especializado

Falta de experiencia

Requerimiento de capital

Canales de distribución adecuados

Políticas gubernamentales

- *Respuesta de los competidores actuales:*

Historial de reacciones agresivas a los nuevos competidores

Empresas con recursos estables para defenderse

Bajo crecimiento y desarrollo del sector

3.2.2.2 Rivalidad entre los competidores existentes

La rivalidad entre la competencia se puede dar de varias maneras, ya que la competencia puede estar basada en los precios, nuevos productos, servicios de valor añadido (post-venta, garantías, reparaciones, etc.).

La intensidad de la rivalidad puede depender de los siguientes factores:

- Cantidad y tamaño de competidores:

Entre más concentrada este la industria, la intensidad de la competencia disminuye.

- Ritmo de crecimiento del sector:

En la medida en que el crecimiento del sector sea bajo, las empresas se enfocan en ganar participación en el mercado, lo que produce un aumento en la intensidad de la competencia.

- Costes fijos altos:

Los altos costos fijos hacen que las empresas produzcan grandes cantidades, lo que puede generar un aumento en la oferta, ocasionando una disminución en los precios del mercado.

- Productos Homogéneos:

En este caso los consumidores basan sus decisiones de compra en el precio y en el servicio añadido que puedan tener, lo cual hace que aumente la intensidad en la competencia.

- *Barreras de Salida:*

Las barreras de salida se pueden caracterizar por:

- Activos especializados
- Costes fijos de salida
- Inter-relaciones estratégicas
- Barreras emocionales
- Restricciones sociales y gubernamentales
- Contratos a largo plazo

3.2.2.3 Productos sustitutos

Los productos sustitutos se caracterizan por realizar las mismas funciones que los productos originales. Este tipo de productos limitan el potencial de la industria fijando un techo en los precios.

Se debe tener una especial atención a aquellos productos sustitutos que tiene una buena de relación precio - desempeño respecto a los productos originales.

3.2.2.4 Poder de negociación de los compradores

Los compradores tienden a incrementar la rivalidad entre los proveedores, en función de la disminución de los precios.

Un grupo de compradores tiene poder cuando:

- Están concentrados o bien compra grandes volúmenes en relación a las ventas del proveedor.
- El producto que compra es estándar.
- Si existe la amenaza latente de que se integren verticalmente hacia atrás y se conviertan en productores.
- Cuando el producto no es esencial para los compradores.

3.2.2.5 Poder de negociación de los proveedores

El poder que tienen puede aumentar los precios o disminuir la calidad de los productos y/o servicios.

Un grupo de proveedores es fuerte cuando:

- El sector es dominado por algunas compañías y está más concentrado que la industria a la que vende.
- Si existe la amenaza latente de que se integren verticalmente hacia adelante.
- No tienen muchos productos sustitutos con los cuales competir.
- El proveedor tiene la información total.
- El producto es esencial para el cliente.
- Los costes de cambio de proveedor son muy altos.

Un análisis fiel de las cinco fuerzas competitivas permite saber la rentabilidad que se puede esperar al operar en un sector. Aún más, en función de nuestra posición en el sector, determinada por esos motores competitivos, la mayor o menor rentabilidad está predeterminada. Tanto Ghemawat (1998) como el propio M. Porter (2008) aportan estudios que en resumen demuestran que:

- Una alta rivalidad entre competidores del sector conlleva baja rentabilidad
- La facilidad para nuevos entrantes de operar en el sector supone baja rentabilidad
- Una alta concentración de compradores o unos pocos, pero muy grandes eliminan la rentabilidad
- Una alta concentración de proveedores o unos pocos, pero muy grandes eliminan la rentabilidad
- La cercanía a la propuesta de valor de una compañía que puedan realizar los productos sustitutivos limitarán en gran medida la rentabilidad.

En la siguiente gráfica del artículo de M. Porter (2008) se presenta este hecho:

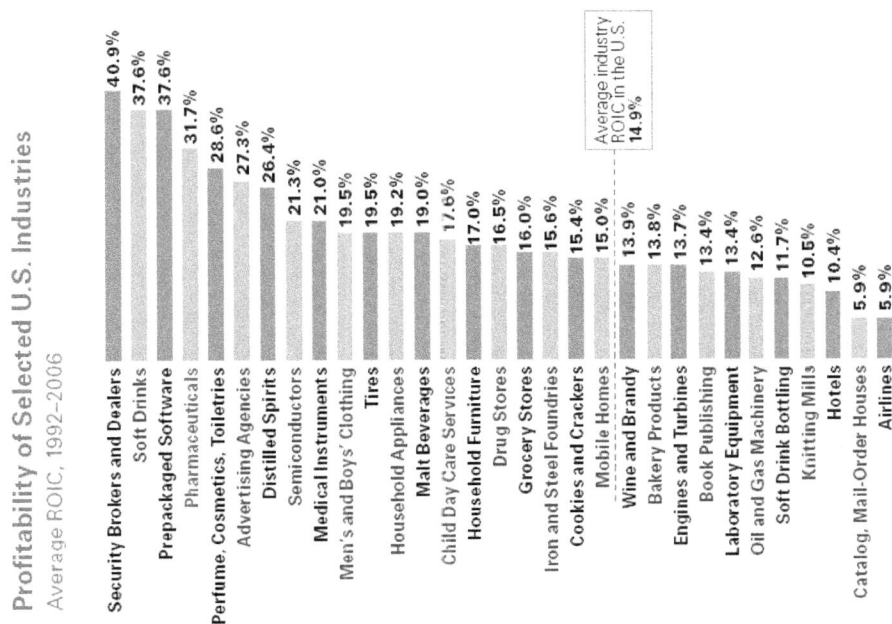

Figura 5. Rentabilidad por industrial determinada por las 5 fuerzas

Fuente: M Porter. HBR Jan. 2008

3.2.3   Cadena de Valor de Porter

La cadena de valor de Porter permite analizar a la empresa a través de sus actividades estratégicas, al tiempo que entender su papel en el sector.

3.2.3.1   Cadena de Valor de la Actividad

Este marco permite un análisis para el desarrollo de ventajas competitivas, que se pueden obtener en base a estas tres estrategias:

- diferenciación
- costes bajos, y
- especialización / enfoque.

Las diferencias que se puedan encontrar entre las cadenas de valor de los competidores son fuente clave para obtener la ventaja competitiva.

La cadena de valor está compuesta de las actividades que generan un mayor valor y margen a la organización.

Actividades primarias de la cadena de valor:

Son aquellas actividades en las que se produce una interacción directa en la aportación de valor al cliente.

- *Logística de entrada:* Son las actividades relacionadas con el almacenamiento, distribución, inventarios.

- *Operaciones:* Son los procesos que se deben seguir para obtener el producto o servicio.

- *Logística de salida:* Son aquellas actividades que tienen que ver con el almacenamiento y distribución física, procesamiento de pedidos, entrega.

- *Marketing y ventas:* Son las actividades que se realizan para promover y facilitar la compra.

- *Servicios al Cliente:* Son los servicios que le dan valor añadido a los productos y servicios y que en ciertas ocasiones pueden hacer que el cliente este fiel o bien tome la decisión de adquirir el producto.

<u>Actividades de soporte de la cadena de valor:</u>

Tan importantes como las primarias a la hora de generar valor, pero con una relación más indirecta con la entrega de valor al cliente. Contempla actividades como:

- ***Gestión de los recursos y tecnologías de la información:*** Conocer los recursos con los que cuenta la organización para llevar a cabo cada una de sus tareas y actividades.

- ***Gestión de RRHH y Organización:*** Búsqueda y contratación del personal idóneo para la organización, entrenamiento del personal, etc.

- ***Gestión económico financiero:*** gestión de los recursos para desarrollar las actividades de la organización

- ***Dirección:*** Son los elementos relacionados con la administración, la planeación estratégica para lograr los objetivos de la empresa.

La siguiente figura sintetiza dichos conceptos de una forma visual.

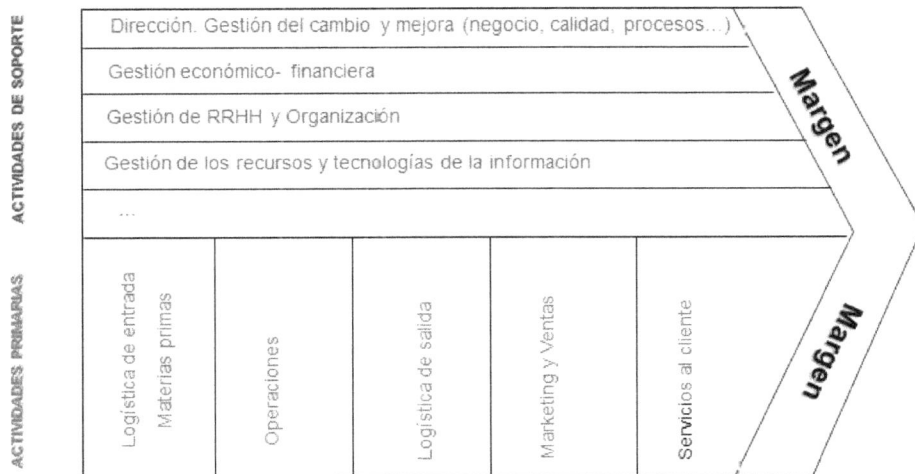

Cadena de Valor del sector

La cadena de valor del sector analiza la secuencia de pasos que se dan en una determinada industria o sector de actividad económica. Su análisis permite entender cuáles de aquellos pasos son llevados a cabo por una determinada organización y contrastar su posición con otros actores del mercado. Un análisis más avanzado incluso lleva a plantear estrategias de crecimiento denominadas de "aguas arriba", cuando se pasa a absorber pasos que hasta ese momento eran llevados a cabo por proveedores. O de aguas abajo, cuando lo que se hace es incorporar actividades que hacían clientes de la compañía, para llegar a otros clientes más lejanos en la cadena de valor.

55

Figura 10. Cadena de Valor de Porter por Actividad

Para entender este concepto, se pone un ejemplo para el sector agroalimentario. Nuestra empresa podría estar por ejemplo, dedicándose al elaborado, cocido y cocinado.

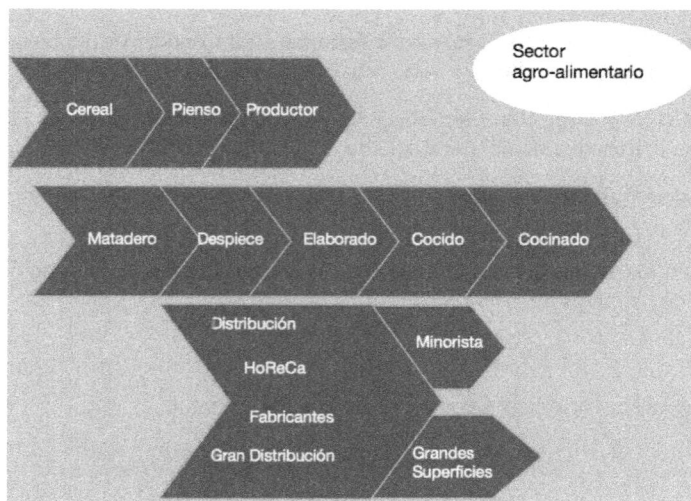

Figura 11. Cadena de valor del Sector agroalimentario

Ejemplo de una Cadena de Valor: el Sector Agroalimentario

3.2.4   Análisis DAFO

El análisis de Debilidades, Amenazas, Fortalezas y Oportunidades (DAFO, en inglés SWOT) consiste en identificar "qué es" - "dónde está" la organización hoy en día. Esto involucra un profundo estudio de las fuerzas internas y externas de la organización.

- Análisis Interno: Fortalezas y Debilidades intrínsecas a la propia actividad de negocio. Ser consciente de ellas es importante para posicionar la empresa.
- Análisis externo: Amenazas y Oportunidades, se estudian los factores externos que pueden afectar positiva o negativamente el futuro de la organización, a esto se le llama oportunidades y amenazas.

Este análisis es una evaluación realista de cómo está la organización actualmente, y hacia dónde se quiere ir. Como parte del análisis, se deben determinar las fortalezas, debilidades, oportunidades y amenazas de una organización completa o de una división de la misma.

Definición de la matriz DAFO:

-Fortaleza: Es cualquier recurso o capacidad existente o potencial dentro de la organización, que proporcione una ventaja competitiva en el mercado.

-Debilidad: Es cualquier fuerza interna existente o potencial, que pueda servir como barrera para mantener o lograr una ventaja competitiva en el mercado. Cabe incorporar aquí también las carencias, esto es, las cosas que faltan para que la empresa pueda desarrollar adecuadamente su actividad.

-Oportunidad: Es cualquier fuerza existente o potencial del ambiente externo, que pueda ser correctamente explotado, que proporcione una ventaja competitiva en el mercado.

-Amenaza: Es cualquier fuerza existente o potencial del ambiente externo, que pueda obstaculizar el mantenimiento o el logro de una ventaja competitiva.

Proceso de Elaboración

Análisis Interno. Los siguientes factores deben ser utilizados para realizar el análisis interno y así encontrar las fortalezas y debilidades.

1. El estado de cada una de las áreas de negocio de la organización y los recursos que no han sido explotados. Una tabla como la que se encuentra abajo puede ser utilizada para recopilar esta información.

2. El perfil estratégico de la organización, especialmente su nivel de creatividad y los niveles usuales de toma de riesgos y su aproximación con la competencia.

3. Los recursos del sistema para ejecutar las diferentes estrategias, que ha seleccionado la organización, para lograr su misión, incluyendo su estructura y gestión del talento.

4. Un análisis de su actual estructura organizativa.

Hoja de trabajo del análisis interno

Área Analizada:

____ Toda la Organización
____ Área de Negocio
____ Proceso de Negocio

FORTALEZAS	DEBILIDADES

Implicaciones de la planeación estratégica para la gestión del conocimiento:

-
-
-

Preguntas a realizar

- *Fortalezas (analice el ambiente interno)*
    ¿Qué fortalezas son únicas en nuestra división?

    ¿Qué fortalezas son únicas en nuestra compañía?

    ¿Qué es verdaderamente distinto de nuestra empresa?

    ¿Qué diferencias existen entre nosotros y nuestra competencia?

    ¿Cuales son nuestros factores (drivers) de valor claves?

    ¿Qué tiene mayor influencia sobre nuestra evaluación de acciones?

- *Debilidades*
    ¿Qué conocimiento son hace falta?

    ¿Qué habilidades nos hacen falta?

    ¿Qué sistemas necesitamos cambiar?

Una visión completa de este análisis interno debe contemplar también el análisis de aquellos aspectos de la organización que actúa con proveedores y clientes.

Análisis Externo

El consultor debe estudiar los competidores, los proveedores, el mercado, los clientes, las tendencias del mercado y las regulaciones del gobierno en todos los niveles que puede afectar a la organización tanto positiva como negativamente. Esta información debe incluir tendencias actuales y futuras.

Para ello, se puede comenzar por examinar los siguientes entornos:

- Entorno sectorial: Necesitan hacer seguimiento de lo que está ocurriendo en su sector. Los factores que pueden ser considerados incluyen las posibles modificaciones en la estructura industrial, cambios en la tecnología, introducción de nuevos productos o servicios, apertura a nuevos mercados, etc.
- Entorno de la competencia: Uno de los conjuntos más importantes de información son en el análisis de los competidores, cuáles son sus perfiles organizacionales que se encuentran en el mismo negocio o que apuntan para el mismo segmento de mercado.

- *Oportunidades (análisis del ambiente externo)*
  ¿Qué servicios adicionales se le puede ofrecer a los clientes actuales?

  ¿Qué nuevo mercado deberíamos investigar?

- *Amenazas*
  ¿Quiénes son nuestros competidores actuales?

  ¿Qué nuevas compañías se podrían poner en marcha?

  ¿Qué factores externos pueden causarnos preocupación?

Hoja de trabajo del análisis externo

Área Analizada:

_____ Toda la Organizacion
_____ Área de Negocio
_____ Proceso de Negocio

AMENAZAS	OPORTUNIDADES

Implicaciones de la planeación estratégica para la gestión del conocimiento:

-
-

3.3 ESTRATEGIA DE OCÉANO AZUL. CURVAS DE VALOR

La base de la estrategia del Océano Azul, se concentra en mostrara las empresas el beneficio que trae dejar a un lado la competencia destructiva, ampliando los horizontes del mercado y generando valor por medio de la Innovación.

Metafóricamente, para los autores de esta teoría, Chan Kim y Renee Mauborgne, los océanos azules están caracterizados por la creación de mercados en áreas que aún no se han explotado y que generan oportunidades de crecimiento sostenible a lo largo del tiempo. Cuando aparecen estos océanos azules, la competencia se convierte en un factor de poca importancia ya que representan las industrias que no existen actualmente. Es el espacio del mercado que no ha sido explorado ni explotado, donde hay más oxígeno para la vida y el agua es azul turquesa.

Por el contrario, aquellos mercados maduros, saturados de competencia hacen inviable la vida (rentabilidad). En esos casos hablamos de océanos rojos, sin oxígeno ni espacio para la vida. A medida que van apareciendo mas competidores, los beneficios se van minimizando, del mismo modo que va disminuyendo el desarrollo y crecimiento de la industria, con lo cual la competencia se torna sangrienta.

La Estrategia de Océano Azul plantea un análisis de las variables que aportan valor a un negocio, esto es, de los atributos de la propuesta de valor. Dichas variables son analizadas en base al nivel de prestación de valor que aportan, de forma que se pueden representar gráficamente mediante una curva, denominada "curva de valor".

El esquema que se presenta a continuación sirve para redefinir los elementos de valor y generar una nueva curva de valor, la cual permitirá la creación de océanos azules

3.3.1 Esquema de las Cuatro Acciones. Estrategia del océano azul

Los principios que han definido W Chan Kim y Renée Mauborgne para la creación de océanos azules son:

Redefinir las fronteras del mercado: El objetivo de este principio es separarse de la competencia y crear océanos azules, deben dirigir la mirada hacia otras industrias alternativas, otros grupos estratégicos, otros grupos de compradores: hacia productos y servicios complementarios, hacia la orientación emocional, o funcional de la empresa, e incluso ir más allá del tiempo.

Centrarse en la perspectiva global y no en las cifras: En la elaboración de cualquier plan estratégico, los gestores pasan mucho tiempo haciendo cálculos, en lugar de salir al exterior y pensar en cómo alejarse de la competencia.

Por lo tanto los autores de la estrategia del océano azul, buscan que los gerentes se concentren más en la globalidad y en los factores externos y no en los números. Recomiendan dibujar en un papel de la forma más clara posible la estrategia que se quiere implementar en la empresa. Los detalles son más fáciles de ubicar si primero se tiene una visión clara de cómo se quiere distanciar de la competencia.

Ir más allá de la demanda existente: Este principio propone que las empresas vayan más allá y se concentren en descubrir cuáles son las necesidades de los NO-CLIENTES, con el fin de atraerlos y de convertirlos en clientes.

Aplicar la secuencia estratégica correcta: Para estar seguros de que la implementación de la estrategia sea un éxito y realmente cree un océano azul, se deben hacer las siguientes preguntas (alguna de ellas debe generar una respuesta positiva):

- ¿Obtendrán los clientes una utilidad excepcional de la nueva idea de negocio?

- ¿El precio marcado para los productos o servicios está al alcance de la gran masa de posibles clientes?

- ¿La estructura de costes que tenemos es viable teniendo en cuenta el objetivo de precios que nos hemos marcado?

- ¿Existen obstáculos para transformar nuestra actual propuesta de valor?

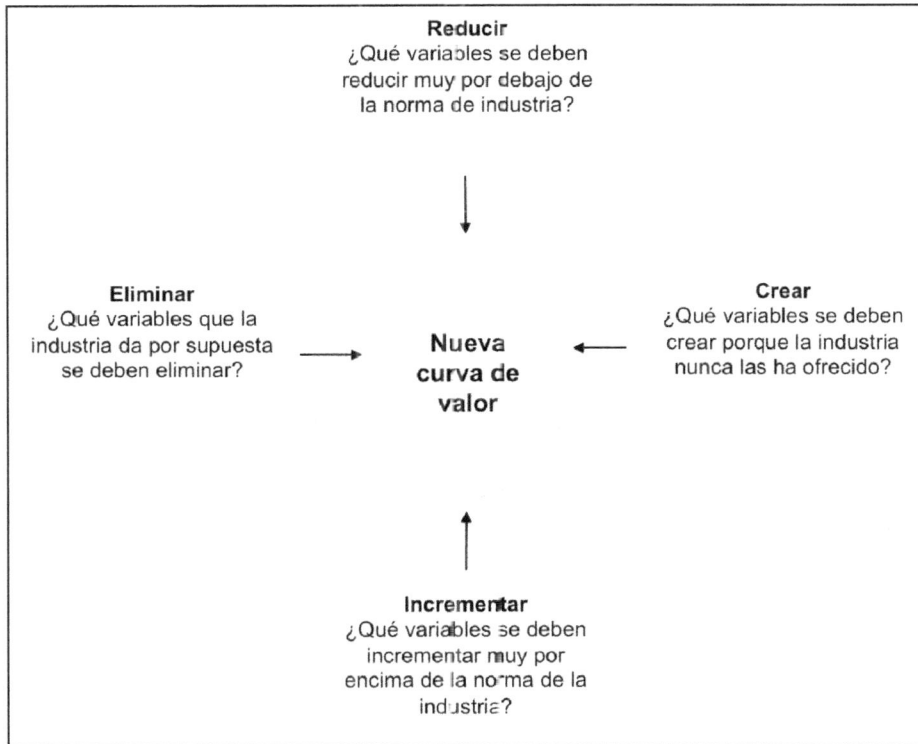

Reducir
¿Qué variables se deben
reducir muy por debajo de
la norma de industria?

Eliminar
¿Qué variables que la
industria da por supuesta
se deben eliminar?

**Nueva
curva de
valor**

Crear
¿Qué variables se deben
crear porque la industria
nunca las ha ofrecido?

Incrementar
¿Qué variables se deben
incrementar muy por
encima de la norma de la
industria?

Figura 12. Esquemas de cuatro acciones para la creación de océanos azules

Ejemplo: El Cirque du Soleil es uno de los ejemplos que mejor muestran el funcionamiento de la estrategia del Océano Azul.

Características del Circo Clásico	Características del Cirque du Soleil
Entradas bajo costo	Entradas de alto costo
Uso de animales	No uso de animales
Múltiples Espacios	Único Espacio
Estrellas de Circo	Música y Danza
Show con Acróbatas	Show con Acróbatas
Diversión y Humor	Diversión y Humor
Única Producción	Producciones Múltiples

Una vez identificadas las características de los circos tradicionales, los artistas Guy Laliberté y Daniel Gauthier apostaron por una idea innovadora, creando así un circo único en el mundo, que atrae a millones de personas a sus espectáculos.

A continuación se muestra la curva de valor:

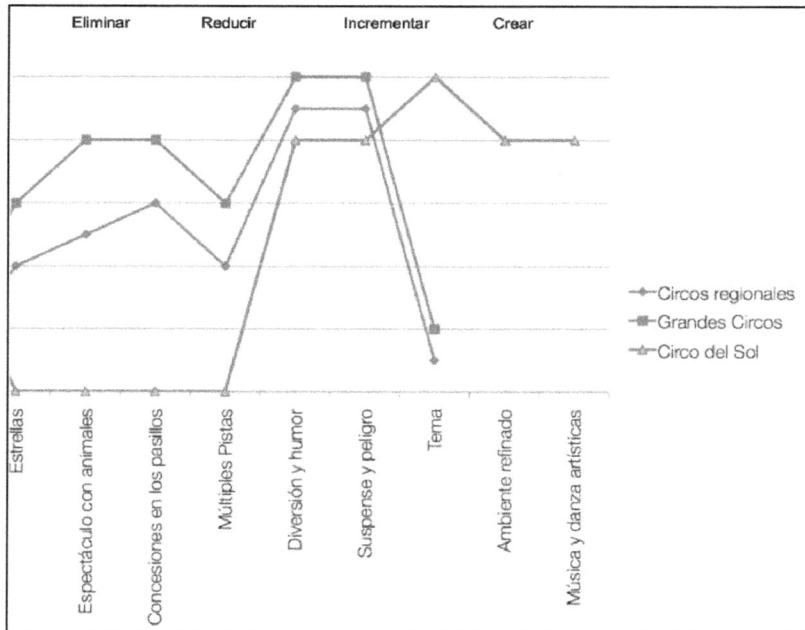

Figura 13. Curva de valor del Cirque du Soleil

Ejemplo: Spotify.

Spotify es un servicio de música streaming que ofrece el acceso ilimitado a los archivos de música de las discográficas más importantes, como lo son Sony, EMI, Warner Music Group, Universal, entre otras. Es un servicio que en un principio era exclusivo y totalmente gratis, los usuarios sólo podían acceder a el por medio de una invitación, una vez lograron la masa crítica deseada, lo abrieron al público, limitando su uso a 20 horas al mes en la modalidad "free" y con publicidad. Si el usuario quiere tenerlo disponible las 24 horas del día los siete días de la semana, debe pagar una suscripción la cual le dará acceso a toda la música que desee. Rompe el paradigma de tener que almacenar música para poder disfrutarla, ya que la tiene siempre disponible on-line (streaming).

Las características principales de este servicio que los diferencia de sus competidores, se pueden entender a través de las acciones llevadas a cabo con sus variables.

Eliminaron:

-   Impresión de Discos
-   Distribución

Redujeron:

-   Precio
-   Marketing

Aumentaron:

62

- Publicidad
- Variedad
- Disponibilidad

Crearon:

- Cuota de suscripción para el servicio ilimitado
- Personalización: Los usuarios pueden crear sus listas de reproducción con la música que desee y estas las pueden compartir con sus amigos, además de que permite la integración con la redes sociales más importantes del momento tal como es el caso de Facebook.

A continuación se muestra la curva de valor que representa gráficamente estas características y se ve como es el funcionamiento de la competencia:

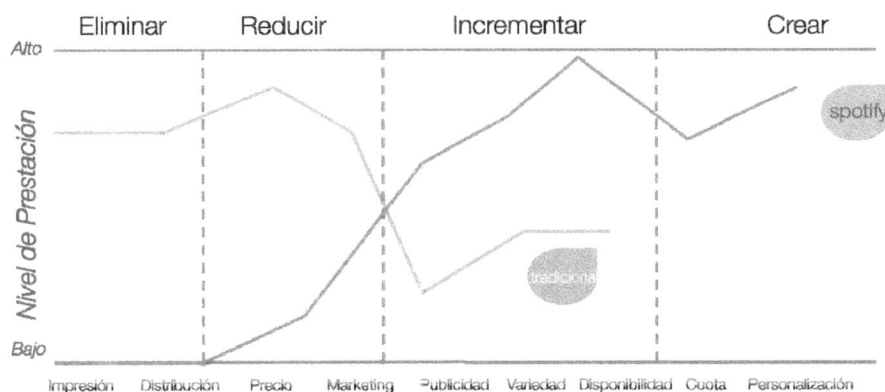

Figura 14. Curva de valor Spotify

3.4 BALANCED SCORECARD

El cuadro de mando integral (Balanced Scorecard) fue presentado en 1992 en la revista Harvard Business Review, por Norton y Kaplan. Es un sistema de planificación estratégica que se utiliza con bastante frecuencia en las empresas, la industria, el gobierno y las organizaciones sin ánimo de lucro, el cual busca alinear las actividades del negocio con la visión y la estrategia de la empresa, y así mejorar la comunicación interna y externa, también sirve para monitorear el desempeño estratégico para saber si se están cumpliendo las metas propuestas.

Los autores siguieren cuatro perspectivas:

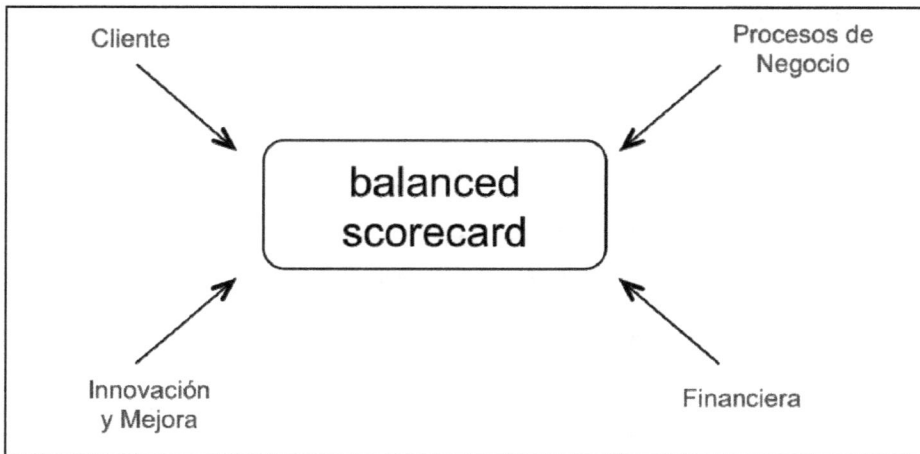

Figura 15. Dimensiones del cuadro de mando integral (BSC)

3.4.1 Perspectivas del Cuadro de Mando Integral

Para crear un Balanced Scorecard que realmente sea útil para la empresa se debe seguir el siguiente proceso:

1. Definir cuáles son los objetivos que se quieren alcanzar

2. Determinar las mediciones o parámetros observables, que midan el progreso y el alcance de los objetivos

3. Determinar las iniciativas, proyectos o programas que se iniciaran para logras las metas y objetivos.

Perspectiva Financiera: Esta perspectiva describe los resultados tangibles de la estrategia en términos financieros. Estos son algunos de los indicadores que muestran si la estrategia está funcionando correctamente.

- Indicadores utilizados: Retorno de la Inversión (ROI)

- Valor para los accionistas

- Rentabilidad

- Aumento de los ingresos

Perspectiva del Cliente: En esta perspectiva se definen los segmentos de clientes y el mercado, también se define la propuesta de valor para el cliente, si por ejemplo los clientes valoran la calidad y las entregas, entonces los sistemas y procesos debe estar orientados a cumplir con las necesidades de los clientes, siendo así dichos sistemas altamente valorados por la empresa. Sincronizar correctamente las acciones y las capacidades de la organización con la propuesta de valor para el cliente es el núcleo de la ejecución de la estrategia.

Perspectiva de los procesos internos: Aquí se deben identificar los procesos internos críticos, en los cuales la organización debe ser excelente para lograr los objetivos financieros y satisfacer a los clientes. En otras palabras son los procesos que mayor impacto tienen sobre la estrategia de la organización.

Perspectiva de formación y crecimiento: En esta perspectiva se identifican en que tareas, cuales sistemas y qué clase de procedimientos de la organización, se necesita para apoyar los procesos internos de creación de valor.

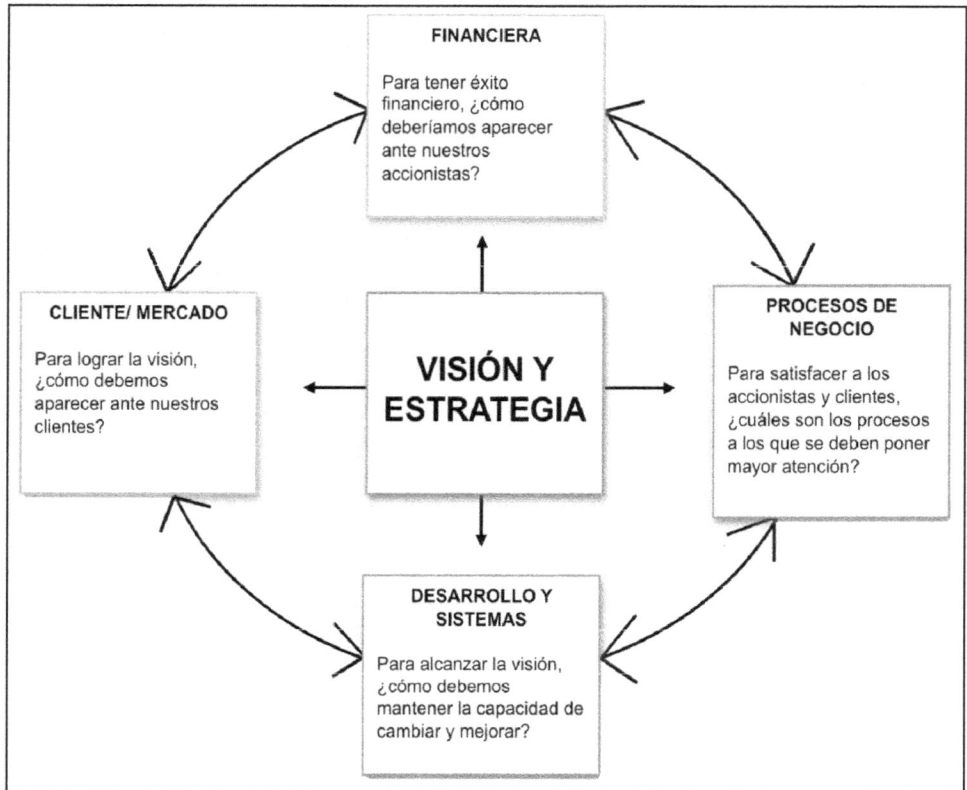

FINANCIERA

Para tener éxito financiero, ¿cómo deberíamos aparecer ante nuestros accionistas?

CLIENTE/ MERCADO

Para lograr la visión, ¿cómo debemos aparecer ante nuestros clientes?

VISIÓN Y ESTRATEGIA

PROCESOS DE NEGOCIO

Para satisfacer a los accionistas y clientes, ¿cuáles son los procesos a los que se deben poner mayor atención?

DESARROLLO Y SISTEMAS

Para alcanzar la visión, ¿cómo debemos mantener la capacidad de cambiar y mejorar?

Figura 16. Las cuatro perspectivas del cuadro de mando general

3.5 MAPAS ESTRATÉGICOS

Los Mapas Estratégicos fueron creados por Norton y Kaplan. Éstos proporcionan un marco de referencia para mostrar gráficamente de qué manera la estrategia vincula las capacidades de la organización con los procesos de creación de valor.

Un mapa estratégico está compuesto por cuatro perspectivas, que permiten el equilibrio entre los objetivos a corto y largo plazo entre los resultados deseados, y con las medidas objetivas.

La gran potencia de esta herramienta es las relaciones causa efecto que establece entre las iniciativas a llevar a cabo para la consecución de los objetivos.

Se construye de arriba abajo y se lee de abajo a arriba.

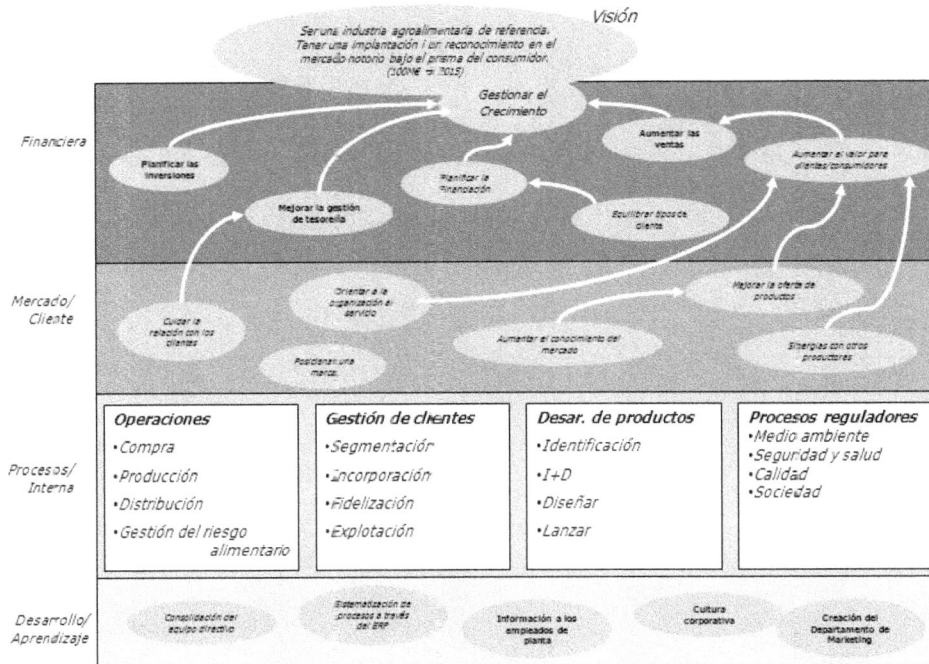

Visión

Ser una industria agroalimentaria de referencia. Tener una implantación i un reconocimiento en el mercado notorio bajo el prisma del consumidor. (100M€ → 2015)

Financiera

Gestionar el Crecimiento

Planificar las Inversiones
Mejorar la gestión de tesorería
Planificar la Financiación
Aumentar las ventas
Aumentar el valor para clientes/consumidores
Equilibrar tipos de cliente

Mercado/ Cliente

Cuidar la relación con los clientes
Posicionar una marca
Orientar a la organización al servicio
Aumentar el conocimiento del mercado
Mejorar la oferta de productos
Sinergias con otros productores

Procesos/ Interna

Operaciones	Gestión de clientes	Desar. de productos	Procesos reguladores
• Compra	• Segmentación	• Identificación	• Medio ambiente
• Producción	• Incorporación	• I+D	• Seguridad y salud
• Distribución	• Fidelización	• Diseñar	• Calidad
• Gestión del riesgo alimentario	• Explotación	• Lanzar	• Sociedad

Desarrollo/ Aprendizaje

Consolidación del equipo directivo
Sistematización de procesos a través del ERP
Información a los empleados de planta
Cultura corporativa
Creación del Departamento de Marketing

Figura 17. Mapas Estratégico. Norton y Kaplan

4 HABILIDADES DE UN CONSULTOR FACILITADOR

El consultor senior con un nivel world class ha de tener un equilibrio vital que le permita mantener una visión objetiva en su labor. Debe disponer, así mismo, de capacidad para entender las inquietudes y presiones del cliente, pero al tiempo, no ser arrastrados por ellas.

En general, para cualquier persona, según diversas aproximaciones de desarrollo personal, el ideal es mantener un nivel de equilibrio entre 6 áreas vitales. Éstas son:

- Salud
- Familia
- Social
- Económico
- Desarrollo y profesión
- Espiritual

Este equilibrio no es trivial y sólo los profesionales más maduros son capaces de mantenerlo alimentando en el mismo grado cada uno de esos aspectos vitales.

4.1 PERFIL FACILITADOR

En el siglo XXI la figura del asesor y del consultor siguen siendo útiles. Sobre todo cuando el experto externo aporta un conocimiento específico en un campo de la gestión (calidad, operaciones, finanzas, recursos humanos...) o en un sector (financiero, salud, automoción...). Sin embargo, cuando abordamos aspectos de negocio de alto impacto, estratégicos, la labor de asesoramiento específico no aporta todo el valor que un directivo y una organización precisan del exterior. En estos casos es preferible un soporte más generalista, que no por ello menos preparado.

Tal y como se introdujo en secciones anteriores, el ritmo actual de los negocios y el entorno extremadamente competitivo precisan otro tipo de perfil que ayude a la alta dirección de las organizaciones a transformarlas de una forma dinámica. Profesionales que capaciten al equipo directivo al tiempo que se lleva a cabo el cambio estratégico.

El facilitador debe tener visión holística y madurez reflectiva. Es un profesional que acompaña al cliente a descubrir cosas, tales como sus propias soluciones y los factores clave de éxito para su compañía. También le da la posibilidad de hacer una revisión crítica, a las nuevas ideas y le permite reflexionar sobre los cambios a que se vayan a implementar.

Un facilitador debe:

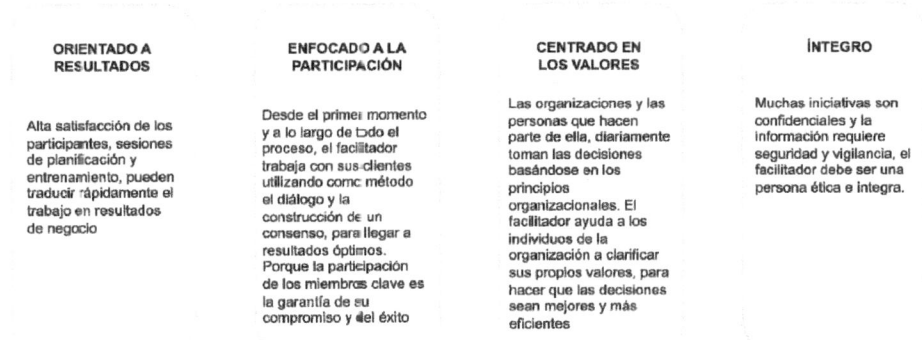

ORIENTADO A RESULTADOS	ENFOCADO A LA PARTICIPACIÓN	CENTRADO EN LOS VALORES	ÍNTEGRO
Alta satisfacción de los participantes, sesiones de planificación y entrenamiento, pueden traducir rápidamente el trabajo en resultados de negocio	Desde el primer momento y a lo largo de todo el proceso, el facilitador trabaja con sus clientes utilizando como método el diálogo y la construcción de un consenso, para llegar a resultados óptimos. Porque la participación de los miembros clave es la garantía de su compromiso y del éxito	Las organizaciones y las personas que hacen parte de ella, diariamente toman las decisiones basándose en los principios organizacionales. El facilitador ayuda a los individuos de la organización a clarificar sus propios valores, para hacer que las decisiones sean mejores y más eficientes	Muchas iniciativas son confidenciales y la información requiere seguridad y vigilancia, el facilitador debe ser una persona ética e íntegra.

Figura 18. Los cuatro pilares del facilitador senior

La siguiente figura resume las principales diferencias entre Coach, Facilitador y Consultor.

coach	facilitador	consultor
- Habla	- Pregunta	- Cuestiona
- Enseña	- Escucha	- Evalúa
- Patrocinado por el departamento de recursos humanos	- Patrocinado por la alta dirección	- Patrocinado los ejecutivos de la organización
- Comparte Información	- Provoca pensar	- Participa en pensar
- Guiado por un material	- Guiado por procesos	- Guiado por la evaluación
- Caos es un problema	- Entiende el Caos	- Se nutre del caos
- Se abraza de la orilla	- Marinero de aguas azules	- Navegante
- Abre el libro	- Cierra el libro	- Escribe el libro
- Los resultados son predecibles	- Los resultados no son predecibles	- Los resultados es la "estrategia"
- Usa instrumentos para medir	- Los resultados son medibles	- Identifica lo que se debe medir
- Es el líder del grupo	- Es un miembro del grupo	- Es el experto del grupo
-Limita la entrada de material	-Limita la entrada a las necesidades del grupo	-Limita la entrada a su área de expertise.
- Confía en el "material"	- Confía en el "proceso"	- Confía en la "experiencia"
- Dirige el proceso de enseñanza	- Gestiona el proceso de aprendizaje	- Recurso de información
- Contenido Especifico	- Proceso Especifico	- Aplicación especifica
- Sus preocupaciones son el tiempo y el proceso	- Sus preocupaciones son los sistemas y los procesos	- Sus preocupaciones son los resultados
- Evaluado por su habilidad de presentar	- Evaluado por su éxito capacitando para el éxito	- Evaluado por sus conocimientos

Figura 19. Diferencias entre perfiles de consultoría

4.2   PENSAMIENTO ESTRATÉGICO

El pensamiento estratégico es un conjunto de herramientas que sirven para lograr los objetivos y metas propuestas.

Es uno de los elementos más importantes de la estrategia. El directivo o encargado de la organización debe tener en cuenta este elemento para poder diseñar y realizar planes que le permitan alcanzar los objetivos de la organización.

De acuerdo con Kluyver el proceso del pensamiento estratégico incluye tres partes fundamentales:

¿Dónde estamos ahora?

En esta etapa del proceso se evalúa la organización, el objetivo es conocer en dónde está el negocio en la actualidad, en este punto se debe realizar una evaluación exhaustiva de la empresa. Es fundamental analizar la misión, la visión, conocer quiénes son las partes interesadas y cuáles son los objetivos de la empresa.

¿Hacia dónde vamos?

En esta etapa del proceso de deben generar alternativas estratégicas basadas en el análisis previamente hecho, para de esta forma saber cuáles son las estrategias a seguir.

¿Cómo llegamos hasta allí?

Una vez se ha identificado lo que se debe hacer, se procede a diseñar y realizar un plan estratégico para de esta forma alcanzar cada una de las metas propuestas por la organización.

Finalmente, cuando se ha realizado este proceso, la organización está preparada para trabajar estratégicamente, lo cual le aumenta las probabilidades de éxito y consecuente podrá tener ventajas competitivas frente a las otras empresas.

4.3   ESPÍRITU EMPRENDEDOR

Europa conforma una economía avanzada con un elevado sistema de bienestar. Se ha llevado a cabo un importante esfuerzo históricamente para conseguir una protección social muy importante.

Sin embargo, en algunos países como España, el marco laboral ha llevado a situaciones totalmente descompensadas. Con el ánimo de dar un nivel de vida óptimo a las personas, empezando por aquellos que trabajan en entornos de administración pública, se ha tratado de crear una legislación que sin embargo no ha adaptado la extrema desprotección que tienen los autónomos o trabajadores temporales.

Este sistema y otros factores coyunturales llevan a una cultura social donde emprender se ve como un sinónimo de osadía y el riesgo como algo a evitar a toda costa. En este sentido, recientes estudios sociológicos[1] en España ponen de manifiesto que la máxima aspiración de la mayoría de los jóvenes es ser funcionario.

---

[1] Encuesta a universitarios realizada en 2009. Cátedra ATA de Trabajo Autónomo de la Universidad de Cádiz

4.3.1 El emprendedor

Un emprendedor es una persona que se enfrenta a retos y dificultades, concibe una idea y es capaz de transformarla en una realidad, sobrepasando todo tipo de obstáculos.

Un emprendedor usualmente es una persona que crea empresa o que encuentra ideas de negocio y las lleva a cabo por su propia iniciativa.

Los emprendedores son personas capaces de adaptarse a los cambios y de aprovechar las oportunidades que conllevan.

Como principales características, el emprendedor suele incorporar las siguientes:

- Creativo e innovador

- No le teme a los riesgos y los afronta con firmeza

- Tiene mucha confianza en sí mismo

- Tiene gran capacidad Organizativa

- Debe tener mucha paciencia

- Ser tolerante al fracaso

- Capacidad de organización y planificación

- Ser líder

- Tener habilidades de comunicación

4.3.2 Espíritu Emprendedor

El espíritu emprendedor es la actitud que tiene una persona para emprender un nuevo negocio, enfrentando los riesgos utilizando la creatividad y la innovación para sacar su proyecto adelante. Es un estilo de hacer las cosas, no es un método rígido y racional de actuar.

El emprendedurismo es la mejor manera de enfrentar la incertidumbre de un entorno cambiante, puesto que aporta innovación, creatividad e iniciativa al mercado.

Una persona que tiene espíritu emprendedor es responsable, tiene un alto grado de compromiso, es perseverante y trabaja constantemente para lograr sus objetivos.

El espíritu empresarial es la evolución del espíritu emprendedor. Mientras el primero se enfoca únicamente en el negocio y la rentabilidad, el segundo tiene que ir más allá. Busca el cambio del entorno, experimentando nuevas ideas, convirtiéndolas en realidades. Pero todo emprendedor de éxito deviene en empresario.

Un profesional independiente provisto de espíritu emprendedor tiene:

- Creatividad: Es la facilidad que tiene para crear, proponer soluciones diferentes, tiene la capacidad de investigar y analizar la información.

- Autonomía: No necesita la supervisión para actuar, toma decisiones sin consultar ya que tiene la capacidad de elegir, es una persona que toma la iniciativa.

- Confianza en sí mismo: Confía en sus capacidades, recursos y posibilidades

- Sentido de responsabilidad: cumple con las obligaciones adquiridas, reconoce sus errores, y está dispuesto a hacer sacrificios por el bien del proyecto.

- Capacidad de asumir riesgos

Además de otras habilidades sociales como:

Líder: Influye en los otros para que trabajen activamente en el proyecto

- Trabajo en equipo: Tiene la capacidad de trabajar en equipo, compartiendo sus objetivos y métodos.

- Solidario

4.4 PERFIL COMERCIAL

Todos los profesionales venden de una forma directa o indirecta. Así, todos en algún momento tenemos que "vender" nuestros proyectos a nuestros superiores para conseguir financiación y apoyo, al tiempo que tenemos que persuadir a nuestros colaboradores para que lo compren, es decir, para que lo lleven a cabo.

En general, cualquier negociación conlleva una capacidad de venta. Y no en vano, una de las profesiones más veneradas en países sajones es la de vendedor. Porque un buen vendedor es aquel capaz de:

- Escuchar genuina y activamente
- Entender las inquietudes reales del cliente
- Ofrecer la solución que mejor cubre esas necesidades
- Gestionar las expectativas de forma realista

Conviene diferenciar aspectos que se incluyen en el ámbito comercial bien diferenciados:

- Marketing: conocer al cliente, entender sus necesidades y crear soluciones pueden satisfacerlas mejor que la competencia y hacerlas llegar al cliente, de una forma rentable. Esto incluye actividades de proyección y comunicación de una firma, que es lo que comúnmente se asimila al concepto de marketing. Pero también otro tipo de funciones importantes como la inteligencia de negocio. Entre otras cosas: analizar comportamientos de clientes, perfiles, rentabilidades…

- Ventas: toda una serie de acciones de relación (contacto, visitas, propuestas, atención al cliente…), orientadas a hacer negocio rentable y beneficioso para ambas partes.

En la parte del libro dedicada a la práctica se analizan con más profundidad los aspectos prácticos que un consultor debe tener en cuenta.

4.5 ORIENTACION A LA GESTIÓN Y EL CONTROL

"No es posible gestionar lo que no se puede medir". Atribuido a Willian Hewlett, fundador de HP.

Bajo esta máxima se recoge la idea de que el pensamiento de negocio conlleva saber el impacto de las acciones que se llevan a cabo. No en vano, la primera perspectiva del cuadro de mando integral es la financiera. Es decir, el lenguaje que hablan y dominan perfectamente las personas de negocio.

La herramienta de Norton y Kaplan tiene como principal virtud aportar relaciones de causa y efecto entre diferentes dimensiones, permitiendo medir el grado de consecución de los objetivos cuantitativos.

La alta dirección en cualquier organización es extremadamente sensible a conocer el impacto de negocio de cualquier iniciativa llevada a cabo en su seno. Y además está orientado a buscar rentabilidad a corto plazo, por lo que las iniciativas que se llevan a cabo en las dimensiones de abajo del mapa estratégico (desarrollo, sistemas, valores…) y en general todas aquellas que trabajan con activos intangibles son más difíciles de entender.

Este último punto sin embargo ha variado sustancialmente y cada vez son más los directivos que entienden que trabajar ciertos aspectos intangibles como el capital intelectual, el relacional o el know- how son inversiones que ya no son opcionales y que pueden aportar rentabilidades significativas.

Por otro lado, el consultor facilitador debe llevar un riguroso seguimiento y control de su actividad planificada convenientemente. Gestionando en todo momento las expectativas del cliente de forma adecuada. Esto es, practicar con el ejemplo en su propio trabajo.

En el capítulo dedicado a la implementación de la iniciativa estratégica de negocio, se presenta con detalle cómo llevar a cabo esta actividad.

4.6 LIDERAZGO

El liderazgo es un aspecto vital que el consultor senior debe conocer. Tanto para ejercerlo a la hora de conseguir avanzar en los proyectos que ejecute, como para ayudar a la persona líder del cliente a desarrollarlo y consolidarlo.

Liderazgo puede definirse como la capacidad que tiene una persona para dirigir e influenciar a un grupo de personas.

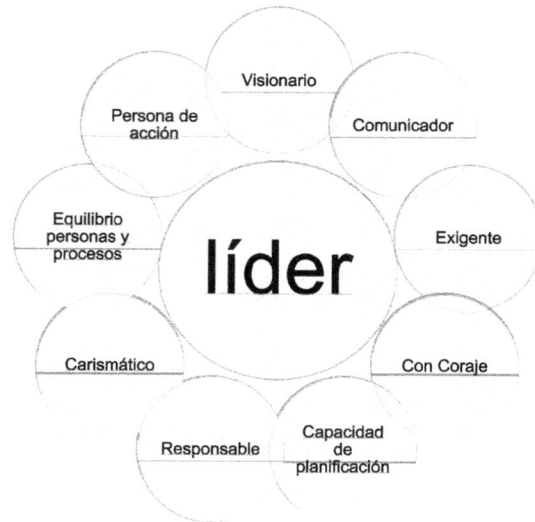

Figura 20. Principales características de un líder

Según Jhon Kotter un líder debe:

- Establecer una dirección

- Desarrollar una visión

- Desarrollar estrategias

- Alinear a las personas

- Obtener la colaboración de las personas

- Debe ser motivador e inspirador

- Promover el cambio

- Inspirar y dar confianza a sus colaboradores para de esta forma lograr los objetivos propuestos

- Enfocarse en las personas y en los objetivos

- **Capacidad de Comunicarse:** La comunicación debe ser en las dos vías, por una parte debe explicar y hacerse entender correctamente a sus colaboradores y por otra parte debe saber escuchar y considerar lo que su grupo le dice.

- **Inteligencia Emocional:** Es la habilidad de manejar los sentimientos y emociones propios y la de sus colaboradores, discriminar entre ellos para de esta forma poder guiar la acción y el pensamiento.

- **Visionario:** Se caracteriza por adelantarse a los acontecimientos, por anticipar los problemas y detectar las oportunidades antes de los demás.

- **Coraje:** Le gustan los retos, se propone metas difíciles (pero no imposibles), se encarga de animar y convencer a las personas para lograr los objetivos, atraviesa obstáculos, superándolos al final.

- **Exigente:** Es exigente tanto con sus empleados como consigo mismo, las metas difíciles requieren un nivel de exigencia alto, lo que al final logra obtener un resultado excelente.

- **Capacidad de Planificación:** Un líder tiene la capacidad de organizar el trabajo y planear cada una de las etapas del proceso que se necesita para lograr las metas propuestas.

- **Responsable:** El líder debe comprometerse a cumplir con lo que promete, tanto a la organización como a su gente.

- **Generador de confianza:** Debe saber caer bien a la gente, llamar la atención y ser agradable a los ojos de las personas. Para tener esta capacidad de generar confianza, el líder debe mostrar un verdadero interés por las personas.

- **Innovador:** Es líder está en la búsqueda continua de nuevas y mejores formas de hacer las cosas.

- **Persona de acción:** El líder no solo fija metas difíciles, también lucha para alcanzarlas, no se rinde, trabaja con gran persistencia.

4.6.1 Estilos de Liderazgo

Existen diversos tipos de liderazgo según el enfoque de estudio. Los principales son:

- Liderazgo Autocrático: El líder es quien establece los objetivos, las metas, responsabilidades, etc. Es dogmático y espera obediencia, por lo tanto el poder esta centralizado. La toma de decisiones es unilateral y limita la participación de sus colaboradores. Su poder resulta de la capacidad de otorgar recompensas o castigos.

- Liderazgo Participativo: Es el líder que tiende a involucrar a sus colaboradores en la toma de decisiones, alienta la participación.

- Liderazgo Liberal: Otorga libertad absoluta de actuación a los integrantes de su equipo, no interviene en el grupo.

4.6.2 Liderazgo Participativo

El liderazgo participativo consiste en involucrar a los miembros del equipo en la toma de decisiones, el líder realiza reuniones periódicas para conocer las ideas e inquietudes de las personas, escucha atentamente y analiza sus ideas, en el liderazgo participativo se respetan las capacidades de los demás.

Un líder participativo fomenta en su equipo:

- Confianza y respeto

- Promueve las capacidades de los miembros de su equipo

- Los orienta a ser reflexivos y responsables

- Genera un compromiso de trabajo a todas las personas

Dentro de una organización la participación activa facilita la formación de nuevos líderes, genera un mayor sentido de pertenencia, le permite conocer las inquietudes y problemas de sus trabajadores, produce una mayor cooperación y responsabilidad.

Las principales ventajas que incorpora este tipo de liderazgo son:

- Los miembros se sientes más motivados
- Cuanto mayor es la participación mayor es el compromiso
- La participación en la toma de decisiones permite que los empleados conozcan las acciones nuevas que se implementen en la organización.
- Se respeta la capacidad de cada miembro

Por el contrario, también conlleva algunas desventajas como:

- Reuniones muy largas para la toma de decisiones
- A veces se evita que se tomen las decisiones correctas
- La discusión puede confundir a los integrantes y además puede hacer que estos pierdan el interés por el tema en cuestión.
- Se puede generar conflictos internos

Un ejemplo de liderazgo al límite es el caso de Sir Ernst Shackleton. Este caso ha sido estudiado por numerosos autores[2] y sintetiza muchas de las características de una persona que sabe ejercer el liderazgo adecuado para guiar a un equipo al éxito.

---

[2] Lecciones de liderazgo. Las 10 estrategias de Shackleton en su gran expedición antártica. D. Perkins. 2003

5 NUEVOS PARADIGMAS

En la década de los 90 y al inicio del presente siglo se sufrieron muchos cambios en los paradigmas que hasta ese momento reinaban en el mundo empresarial. La digitalización de la información, el Internet, los negocios "e-business" que crecieron a la velocidad de la luz, y los avances que buscaban la máxima productividad son un ejemplo claro de que el cambio fue total y radical.

La globalización juega un papel fundamental ya que permite que los negocios se realicen desde cualquier punto de la tierra lo cual aplana la tierra[3], se crearon nuevos modelos de negocio que permitieron la generación de nuevos paradigmas empresariales. Al mismo tiempo, de forma paradójica, el mundo se ha hecho "puntiagudo"[4], lo que significa que los núcleos donde se desarrolla la mayor parte de la productividad económica y la innovación se concentran en polos muy concretos.

En el 2008 estalla la crisis económica mundial, la cual ha traído consigo muchos cambios y sólo aquellos individuos, organizaciones y sociedades que sepan entender las nuevas reglas y sepan aprovechar las oportunidades serán las que sobrevivan.

5.1 FACTORES DE COMPETITIVIDAD EN LAS ECONOMÍAS AVANZADAS

La competitividad es la capacidad de una organización, para mantener sistemáticamente sus ventajas competitivas, que le permitan alcanzar, sostener y mejorar una determinada posición en el mercado.

Para mantener la competitividad, las organizaciones deben interpretar rápidamente los cambios que se van produciendo constantemente en las reglas del juego competitivo.

Actualmente ninguna disciplina de la gestión ha sistematizado un modelo para identificar aquellos cambios y ayudar a las empresas a revisar su modelo de negocio para volver a ser competitiva.

El siguiente gráfico muestra el ciclo de competitividad, por los que atraviesa una empresa u organización y que puede interpretarse de la siguiente manera.

- Ante un cambio en el entorno, aparecen nuevas demandas por necesidades no cubiertas hasta ese momento. Los pioneros son los primeros en detectar esas oportunidades y aportar soluciones que las cubren. Eso les otorga una ventaja competitiva temporal significativa, al ser los únicos capaces de dar esa solución.

---

[3] La tierra es plana. Thomas Friedman. 2007

[4] Who's your city? Richard Florida. 2008

- Pero pronto la competencia reacciona ante ese éxito temporal y empieza a tener oferta para esa nueva demanda. Los pioneros y esta competencia que reacciona siguen manteniendo una ventaja competitiva sobre aquellos que no aportan valor ante esa nueva necesidad.
- Finalmente, todos los actores que juegan algún papel en el mercado donde surgió esa nueva oportunidad desarrollan la capacidad de satisfacerla. Por lo que todos quedan a un mismo nivel de competitividad y esa nueva solución pasa de ser una ventaja competitiva a una "commodity" o capacidad que es obligatorio tener para estar en el mercado.

Se trata de un ciclo dinámico que se repite infinitamente. J. Teece planteó que la única ventaja competitiva sostenible para una organización es tener la capacidad de adaptarse y reinventarse continuamente. En línea con la teoría de las especies darwiniana, no sobreviven las compañías más fuertes o las más grandes, sino aquellas que saben adaptarse.

Figura 21. Ciclo de competitividad

Fuente: Avanzalis Knowledge Associates a partir de Capacidades Dinámicas de Teece.

5.2 LA ECONOMÍA DEL CONOCIMIENTO

Según la OCDE la economía basada en el conocimiento es:

" aquella que directamente se desarrolla a partir de la producción, distribución y uso del conocimiento y la información... El conocimiento se está convirtiendo es un factor clave de producción, dejando atrás al capital y la mano de obra poco cualificada".

Entonces, ¿esto significaría que si una economía no está formada por empresas de Tecnologías de la información y comunicaciones ya no es competitiva? Por el contrario, numerosos estudios han demostrado que la vía de desarrollo de las economías avanzadas depende de los sectores clásicos como lo son la ingeniería, la alimentación, el textil, calzado o la automoción, entre otras, más que de sectores radicalmente nuevos como las TICs o la biotecnología.

Históricamente se han producido periodos de crisis y de desarrollo en forma de ciclos[5]. Cada ciclo de crisis ha sido diferente de los anteriores en cuanto a su naturaleza, causas y efectos. Existen visiones muy diversas sobre cómo conseguir superar los valles, que en algunos casos sugieren medidas contrarias para buscar soluciones.

Un análisis objetivo nos muestra que las crisis han sido superadas gracias a diferentes factores productivos. Si en las crisis primitivas los recursos naturales marcaron el factor que permitieron el desarrollo, posteriormente fue la mano de obra o el capital. En épocas más recientes la irrupción de la máquina de vapor (energía) permitió la revolución industrial. Y en el último periodo de crisis, las tecnologías (el chip en los 90 e Internet en los 2000) han sido las impulsoras de éxito. El denominador común siempre ha sido el ingenio que ha permitido al hombre duplicar la producción alimenticia del plantea, mejorar la eficiencia de fabricación, etc.

Para afrontar la crisis internacional actual, que tuvo sus comienzos en el 2007 a vista de la mayoría de expertos y estudios, la innovación se presenta como única salida en las economías avanzadas. Y el conocimiento es el factor productivo que impulsa la actividad innovadora.

La siguiente gráfica resume estas ideas presentando en un eje el tipo de economía (incipiente, en desarrollo y avanzada) y, en el otro, los aspectos de competitividad y características de las mismas.

---

[5] Ciclos de Kodratieff

	Incipiente	Desarrollo	Avanzada
Factores de impulso	Mano de obra y recursos naturales	Eficiencia y productividad	Conocimiento
Competencia	Precio	Diferenciación	Innovación
Productos	Básicos y de consumo	Calidad	Nuevos y únicos
Salarios y nivel de vida	Bajos	Medios	Altos

Figura 22. Factores de impulso, competitividad, recursos y nivel de bienestar en distintos tipos de economías

El análisis es también válido para un nivel micro o aplicado de la economía. En todos los modelos de negocio existen niveles funcionales donde es más o menos crítico el uso intensivo del conocimiento. Ciertas actividades como definir la estrategia, resolver problemas complejos o innovar requieren mucha materia gris. Sin embargo, hay ciertos trabajos más rutinarios y mecanizados donde apenas se requiere aplicar conocimiento.

Una de las consecuencias y que trae la falta de valor en las áreas "core" de una organización, en las cuales debería hacerse un uso más intensivo del conocimiento, es la imposibilidad de ser competitivo

5.3 LA TIERRA ES PLANA Y PUNTIAGUDA

Tomas Friedman en 2007 lanzó su libro titulado la "Tierra es Plana", donde explica la globalización y la forma en que el mundo ha dejado de ser redondo. Friedman identificó las 10 fuerzas que aplanaron la tierra que analizamos para entender los nuevos paradigmas que presentaremos a continuación.

Esta visión es complementada por Richard Florida con su libro "¿Quién es tu ciudad?" que introduce la idea de la concentración de talento, capacidad innovadora y por ende actividad económica avanzada en ciertos polos a nivel mundial. La siguiente imagen del autor representa la actividad innovadora en el mundo.

SOURCES: THE WORLD INTELLECTUAL PROPERTY ORGANIZATION, UNITED STATES PATENT AND TRADEMARK OFFICE

www.WhosYourCity.com

Figura 23. Los "picos" de mayor actividad innovadora en el mundo

Fuente. Richard Florida

5.3.1 Aplanador 1: Caída del muro de Berlín

La caída del muro de Berlín produjo que los países accedieran al capitalismo de libre mercado y a liberar el pensamiento de las personas cambiando de esta manera su visión del mundo. Al poco tiempo de la caída del muro comenzó la comercialización de los ordenadores con el sistema operativo de Microsoft lo que generó interés entre la población.

5.3.2 Aplanador 2. Netscape cotiza en Bolsa

Nestcape dio vida al Intenet e hizo que este servicio fuera accesible a todas las personas que tuvieran un ordenador una conexión a la red. Fue el primer navegador que salió al mercado. Es un aplanador muy importante ya que según la reflexión de Friedman los nuevos avances permitieron que las personas pudieran interactuar con gente de otros lugares sin la necesidad de desplazarse físicamente o de interactuar por los medio de comunicación tradicionales (teléfono, cartas, etc.).

5.3.3 Aplanador 3. Aplicaciones informáticas para el flujo de trabajo

En esta fase las personas que contaban con la formación y capacidad necesaria (informática) empezaron a diseñar y programar aplicaciones útiles para el flujo de trabajo. Estas aplicaciones ocasionaron que las personas pudieran manejar la información digital y aprovechar al máximo sus ordenadores.

5.3.4   Aplanador 4. Acceso libre a los códigos fuente

Este aplanador habla de la importancia que tuvo la liberación de los códigos fuente, aparece la comunidad Apache que consistía en un servidor con libre acceso al "código fuente", cualquier persona podía descargar la aplicación y el código, modificarlo y ponerlo nuevamente a disposición del público. El código de libre acceso más en dicha época fue el de Linux.

5.3.5   Aplanador 5. Sub-contratación

Este aplanador está relacionado con el "Outsourcing", es la facilidad que tienen las multinacionales de contratar personal en otros lugares ya sean del mismo país o de otros lugares del mundo. Un ejemplo claro de esto es la contratación de ingenieros informáticos en India por parte de las empresas americanas.

5.3.6   Aplanador 6. Traslado de fábricas para disminuir costos

Los países del primer mundo se dieron cuenta de los beneficios que conseguirían si desplazaban sus fabricas a países tercermundistas en vía de desarrollo, de esta forma países como China se vieron beneficiados ya que se activo su economía e hizo que se liberara la economía.

5.3.7   Aplanador 7. Cadena de Suministros

El autor del libro menciona este otro importante aplanador "la cadena de suministros" en el cual hace referencia al éxito de Wal-Mart por su innovación en el modelo de negocio que se basa en la confianza a los productores pequeños.

La cadena de valor consiste en la colaboración horizontal entre proveedores – minoristas- clientes creando valor en la cadena. Wal-Mart revoluciono las cadenas de suministros debido a que además de usar este tipo de colaboración incluyo la tecnología para mejorar las relaciones dentro de la misma.

5.3.8   Aplanador 8. Subcontratación dentro de las empresas contratantes

En este aplanador Friedman hace referencia a UPS la empresa de mensajería que gracias a su modelo de negocio innovador, pasó de ser una simple empresa de mensajería a ser la vía por la cual las pequeñas empresas se daban a conocer, ofrecían sus productos, compraban suministros, a lo largo y ancho del mundo, aplanando de esta manera la tierra.

5.3.9   Aplanador 9. Acceso libre a la información

El Internet es la plataforma por medio de la cual las personas tienen libre acceso a la información, utilizando los buscadores más importantes como lo son Google, Yahoo, Bing, etc. Lo cual puede ser una ventaja o una desventaja dependiendo del uso que se le dé al sinfín de información que se encuentra en la red. Las redes sociales también juegan un papel importante ya que se empieza a cambiar la forma en la que se relacionan las personas, siendo ahora de manera virtual. Con esta nueva tecnología y acceso se aplana aun más la tierra ya que permite hacer casi cualquier cosa sin tener que desplazarse de un lugar a otro.

5.3.10 Aplanador 10. Los esteroides

En este apartado el autor se refiere a las tecnologías nuevas que van apareciendo poco a poco, hace especial mención de las redes Wi-Fi, en la cual se prescinde de los cables, para la conexión.

Otro factor que tiene encuentra en este aplanador son las videoconferencias las cuales son una forma de comunicación virtual. Y finalmente hace mención del rápido avance y mejoramiento de los aparatos electrónicos, tales como los celulares, reproductores de audio y video.

5.4   NATIVOS DIGITALES

Mark Prensky fue el que dio origen al termino de "nativos digitales" quienes son las personas que nacieron cuando ya existía la tecnología digital, es decir desde mediados de los 80. Para ellos el uso del mouse y del teclado es innato. Su tiempo lo invierten en los videojuegos, se comunican por correo electrónico y chat, navegan en Internet, y viven inmersos en las redes sociales.

Las principales características de los denominados Nativos Digitales:

- Tienen dominio de los medios de producción digital

- El Internet se presenta como un elemento esencial para su vida

- Aprenden en red y en la red

- Interactúan con personas de diferentes partes del mundo

- Son multifuncionales, pueden participar en tareas múltiples a la vez (actividades, navegación, chat)

- Cuentan con una identidad digital

Los que nacieron antes de esta era son denominados Inmigrantes Digitales. Estas personas tienen una estructura mental moldeada por los procesos paso a paso, su actuación está basada en el análisis deductivo y su aprendizaje está basado en el enlace con conocimiento previamente adquirido. Podríamos resumir las características de los Inmigrantes Digitales como:

- Personas que nacieron antes de la década de los 90

- Imprimen un documento para leerlo o corregirlo

- Llaman a la persona para confirmar la recepción del mail o sms

- Leen el manual de uso de un equipo antes de usarlo

La forma en que retenemos las ideas hoy en día dista mucho de ser igual que décadas atrás. Estamos sometidos a una gran cantidad de mensajes y a entender problemas y situaciones muy complejas.

El cono de la experiencia nos da una idea de cómo comunicar de una forma más eficaz. Y todo apunta a que el cerebro de los más jóvenes ya está acostumbrado a este nuevo paradigma[6].

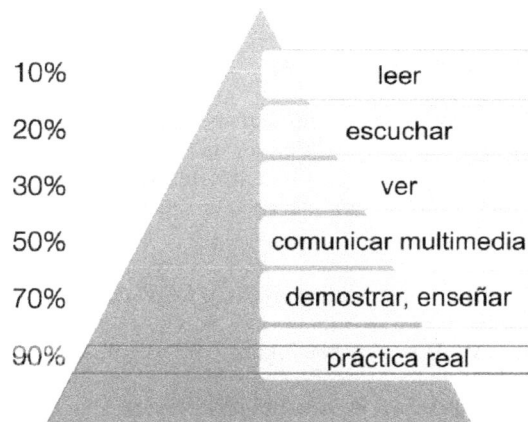

10%	leer
20%	escuchar
30%	ver
50%	comunicar multimedia
70%	demostrar, enseñar
90%	práctica real

Figura 6. Cono de la experiencia

Fuente. Atribuido a Begay y Dale

---

[6] Ver vídeo de TEDx de JC Ramos: "Nuevos paradigmas de aprendizaje. Los nativos digitales y el trabajador del conocimiento" http://youtu.be/x66qGqEwGl8

5.5 MODELOS DE NEGOCIO FREEMIUM

Las nuevas generaciones tienen la percepción de que hay abundancia infinita de contenidos, capacidad de almacenamiento, ancho de banda, conocimientos, etc. Y por lo tanto no están dispuestos a pagar por algo, aun viendo un valor en ello.

Un ejemplo claro de esto se puede encontrar en las discográficas, el equipo de Apple ha interpretado correctamente los nuevos paradigmas y han revolucionado el mundo de la música con el iTunes. El cambio conlleva un esfuerzo de apertura y voluntad, que las organizaciones tradicionales no saben cómo manejar.

Por esta razón las organizaciones han encontrado nuevas maneras de realizar negocios valiéndose de una de las herramientas más poderosas que existe en la actualidad el "Internet". Una de las razones que los ha llevado a utilizar el Internet son los bajos costes. Adicional a esto y debido a la era digital en la que se encuentra el mundo en este momento, la actitud de los consumidores ha cambiado y esto ha potenciado el desarrollo de negocios online.

La clave para que los modelos de negocio sean exitosos está en que sean "libres y gratis":

Libre: Una idea, una creación o versión puede ser distribuida libremente, para que otros puedan beneficiarse, protegiendo el esfuerzo de su creador por medio de una patente.

Gratis: Actualmente cada vez hay más gente que comparte sus creaciones no solo libremente, si no de manera gratuita , porque piensan que impulsan la innovación, facilitando a otros construir sobre sus ideas.

Dentro de los modelos free, Chris Anderson[7] clasifica cinco grupos, que se describen a continuación:

- **Freemium:** El modelo de negocio freemium es uno de los modelos online más utilizados, consiste en proporcionar de manera gratuita los servicios básicos a sus usuarios, y ofrecer además una versión "premium" para aquellos usuarios que deseen el servicio completo que les dé más prestaciones que la versión gratuita.

- **Publicidad:** La era digital ha traído consigo la publicación de anuncios en formatos basados en la Web, empresas como Google, Yahoo, Amazon son las pioneras en este sistema de publicidad online. Las cuales tiene como principio el realizar ofertas gratis, para que de esta manera se atraiga al publico objetivo, y así los anunciantes paguen para conseguir más clientes.

- **Subvenciones Cruzadas:** Esta es una estrategia que ha sido utilizada ampliamente por las compañías de telefonía móvil y consiste básicamente en ofertar el teléfono móvil a precios muy bajos y a cambio de esto el usuario debe permanecer con dicha compañía por un periodo de 12, 18 o hasta 24 meses, beneficiándose del pago mensual y asegurando una larga permanencia.

---

[7] Gratis. El futuro de un precio radical. C Anderson. 2009

- **Coste Marginal Cero:** Son las creaciones que comparten las personas libremente y de forma gratuita.

- **Sitios Web y Servicios:** Consiste en utilizar los sitios web para obtener un beneficio, por ejemplo de información, entretenimiento, educación, libre expresión (blogs).

En conclusión se puede decir que el Internet es el entorno ideal para los modelos free, no por motivos ideológicos, si no por la economía que la rige. El precio se ha reducido a su coste marginal. Y el coste marginal de las cosas online en una economía de mercado es tan próximo a cero que debe ser dado gratis.

FREE (LIBRE Y GRATIS). NUEVAS OPORTUNIDADES PARA COMPETIR

El sueño con el "gratis total" es inherente a nuestra cultura latina. Psicológicamente es irresistible, si se trata de una propuesta comercial. Y aunque no sea lo que buscamos, cuando es la alternativa a una propuesta de pago, es la elección ganadora. Porque no hay riesgo, no podemos perder nada.

Igualmente solemos pensar que lo que es gratis no es de calidad. Y si lo es, hay algo oscuro detrás.

En el mundo de los negocios lo "free" no se acaba de entender. Y algunas instituciones con importante peso y creadores de opinión han puesto énfasis en asociar lo gratis y/ o distribuido libremente con la piratería.

Este artículo pretende interpretar una nueva realidad de muy alto calado en la forma de concebir y hacer negocios. Una puerta a nuevas oportunidades.

Analiza sus efectos en lo que podríamos llamar el mundo de los bits, de la web y los negocios digitales. Pero también cómo afecta al mundo de los átomos, o el mercado clásico.

por

José Carlos Ramos
jcramos@avanzalis.com

¿Qué es free?

Existe mucha confusión acerca de lo que significa "Free". El término en inglés da pie a bastante confusión. Ya que la misma palabra se usa para denotar lo que en español definimos como "libre" y "gratis". Dos conceptos diferentes.

Para entenderlo podemos usar un ejemplo sencillo de entender: las patentes.

Cuando un inventor crea algún artefacto que puede ser muy útil para la industria y la sociedad, permite que su idea se distribuya libremente entre los posibles interesados en usarlo. Pero para compensar su esfuerzo y genialidad, nadie puede usarlo en su provecho, si no paga (no es gratis) unos cargos al inventor. Digamos que esta patente protege esos derechos del inventor durante 17 años. Algo similar se pretendía con los derechos de autor o *copyrights*, que pretendían proteger los derechos del creador durante un período de tiempo. Pasado éste, cualquiera podría usar esas ideas libre y gratuitamente.

El mundo de los bits

En el mundo que podríamos definir de los bits (software, música, documentos... cualquier tipo de contenido digital), existen al-

gunos productos que se distribuyen en Código Abierto. Es decir, libremente.

A todos nos vienen a la cabeza ejemplos conocidos como Linux o Apache. Existen más ejemplos similares que tal vez estemos usando ya: las fotos compartidas bajo licencias Creative Commons en Flickr, las definiciones de Wikipedia u otros.

Que sea distribuido libremente ha quedado pues claro que no significa que sea gratis.

De hecho en el caso del software, al menos podemos distinguir tres modelos de negocio que funcionan con combinaciones de qué se deja libre y qué gratis. La siguiente tabla lo resume:

Caso	Sw	Soporte
Linux	Gratis	Gratis
Red Hat*	Gratis	Pago
Windows	Pago	Pago

* Red Hat es una distribución de Linux llevada a cabo por una empresa que garantiza su funcionamiento para empresas.

El mundo de los átomos

En el mundo de productos y bienes tangibles, que podríamos definir como de átomos, hay también ejemplos de lo que estamos hablando. Un hito en el marketing fue el de Jell-O, una empresa que vendía gelatina en EEUU. Para conseguir vender sus productos y no entrar en guerra de precios ni competencia desleal, ingenió un sistema de venta revolucionario. Sus vendedores, que llamaban a las puertas de las casas, que daban charlas en los centros comerciales o hablaban con los mejores cocineros, regalaban (gratis) un libro de recetas de cocina para preparar platos con gelatina.

Otro ejemplo clásico lo tenemos cuando vamos al supermercado, donde podemos encontrar ofertas del tipo "compre uno y llévese otro gratis".

Aclarada la definición, conviene ir un poco más allá y explicar otros conceptos más que pueden romper algunos paradigmas.

¿rentable? ¿pirata? ¿de calidad?

Se suele dar por válida la afirmación de que los modelos de negocio que se basan en distribuir libremente el producto o dar algo gratis no son rentables. Google es el caso más evidente de que esto no es así. La empresa líder en motores de búsqueda da gratis a los usuarios el servicio de búsqueda más potente del mundo. Y a la vez tiene un modelo de negocio basado en publicidad que pagan empresas anunciantes, que es muy rentable (ver modelos al final).

Hay ejemplos más de andar por casa y del mundo de los átomos. Gillette regala su maquinilla de afeitar a cambio de ser su proveedor de por vida de cuchillas. HP hace algo similar con sus impresoras y cartuchos...

El otro mito que conviene desterrar es el de la piratería, mal que

les pese a ciertas industrias del pleistoceno que se niegan a permitir evolucionar su sector. En el mundo de los bits, la distribución de los contenidos digitales (música, artículos, libros, películas...) se ha abaratado de forma radical. Ha habido una evolución en la cadena de valor. De tal forma que un par de décadas atrás, la distribución era cara y necesaria. Hoy en día ya no es así. Un álbum se puede poner en Internet de forma accesible a millones de usuarios a un coste marginal.

Y eso lo saben los consumidores. Es por ello que no están dispuestos a pagar el mismo contenido al mismo producto que antes, que incluía costes de muchos intermediarios. Y sólo se está dispuesto a pagar 0,99 € por una obra maestra de Dire Straits y poder realizar de forma legal las copias que quiera entre sus diferentes sistemas: iTunes, mp3, teléfono móvil, CD, DVD, equipo del coche, ordenador, etc.

Como dice el famoso director de la revista Wired, Chris Anderson "la piratería es la fuerza de la gravedad en la economía actual... Y la piratería es la que promueve el fenómeno free y no al revés"

Esta afirmación también es válida, según numerosos estudios[1] en el mundo de los átomos. Y como en el caso anterior, es altamente positivo para la desarrollo económico. Así, en China, la nueva clase rica emergente se ha hecho fan de las marcas de lujo. Las clases medias mucho más abundantes imitan este comportamiento comprando productos

ilegales copiados, es decir piratas. Las clases más pudientes, para diferenciarse consumen vorazmente los últimos modelos que las grandes marcas lanzan al mercado. Y como el tiempo entre el original y el pirata cada vez se acorta más, para dejar claro que las gafas D&G que lleva son originales ¡las llevan con la etiqueta colgando, mostrando el precio y el lugar de compra!

Y por último, para descartar otro mito, el de que lo gratis es de poca calidad, el último invento sorprendente: ¡una tienda donde todo es gratis! Se llama Sample Lab (ver foto). Lo único que nos piden son los datos y listar los productos que nos llevamos. Los fabricantes, como se ve, pagan dando sus productos gratis, para conocer los hábitos de los potenciales compradores.

¿Qué promueve lo free?

Como introducíamos brevemente antes, en la actualidad el consumidor está cambiando el chip y ya no está dispuesto a pagar lo mismo por los productos digitales. Esto es más acentuado en las nuevas generaciones (los llamados "nativos digitales"), que aplican esta forma de pensar también al mundo de los átomos.

---

[1] Fuente: The Priacy Paradox. Kal Rautiala, Christopher Sprigman

A qué dedicar la energía

En Avanzalis pensamos que hay una Ley básica que obedece a la siguiente ecuación y que explica muchas de las cosas que pasan:

$$Tiempo + Recursos = Constante$$

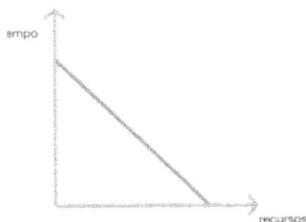

Que básicamente se traduce en que, hoy en día alguien puede dedicar mucho tiempo a buscar el último álbum de U2 en Internet. Seguramente podrá encontrar alguna copia gratis y bajársela. Normalmente esto le va a llevar tiempo. Después puede ser que el enlace esté roto, que el contenido no sea el correcto, o que la calidad sea deficiente. Por el contrario, si se trata de una persona con una capacidad acquisitiva media, frente a esa dedicación de tiempo y energía, sabe que en 10 segundos desde su iPhone u ordenador puede descargarlo por unos 9,99 €. Y ese precio sí es razonable.
Y ¿saben lo mejor? El autor gana más dinero con esta compra que con un CD en una tienda.

Pensamiento de abundancia

Estamos ante un hito en la historia de la humanidad sin precedentes. Moore, con su famosa ley ya nos anticipó algunas pistas. Y es que por primera vez, los *inputs* de una economía in-

dustrial abundan y a un coste que va en caída libre, tendiendo a cero. Se trata de:
- Capacidad de proceso
- Almacenamiento
- Ancho de banda

Sorprende sin embargo ver cómo algunas compañías/ departamentos corporativos escatiman en el tamaño de los buzones de correo o de voz. Cuando lo escaso es el tiempo, la atención y la capacidad de pensar de las personas.

Tenemos que cambiar el chip y comenzar a pensar a lo grande, en despilfarrar esos recursos primarios para producir nuevas formas de competir.

> Se requiere un cambio de chip para buscar nuevas formas de competir, que pasa por pensar a lo grande, en despilfarrar procesamiento, almacenamiento y ancho de banda

Una economía free

Según estimaciones[2] el negocio free se estima entorno a 300 billones de dólares.
Hoy en día, analizando el ranking de las mejores compañías del mundo, el 68% desarrollan su actividad entorno a ideas y no bienes o servicios tangibles. Es lo que se viene en llamar la economía del conocimiento.

---

[2] Fuente: Chris Anderson, 2008

Las anteriores son un par de razones de peso para entender la importancia de esta economía.

Un aspecto diferenciador entre los mercados clásicos y los basados en Internet es el reparto de la cuota del mismo. En la siguiente gráfica se puede constatar que si bien el liderazgo de los 3 primeros es hegemónico en el mercado tradicional, en la red el primero barre casi todo el mercado. Y es el ejemplo de Google, Facebook, Skype…

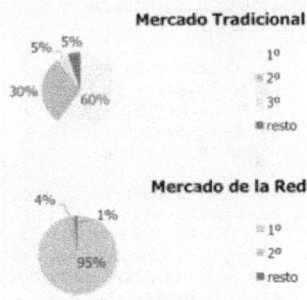

Mercado Tradicional

5% 5%
30%
60%
1º
2º
3º
resto

Mercado de la Red

4%
1%
95%
1º
2º
resto

Pero he aquí una paradoja. El ecosistema es al mismo tiempo frágil y los líderes precisan que el resto también sean rentables. Si no, ¿qué indexaría Google en su motor de búsqueda si su sistema de noticias no permitiera beneficios para el resto?

Valores no monetarios

Otros valores han irrumpido en nuestra economía que sirven como moneda de cambio sin serlo. Se trata de la Reputación y la Atención.
Un estudio llevado a cabo por Andy Oran trató de averiguar por qué los integrantes de una comunidad generaban contenidos

de forma gratuita. Las razones principales fueron:

↘ Comunidad. Las personas se sienten parte de ella y desean contribuir para mantenerla viva

↘ Desarrollo personal

↘ Soporte mutuo entre iguales

Y así aparece lo que los sociólogos han bautizado como Mavens: personas con conocimiento que disfrutan compartiéndolo. Un pequeño porcentaje de miembros de una gran comunidad permite generar unos contenidos extraordinarios.

Son mecanismos de transacciones no monetarias. Es lo que también se ha venido a llamar la *gift- giving economy* o economía de intercambio de regalos.[3]

Y otra característica disruptiva de esta economía es la teoría de los retornos crecientes a medida que se consume un producto. Así, cuando una aplicación, contenido es ampliamente distribuida y adoptada, o incluso dada gratui-

tamente, gana en valor cuantos más usuarios la comparten. Es el caso de LinkedIn u otras redes sociales. Cuyo modelo de negocio todavía está por descubrir.

Reglas del juego

Algunas reglas y citas que conviene tener en cuenta sobre la economía Free.

↘ "En un mercado competitivo los precios caen hasta el coste marginal[4]".

Corolario para el mundo de los bits. "El coste marginal de hacer y distribuir un contenido o sw digital es muy bajo, por lo que conviene darlo gratis". Normalmente en este punto nos suelen preguntar ¿y Microsoft? Y nosotros respondemos que en ese caso no es un mercado competitivo, sino hegemónico.

↘ Las barreras de entrada son muy bajas...

Por lo que hacer negocio directamente en base a tener muchos consumidores no tiene por qué funcionar.

↘ Paradoja de Stweart Brand: "Por un lado la información – exclusiva- quiere ser cara, porque es muy valiosa... Por otro, la información quiere ser gratuita, porque el coste de difundirla es cada vez más barato"

Veámoslo con un sencillo ejemplo. Tener artículos de Avanzalis pueden conseguirse en Internet gratuitamente, pero atender a una conferencia de sus integrantes debe ser pagada. Porque nuestro tiempo es limitado.

Los cuatro modelos de negocio Free

En las siguiente gráfica se muestran los cuatro modelos de negocio básicos que resume C. Anderson en su libro Free.

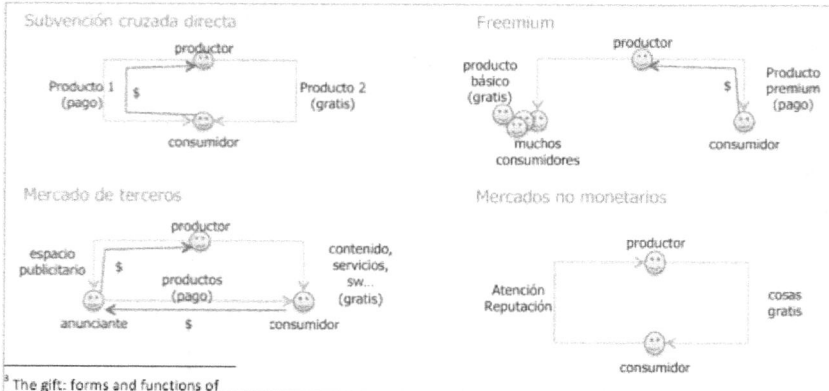

[3] The gift: forms and functions of exchange in archaic societies. Marcel Mauss,Ian Cunnison. 1954

[4] Fuente: Joseph Bertrand. Matemático

avanzalis
knowledge associates

Oportunidades para competir

Entender las claves del funcionamiento de esta nueva realidad nos permitirá competir en primera línea, junto con los líderes.

Todas las reflexiones aquí explicadas son perfectamente válidas para actividades de negocio tradicionales. Al fin y al cabo permiten incorporar en modelos de negocio tradicionales cambios para adaptarse a la nueva realidad. El caso de Inditex es un claro ejemplo de intensificación del uso del conocimiento, innovando en un modelo de negocio clásico. Adelantarse a una hegemonía de la moda francesa e italiana a nivel mundial.

Los modelos y reglas vistas nos deben ayudar a:
- Investigar para entender nuevos paradigmas y encontrar nuevas soluciones a los retos
- Mejorar en nuestras operaciones. Encontrar y aplicar el conocimiento y los colaboradores que nos permitan llegar más allá en nuestro valor
- Comercializar mejor. Capturar más la atención de nuestros clientes (cuyo tiempo cada vez es más escaso), dar algo gratis para conseguir reputación...

Ponerlo en marcha en cada empresa es responsabilidad de sus directivos.

*José Carlos Ramos es Doctor en Organización de Empresas, Ingeniero Superior en Telecomunicación y MBA Executive. Ha publicado diversos libros y artículos en gestión y dirección de empresas.
En la actualidad es socio director de Avanzalis Knowledge Associates, donde lidera iniciativas de desarrollo de negocio para empresas nacionales e internacionales.*

avanzalis knowledge associates
Soporte a la Alta Dirección

Paseo de Gracia, 12, 1º
08007 Barcelona
España

2009 avanzalis knowledge associates
www.avanzalis.com

5.6 NUEVOS VALORES INTER-GENERACIONALES

La manifestación del conocimiento en las personas es lo que se llama comúnmente talento. Desarrollarlo en un entorno geográfico, pasa por formar a los habitantes desde jóvenes, promoviendo luego su desarrollo pleno en su propio entorno, lo que pasa por dotarles de oportunidades para el futuro.

En el caso de las organizaciones ocurre igual. Y también es necesario aprender de otras organizaciones y de prácticas más avanzadas. Esto es, atraer talento externo.

Y por supuesto, debe haber las suficientes posibilidades e incentivos al desarrollo como para que el talento desee permanecer y aportar valor a la compañía.

En el siglo XX las empresas esperaban del empleado: estabilidad, obediencia, funciones delimitadas y poca iniciativa. Por su parte, el individuo buscaba seguridad, poder adquisitivo y a cambio ofrecía su fidelidad a la organización.

Hoy en día la organización busca: flexibilidad, individuos capaces de manejar la incertidumbre, capacitación, que se formen continuamente, competencias sociales, iniciativa y alta implicación con el negocio. Y, por su lado, el individuo busca: el máximo desarrollo de su talento, igualdad y reconocimiento, además de un bienestar social que le permita equilibrar su vida laboral y personal. Trasladado la pirámide de necesidades de Maslow, parece que niveles que anteriormente no era tan prioritarios, como la autorrealización y el reconocimiento, han ganado mayor peso específico.

La pirámide de Maslow está compuesta por cinco niveles de necesidades:

Fisiológicas: En este nivel de la pirámide se satisfacen las necesidades básicas de los seres humanos como son: alimentación, descanso y mantenerse saludable.

Seguridad: Una vez el ser humano compensa las necesidades fisiológicas aparecen las necesidades de seguridad, ya que es de vital importancia sentirse protegido. Dentro de la seguridad que busca se encuentra: la seguridad física (salud), de empleo (ingresos y recursos), y la seguridad moral (familiar).

Afiliación: Son las necesidades que están relacionadas con el desarrollo afectivo del ser humano y tienen que ver con la asociación, la participación y la aceptación.

Autoestima: Dentro de este nivel Maslow describió dos tipos de estima, la alta y la baja. La estima alta se refiere al respeto por uno mismo, es el grado de confianza, competencia, independencia y libertad que siente el individuo. La estima baja se refiere al respeto que siente el individuo por los demás, el grado de atención, aprecio, reconocimiento, reputación, estatus, fama, etc.

Autorrealización: Son las necesidades que se satisfacen por medio del grado de satisfacción que siente el individuo mediante el desarrollo de una actividad, de acuerdo con Maslow, la autorrealización se logra cuando todas las necesidades por debajo de esta están cubiertas.

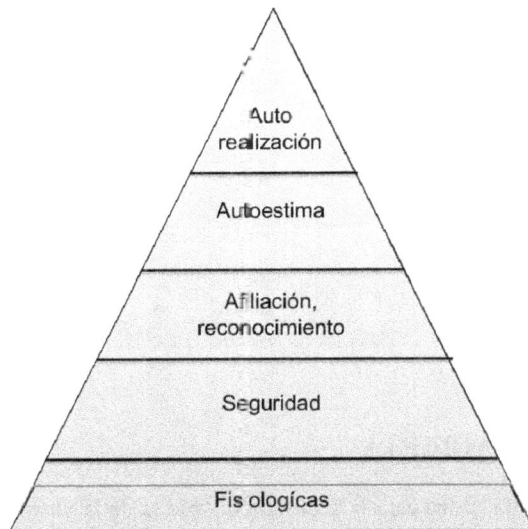

Figura 25. Pirámide de Necesidades de Maslow

De acuerdo con los nuevos paradigmas y los valores inter- generacionales se habla de que la jerarquía está cambiando y ahora la tendencia esta en satisfacer las necesidades de Autorrealización y luego si se pueden satisfacer las otras necesidades.

5.6.1 Talento Humano

El talento que precisan las organizaciones hoy en día está basado en el esfuerzo y en el mérito. Es una capacidad que desarrollan algunos individuos que llegan a un estado de entendimiento y maduración que les lleva a disfrutar de aprender continuamente y desempeñar una actividad. Éste es un talento escaso, por el que competirán las organizaciones y las regiones.

También ha cambiado lo que valoran las diferentes generaciones y esto es clave a la hora de trabajar con equipos en los que encontramos diversidad, clave para la creatividad y la innovación, pero que debe entenderse.

La siguiente tabla resume distintos aspectos vigentes y el valor que cada generación le otorga. La generación Y es la más joven (hasta los 25 años), la X comprende a personas maduras (de 25 a 45 años) y la W a los más senior.

VALORES	generación		
	W	X	Y
conciliación	▼	●	·
desarrollo profesional	·	▼	●
formación	·	▼	●
flexibilidad horario	▼	●	▼
flexibilidad jornada	▼	●	·
flexibilidad ubicación	·	▼	▼
flexibilidad no mobilidad	▼	●	·
empleabilidad	·	▼	●
retribución económica	▼	●	·
beneficios sociales	▼	▼	▼
pensión	●	▼	·
retribución según desempeño	▼	●	▼
reconocimiento	●	▼	▼

5.7 INNOVACIÓN ABIERTA

El director ejecutivo del Centro para la Innovación Abierta de la Universidad de Berkley, el profesor Henry Chesbrough[8] ha sido el promotor de esta idea, que consiste básicamente en que las empresas busquen la colaboración de externa para el desarrollo de la actividad innovadora.

La Innovación abierta busca mezclar el conocimiento del personal interno, con el del personal externo, para así enriquecer los procesos y llevar a cabo con éxito proyectos relacionados con la innovación.

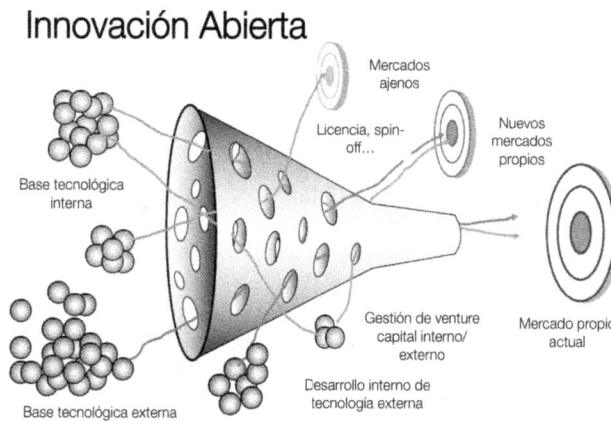

Figura 26. Innovación abierta

---

[8] Prof Henry Chesbrough. UC Berkeley. 2004

En la innovación cerrada o tradicional, los proyectos se realizan con recursos tanto de personal, como económicos propios de la empresa. Y sus productos o servicios resultantes del proceso de innovación, se ofrecen a su mercado habitual. Si se emplea la innovación abierta, los proyectos relacionados con la investigación y desarrollo tendrán una reducción significativa de tiempo y costes, y el resultado de este proceso puede ser mucho más rentable, lo que se podría traducir en una comercialización más fácil y eficaz.

La figura original de H Chesbrough presenta el clásico enfoque del proceso de innovación como un embudo, pero agujereado. Los orificios representan oportunidades de intercambio de conocimientos, ideas y actividades con el exterior. Así las combinaciones permiten:

- generar spin-offs a partir de ideas innovadoras que no se llevan a cabo en el seno de la organización
- coparticipar en nuevas aventuras empresariales con socios externos
- incorporar ideas del exterior para innovar internamente, etc.

La siguiente ilustración muestra gráficamente las diferencias entre la innovación abierta y la innovación cerrada. Y es que en la actualidad la rapidez requerida para innovar hace, en la mayoría de los casos, abordar la innovación de forma aislada.

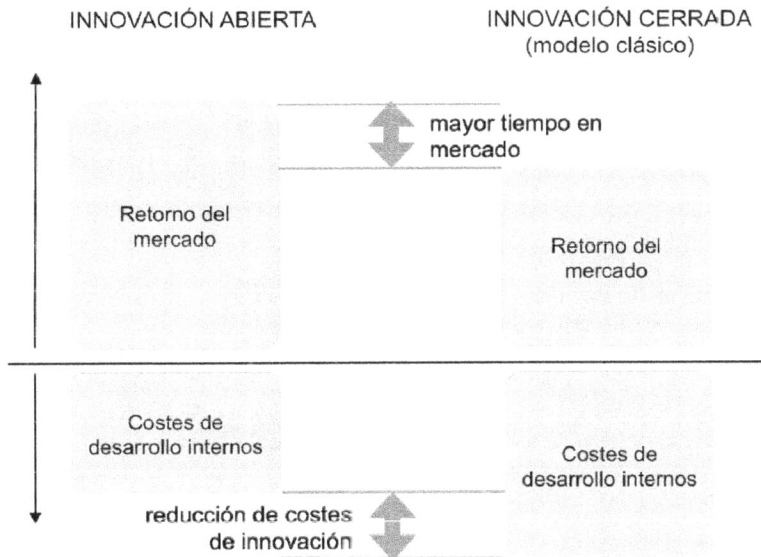

Figura 27. Beneficios del modelo de innovación abierta

Fuente: Elaboración propia a partir de teorías de H. Chesbrough

El ejemplo de innovación abierta utilizada en beneficio de una organización que debe resolver un reto es Innocentive (www.innocentive.com). En este portal, cada día miles de retos son lanzados al talento universal que desee aportar soluciones a cambio de un premio.

5.8 COMUNIDADES OPEN SOURCE (OSC)

Para comprender el concepto de las comunidades de código abierto, OSC, es necesario entender primero qué es Open Source. Este concepto se basa en compartir libremente la información tecnológica, el código software, de forma que nadie puede protegerlo y usarlo privativamente.

Algunos de los ejemplos más importantes en OS son productos tan extraordinarios como:

- Mozilla Firefox

- Linux

- Symbian

- PHP

- Wordpress

El gran hito que los precursores del código abierto llevaron a la práctica es sentar las bases para toda una nueva corriente de licencias que buscan el compartir para acelerar la consecución de productos y resultados. A partir de las primitivas licencias abiertas (para evitar el uso privativo) GNU GPL, han surgido otras más amplias y evolucionadas como el Copyleft o Creative Commons.

Así mismo, se derivan de esta idea multitud de iniciativas abiertas como Wikipedia, donde el resultado del trabajo colaborativo es accesible para todo el mundo.

La duda que surge ante estos nuevos planteamientos es dónde está el modelo de negocio, la rentabilidad si hay personas que trabajan de forma altruista para desarrollar un producto que después se pone a disposición de todo el mundo. Normalmente, cuando se refiere al software, la rentabilidad se consigue a partir de servicios ofrecidos entorno al aplicativo o sistema operativo creado.

5.9 INNOVACIÓN EN MODELOS DE NEGOCIO

El mundo, la tecnología, la economía y los negocios están en constante cambio lo cual siempre ha sido así puesto que es la evolución natural de las cosas. Sin embargo, tal y como se introducía en la introducción del capítulo, en la actualidad la capacidad de adaptarse es imperativa.

La creación de valor de forma novedosa se convierte en un factor determinante de competitividad.

La siguiente gráfica presenta el mapa de la innovación. En eje horizontal se representan las dimensiones:

- interna y
- externa a la organización.

Y en el vertical tres grados de innovación:

- La innovación más cotidiana, a un nivel más operativo
- Una innovación de más calado, a nivel medio de procesos de negocio
- La innovación más radical, a nivel estratégico del negocio

La innovación más estudiada y, por lo tanto de la que se tiene mayor conocimiento, es la tecnológica. El innobarómetro de Eurostat y la mayoría de indicadores disponibles versan sobre este tipo de innovación. Es una innovación muy operativa, al igual que la de procesos.

En segundo lugar, la innovación en producto y servicio es la siguiente más trabajada. Su impacto es un grado mayor y está orientada a cubrir mejor las necesidades que el mercado demanda.

Menos común es la innovación en la gestión. A partir del libro de Gary Hammel, "El futuro del Management", la estructuración de esta disciplina ha evolucionado. Las comunidades open source, anteriormente presentadas, son un claro muestra de este tipo de innovación, donde el liderazgo y la organización son ejercidas de formas totalmente novedosas.

E. Raymond, en su famoso artículo "La catedral y el bazar"[9] explica de forma amena algunas ideas esenciales de cómo funcionan dichas comunidades. JC Ramos introduce el concepto de meritosismo[10] como forma de promoción del talento en su seno.

---

[9] E Raymond. La catedral y el bazar. 1997

[10] Ver Idea Inspiradora. JC Ramos. 2009

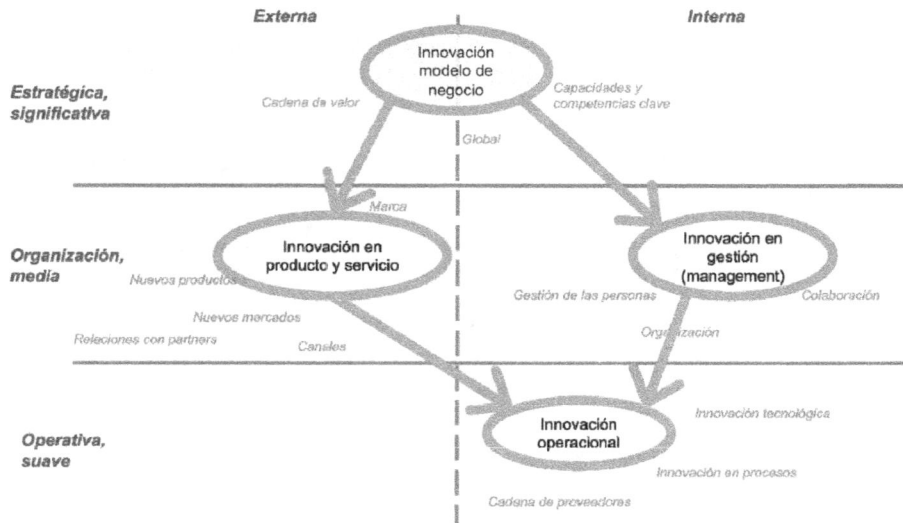

Figura 28. Mapa de la innovación

5.10 LA WEB PODRÍA MORIR

Con el título "La web está muerta", la revista Wired publicó un artículo escrito por Michael Wolff y Chris Anderson, en el que describen la situación actual de la Web, su futuro y su posible muerte.

Uno de los puntos principales del documento se centra en demostrar, que los usuarios cada vez más están dejando de lado el uso de los navegadores para acceder a Internet y están utilizando más las aplicaciones móviles, ya que son plataformas a las que acceden de manera más fácil y ágil sin tener que utilizar un ordenador.

En el mundo digital en el que los cambios son dinámicos y constantes la Web debe evolucionar al mismo ritmo para que de esta manera se ajuste al entorno y satisfaga las necesidades de los usuarios. Actualmente mucha de la información y la comunicación se hace utilizando el Internet pero sin tener la necesidad de utilizar la Web, ya que empresas como por ejemplo Apple se han encargado de desarrollar mecanismos para que sus usuarios ingresen a sus redes sociales, correos electrónicos, y a los periódicos sin tener que hacerlo desde un navegador.

Aunque no se pone en duda que la Web ha crecido y evolucionado a lo largo de los años generando nuevas vías y formas de realizar negocios y producir contenidos, está claro que dicha evolución ha disminuido su velocidad desde que aparecieron las aplicaciones móviles. Existen diversos puntos de vistas que apoyan y critican las hipótesis de Anderson, lo que sí que parece cierto es que, la manera de utilizar el Internet está en constante transformación y que para sobrevivir en esta era digital se debe estar a la vanguardia de la tecnología y cubrir con las necesidades y expectativas de los usuarios, bien sea en el uso de las aplicaciones móviles o en el uso de la Web.

Lo que sí es indudable es que cualquier nuevo negocio que desee competir debe ser accesible a través de nuevos dispositivos como los denominados teléfonos inteligentes (con aplicaciones propias), iPads, etc. Es lo que se denomina amplificación.

5.11 REDES SOCIALES

Las redes sociales son una estructura por medio de la cual se establecen relaciones de tipo personal, profesional, o de intereses comunes entre individuos o grupos de personas. La siguiente figura muestra las relaciones que se puedes establecer de tipo formal e informal dentro de las redes.

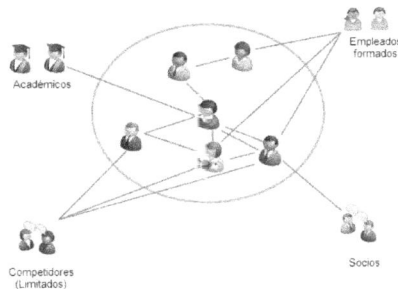

Figura 29. Estructura de redes

En la era digital en la que nos encontramos actualmente, este tipo de redes sociales se han convertido en comunidades virtuales, que se utilizan para conectar a las personas con sus amigos, compañeros de trabajo y contactos en cualquier punto del planeta.

En el mundo de los negocios su impacto es innegable desde dos puntos de vista:

- Como herramienta de trabajo. Dado que muchos profesionales desarrollan su actividad gracias al conocimiento y soporte que obtienen de redes sociales. Acceden a conocimiento, prácticas y expertos que de otra forma no podrían.
- Como nuevo canal de acceso a los clientes, socios y proveedores. Pensar que una empresa de bienes de consumo no haga uso del marketing en redes sociales es considerado en la actualidad como un retroceso, dado el amplio uso social. Pero existen muchas más aplicaciones beneficiosas para las redes sociales.

Las redes sociales se pueden clasificar dependiendo del enfoque que le den sus usuarios:

Redes Sociales Personales: Estas redes sociales sirven para conectar a las personas, en ellas se interactúa virtualmente, se comparten contenidos, opiniones. Las relaciones que se construyen allí son de "amistad". Entre las más importantes se pueden destacar las siguientes:

- **Facebook:** Fue fundada en 2004 en la Universidad de Harvard por Mark Zuckerberg. Sin lugar a dudas Facebook se ha convertido en todo un fenómeno, es una de las redes sociales más utilizadas a nivel mundial, esta red permite retomar el contacto con antiguas amistades, mantener relaciones a distancia y a fortalecer las relaciones actuales. Permite además que los usuarios se enseñen con mayor sinceridad que si lo hicieran en el mundo real. Se estima que Facebook tiene alrededor de 500 millones de usuarios.

- **hi5:** Fue fundada en 2003 por Ramun Yalamanchi, en un principio esta red social era utilizada únicamente para conectar a las personas y para compartir información entre ellas, ahora es un sitio que está centrado en los juegos sociales. Está enfocada a un público joven, la gran mayoría de sus usuarios se encuentran en América Latina.

- **Myspace:** Los creadores de esta red social Tom Anderson y Chris DeWolfe la lanzaron en agosto de 2003, está diseñado para relacionar a las personas, compartir contenidos, promueve el uso de blogs, y además tiene un sistema de mensajería que permite la comunicación interna entre los usuarios.

- **Orkut:** Esta red social fue creada por Orkut Büyükkökten y lanzada por Google Brasil en 2004, permite mantener las relaciones existentes, conseguir nuevos contactos, en ella se pueden crear comunidades con intereses comunes. En un principio solo podían acceder aquellos que tuvieran invitación, hoy en día y a raíz de la competencia está abierta a todo el público.

- **Twitter:** A diferencia de las otras redes sociales cuyo enfoque principal está en relacionar socialmente a sus usuarios, Twitter se basa en el microblogging, creada por Jack Dorsey y Evan William, esta nueva forma de red social fue lanzada en el 2006, actualmente cuenta con aproximadamente 200 millones de usuarios registrados. El Twitter permite enviar mensajes cortos (máximo 140 caracteres) los cuales quedan registrados en la página principal del usuario, a esto se le llama "tweets", y quienes pueden acceder a dichos comentarios se le llaman seguidores.

- **Tuenti:** Es una red social enfocada al público español, fue creada por Zaryn Dentzel y salio al público en 2006. Es una red social "exclusiva" ya que solo se puede registrar por medio de una invitación. Como novedad esta red social ha añadido el video chat con el cual es posible que los usuarios se comuniquen entre sí a través de la mensajería instantánea. Actualmente cuenta con aproximadamente 10,7 millones de usuarios.

Redes Sociales Profesionales: Al igual que las redes sociales personales, este tipo de sistemas buscan conectar a las personas, la diferencia radica en que estas no se enfocan en temas "personales" sino profesionales. En este tipo de redes se muestran las habilidades y capacidades profesionales.

- **Linkedin:** Es un sitio web dirigido a los negocios, fue lanzada al mercado en 2003. En ella se puede publicar información profesional y personal, que le permite a los usuarios crear redes y generar nuevos contactos. Una de los valores añadidos es que Linkedin permite recomendar y ser recomendado por los colegas, lo cual puede ser un factor clave a la hora de llevar a cabo un proyecto, búsqueda de empleo, etc.

- **Xing:** La principal actividad de esta red social es administrar contactos, establecer y mantener conexiones de tipo profesional de cualquier sector productivo. La lógica de esta herramienta está basada en el principio de los seis grados de separación , ofrece una amplia gama de opciones para contactar a las personas (nombre, trabajo, sector, áreas de interés, etc. Fue creada en Alemania en el año 2003, cuenta con más de 10 millones de usuarios alrededor del mundo.

En promedio los usuarios de redes sociales "personales" se conectan dos veces en el día a mirar sus cuentas. En el caso de las redes profesionales este promedio disminuye considerablemente ya que es de aproximadamente 9 veces al mes[11].

En conclusión se puede decir que las redes sociales virtuales son la nueva forma de comunicación. Éstas han cambiado la manera de relacionarse de las personas, ya no es necesaria la reunión física para interactuar, cambiar opiniones y mantenerse en contacto tanto en el ámbito personal como en el ámbito profesional.

5.12 ABUNDANCIA

Por primera vez en la historia de la humanidad existe abundancia en algunos recursos como son la capacidad de proceso, la de almacenamiento y el ancho de banda.

El sistema educativo siempre nos ha preparado para gestionar recursos escasos. En las escuelas de negocios se adiestra a los gestores y empresarios para optimizar la forma en que se utilizan activos financieros, inmovilizados o de otra naturaleza.

Algunos pioneros han sabido ver estas oportunidades y lanzan modelos de negocio en los que se da por hecho que los usuarios van a poder conectarse desde cualquier sitio a Internet y acceder a sus contenidos y aplicaciones. Otros han regalado grandes capacidades de almacenamiento de datos a cambio de conseguir fidelidad de usuarios y masa crítica para hacer sus plataformas atractivas a otros que desean acceder a esas masas. Y hoy en día algunos fabricantes proveen auténticas tecnologías en miniatura capaces de reproducir video, hacer de GPS, mp3, teléfono…

---

[11] Estudio social networks around the world 2010.

LA ORGANIZACIÓN MERITOSISTA

LAS NUEVAS FORMAS DE COLABORA-
CIÓN EN INTERNET, LAS COMUNIDA-
DES VIRTUALES NOS ESTÁN ENSEÑAN-
DO NUEVAS FORMAS MÁS EFICIENTES
EN QUE TRABAJAN LAS PERSONAS. Interpretar de forma sistemática
cómo funcionan y cuáles son las
claves que llevan a rendimientos
extraordinarios pueden ayudar a
las organizaciones a ser competitivas. A llevar a cabo el sueño de
Peter Drucker de llevar a su
máximo potencial a los trabajadores del conocimiento.

Desterrar totalmente paradigmas
de gestión de personas y de liderazgo anteriores no parece una
apuesta inteligente. Porque seguramente habrá prácticas buenas de ambas aproximaciones
que serán útiles para distintos
entornos, niveles de organización
y actividades.

El presente artículo basado en
trabajos de investigación llevados a cabo en el Observatorio de
Avanzalis Knowledge Associates
y la práctica conjunta con Inmark
nos ha permitido entender algunas oportunidades en el liderazgo y trabajo en equipo de las
personas.

por
José Carlos Ramos
jcramos@avanzalis.com

Estilos de gestión de personas

En la actualidad existen aproximaciones al entorno de la gestión de personas bastante polari-
zadas.
En algunas organizaciones pre-
domina un estilo que podríamos
denominar de "gestión de personal". Se limita a la nómina y a
ciertos protocolos muy básicos
de contratación, papeleos y des-
pido de empleados. Algunas
prácticas en esa línea son más
propias del siglo XIX que del actual. Y sin embargo algunas organizaciones que operan de esta
forma tienen éxito en el mercado. Entendido aquel por competitividad.
En el polo opuesto tenemos organizaciones muy centradas en
las personas, que reciben pre-
mios tipo "best place to work".
Son organizaciones donde las
políticas de Recursos Humanos
son muy avanzadas. Se desarrollan en gran medida aspectos
que podríamos entender como
"normas sociales". Relaciones
tácitas donde hay una relación
empresa- empleado de gran alcance. Tanto que a veces colisio-
na con la capacidad de una empresa para llevar a cabo su fin:
ser rentable. Porque las normas
que regulan el marco laboral
trasladan a la dimensión de mercado unas normas sociales que
no son aplicables.

Para entender esto un poco mejor pongo un ejemplo. No tiene
sentido decirle a nuestra madre,
que nos invita a la comida que
hace para una reunión familiar,
que estamos tan contentos que
le pagaremos 300 €. En ese
ámbito entendemos que no aplican normas de mercado y por
eso llevamos un obsequio, como
por ejemplo una botella de vino
o un postre... Con el riesgo de
que piensen que es una baratija
habiéndonos gastado 200 €.

Estilos de liderazgo

Llevado esto al terreno de la gestión de las personas. O más correctamente del trabajo con las
personas, las culturas corporativas tienen su representación en
distintos estilos de liderazgo.
El estilo "capataz" es el más
básico y directo. Desde que los
padres del Management empezaron a estructurar la disciplina vieron la necesidad de aplicar
método a la gestión de personas.
Taylor planteó por primera vez
dicha aproximación. Y se le atri-
buye a Ford la frase "cada vez
que pido un par de manos me
vienen con un cerebro". En definitiva, en los orígenes, el personal poco cualificado y las actividades rutinarias, mecánicas y
simples podrían hacer justificable

ur liderazgo de "ordeno y mando".

Con el tiempo las cosas cambiaron. Hoy en día, en la denominada era del conocimiento, los trabajadores de las economías más avanzadas son profesionales expertos.

El líder que trabaja en el extremo opuesto al anterior es el directivo persuasivo. Es una persona íntegra, que hace lo que dice y que está en total consonancia con unos valores estratégicos de negocio garantes del desarrollo y potencial de las personas. Tiene un equilibrio integral en aspectos como el compromiso con el negocio, la orientación a resultados, la inteligencia emocional, el pensamiento estratégico... Y sobre todo, es un educador.

La estela que deja un buen directivo es una constatación de su categoría. El buen líder deja equipos humanos capacitados, con autonomía, que han sido partícipes de la empresa.

Es fácil detectar cuán lejos está un gestor del óptimo. Si al rascar un poco encontramos prácticas de echar balones fuera, dejar los "marrones" a otros... En fin, un reguero de cadáveres.

Los mavens y las comunidades virtuales

Otra interesante investigación que llevamos desarrollando en los dos últimos años atañe a las comunidades virtuales. De forma totalmente espontánea ha surgido una nueva forma en que miles de personas trabaja sin ser retribuidas, de una forma extraordinariamente coordinada y con unos resultados sorprendentes. Son archiconocidas comunidades

como la Open Source que trajo al mundo Linux; la de la mayor enciclopedia jamás habida, Wikipedia; o la que agrega creación colectiva, como es Innocentive...

Un estudio llevado a cabo por Andy Oran analizó por qué los integrantes de una comunidad generaban contenidos de forma gratuita. Las razones principales fueron:

↘ Comunidad. Las personas se sienten parte de ella y desean contribuir para mantenerla viva

↘ Desarrollo personal. El deseo de hacer algo trascendente, que no encuentra cabida en estructuras clásicas y empleos tradicionales.

↘ Soporte mutuo entre iguales. Internet ha posibilitado interconectar a personas sin que si quiera se conozcan personalmente. Expertos o apasionados de un área de interés común. Y hay un espíritu de apoyo y orgullo de pertenencia entre iguales que justifica este apoyo comunitario.

En este medio ha surgido la figura de lo que los sociólogos han bautizado como Mavens: personas con conocimiento que disfrutan compartiéndolo. Así se da la situación de que un pequeño porcentaje de miembros de una gran comunidad permite generar unos contenidos extraordinarios.

¿Y cuál es la economía que sostiene este tipo de comunidades? Los estudios desvelan que las transacciones que tienen lugar en este tipo de comunicades se basa en transacciones no monetarias. Es lo que también se ha venido a llamar la *gift- giving*

economy o economía de intercambio de regalos.[1]

Pero la característica más relevante tal vez sea otra. Y es que todos los procesos de relaciones personales, organización y generación de resultados pasan por el mérito, el valor que aporta cada individuo al fin de la comunidad. Así el ingreso, la permanencia y la promoción a puestos de mayor responsabilidad están sujetos a la aportación de valor. El sistema deja fuera a "trepas", "escaqueadores" y "lurkers".

Es lo que hemos venido en bautizar un sistema basado en una Democracia Meritosista.

meritocracia

En 1958 Michael Young escribió un libro titulado "La ascensión de la meritocracia". Una sátira para alertar sobre lo que podría ocurrir en el futuro acerca de las luchas de clases y el acceso a la alta dirección y gobierno.

Lo que ha venido ocurriendo a lo largo de la historia es que el origen familiar, el nacimiento de un individuo permite acceder a ciertos círculos de influencia. Las versiones anteriores de sistemas de gobierno y poder fueron la aristocracia, burguesía...

Sin embargo Young acuñó una nueva forma de clases sociales. Todo un nuevo sistema de poder basado en la "adquisición" de méritos. Y recalcamos que es adquisición y no consecución. El florecimiento de este nuevo sistema de gobierno ya no se ba-

---

[1] The gift: forms and functions of exchange in archaic societies. Marcel Mauss,Ian Cunnison. 1954

sa en el nacimiento, sino en los méritos acumulados. En un sistema meritocrático, una persona con estudios en prestigiosos centros, con caros MBAs internacionales y más títulos de exclusivas universidades tiene el derecho a acceder a las cúpulas de influencia y gobierno.

La advertencia que hacía Young es que, a diferencia de anteriores sistemas clasistas, como la aristocracia, en esta ocasión el "acreditado" individuo está investido del refuerzo moral que le da el tener un currículum incuestionable. Esto es, que no sólo pueden llegar a gestionar el poder, sino que son ellos los más preparados para hacerlo. Y el resto de individuos así acepta... ¿O no es cierto que vemos normal que para estar al frente de una gran institución entendemos sea necesario tener un MBA en IESE, estudios en el MIT o similar?

Meritosismo vs meritocracia

El futuro sin embargo está por escribir. La evidencia más palmaria es el ejemplo de las Comunidades Virtuales. Internet es un entorno no regido por normas convencionales, donde además no hay una *"path dependency"* o una inercia cultural. El único sitio donde esto se podía dar de forma espontánea.
El artículo de Eric Raymon "La catedral y el bazar" explica muy bien que otra realidad es posible. El ejemplo real de Linus Torvals (el dictador benevolente) que ha creado la Comunidad Open Source va en esta línea, aunque puede ser que ni él mismo sea consciente de ello.

Pero ¿es un dominio exclusivo de Internet? En 2007, el gurú de la gestión, Gary Hamel escribió su obra "El futuro del Management", que ahonda en estos aspectos, aunque no hable explícitamente de el meritosismo. Y desde su punto de vista el futuro de la gestión y de las relaciones entre personas pasa por innovar en esta área...

Tal vez debemos aprender mucho de lo que hacen las Comunidades Virtuales.

SEGUNDA PARTE

MANUAL PARA LA EJECUCIÓN DE UNA INICIATIVA ESTRATÉGICA

Los capítulos anteriores han trabajado las competencias y habilidades deseables en un facilitador World- class. Pero todo lo visto hasta ahora son aportes teóricos y herramientas que necesitan una práctica. La segunda parte del libro presenta los pasos para abordar una meta iniciativa, que dará seguridad al consultor para llevar a cabo una entrega de valor muy elevada.

Previo a la entrega de valor en forma de un compromiso de colaboración, debe conseguirse la confianza del cliente. Es decir, hay que llegar al público objetivo deseado, transmitirle claramente el mensaje, despertar su interés para poder presentarle los servicios y, si hay oportunidad para la colaboración, hacer una propuesta que le haga dar el paso.

6 CONSIGUIENDO UN PROYECTO

Conseguir un contrato para llevar a cabo un proyecto estratégico de negocio es la meta que mueve al consultor a desarrollar toda una serie de actividades que constituyen su día a día. Un impulso genuino para aportar valor real que lleve a la organización a la que presta sus servicios a un estadio superior de rendimiento.

Para ello es clave saber escuchar. Entender qué preocupaciones rondan la cabeza del director general y en qué marco visualiza posibles soluciones no es banal. A medida que el cliente va desgranando sus inquietudes y las ideas que haya podido construir para su solución, el consultor tiene que ir contrastando lo que va entendiendo. Debe ir haciendo revisión crítica de la primera idea del directivo, en base a una visión holística de los negocios y a experiencias propias. Y al tiempo debe ir proponiendo marcos e ideas que ayuden a construir lo que será la propuesta para trabajar conjuntamente.

Esto es básicamente lo que se trabaja en este capítulo sobre cómo conseguir un compromiso de colaboración.

Los directivos que consumen consultoría estratégica de negocio suelen ser directivos senior familiarizados con la consultoría clásica, que lo que se aporta es una "receta" (de una gama de farmacopea amplia: calidad, RRHH, reingeniería de procesos, sistemas de información…-) que aplicada a una determinada "dolencia" aporta soluciones específicas. Son conscientes de que muchos de estos servicios, aún aportando resultados y solucionando determinados problemas, realmente tratan los síntomas de problemas de fondo. Y esos no se solucionan con remedios operativos, sino con tratamientos integrales. Es decir con una aproximación de más alto nivel (estratégica), que contemple la organización de forma holística y, en base al equipo propio que sea el que construya la solución que transformará a la empresa.

Quedan fuera del conjunto de potenciales compradores de CEN los directivos mediocres y los jóvenes "tiburones" orientados al corto plazo a quienes no importa "quemar los barcos" si consiguen los resultados y además cuenta con el aval de una consultora de cierto nombre. Es importante detectar a este tipo de gerentes que pueden hacer perder un tiempo precioso en preparación de propuestas sin ninguna posibilidad de fructificar.

Y viceversa. Los directivos genuinos capaces de las más altas proezas empresariales saben hacer rápidamente una valoración del consultor que tienen delante haciéndoles una propuesta.

6.1 LA IMPORTANCIA DEL MARKETING

El primer paso para conseguir un cliente es dirigirnos a él, contactarle e intentar mantener una reunión con él. Pero para eso hay que saber muy bien qué mensaje transmitir, antes de tener la oportunidad de mantener una entrevista con un directivo.

"La finalidad del MKT es convertir en superflua la venta (porque el producto se venderá por sí solo)". Peter Druker

El marketing tiene distintas perspectivas (ver figura), pero nos centramos en la de cliente.

Figura 30. Distintas perspectivas del marketing

Como ya se ha explicado anteriormente, el cliente de una consultoría estratégica de negocio normalmente es una empresa mediana/ grande, que tiene capacidad de decisión a nivel local (donde operemos). Y el "target" o persona con quien debemos intentar la interlocución será alguien con capacidad de decisión. Que normalmente no es otro que el director general (CEO[12]), ya que poder decidir sobre aspectos de amplio calado en la organización suele estar restringido a dicha figura.

La parte positiva es que, si conseguimos conectar con el CEO, ve los beneficios de la potencial colaboración y se compromete, será segura la implicación del resto de la organización.

---

[12] CEO, de las siglas en inglés: Chief Executive Officer

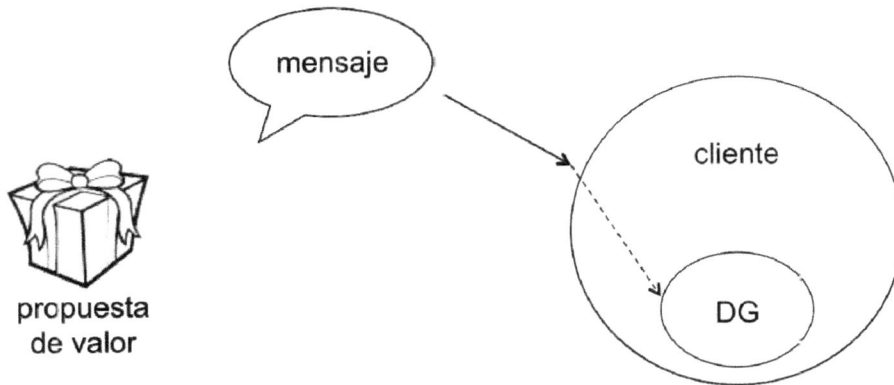

Figura 7. Tres elementos esenciales para iniciar actividad de marketing

El mensaje en el caso de una firma profesional en el ámbito de la consultoría estratégica de negocio podría incluir aspectos como:

Qué

- soporte a la alta dirección en proceso de diseño, planificación y despliegue de solución
- facilitación participativa y herramientas
- capacitación del equipo directivo en metodología para transformación estratégica
- desarrollo de todos los estadios: reflexión estratégica, diseño e implementación
- sensibilización sobre claves y nuevos paradigmas para competir

Aspectos diferenciadores

- equipo de profesionales world class
- aprendizaje continuo, absorción de tendencias y experiencias
- fundamento científico en Management

6.1.1 Prospección

Una empresa consolidada, con cartera de clientes y experiencia suele ser conocida en mayor o menor medida. Presentar sus servicios a un potencial cliente es sencillo si le avala una marca y un cierto prestigio en el mercado. Si usted trabaja en una empresa así, enhorabuena, porque tiene mucho camino andado.

Sin embargo, cada vez es más común el consumo de servicios de consultoría prestados por profesionales independientes (autónomos o asociados a algún despacho profesional). Y éstos, en su mayoría no son tan conocidos por los clientes. Además hacer una marca como consultor o despacho no es trivial.

Para poder dirigirnos adecuadamente al cliente debemos tenerlo muy bien identificado.

- Conocimiento del cliente
  Tal y como se introducía anteriormente, el cliente objetivo de la consultoría estratégica de negocio potencialmente es cualquier empresa, de cualquier sector, que quiera llevar a cabo un proyecto de transformación para ser más competitiva y rentable.

  Sin embargo, las necesidades de cada empresa, en función del sector en el que opera, su trayectoria y situación concreta varían sustancialmente.

- Definición campaña y segmentación
  Una campaña es una acción de prospección específica entorno a un "producto" concreto, para un segmento determinado que tiene una necesidad. Por ejemplo, una campaña de orientación en las posibles ayudas a la innovación que pueden acelerar dicha actividad para empresas del sector industrial de la automoción.

  La campaña permite refinar un mensaje específico, que presenta un servicio o en respuesta a una situación específica realizar una selección de potenciales clientes a los que se piensa les puede interesar. Esta acción comercial específica empieza en el área de marketing a través de:

  - Caracterización del cliente
  - Segmentación de potenciales clientes
  - Mensaje y comunicación específica
  - Objetivos concretos y seguimiento

El "funnel"

El proceso de identificación del cliente, segmentación, contacto y seguimiento posterior de ventas se debe llevar a cabo de forma sistemática. La técnica más común es el "embudo" de campañas. En la siguiente imagen se representa la secuencia de actividades que comprende.

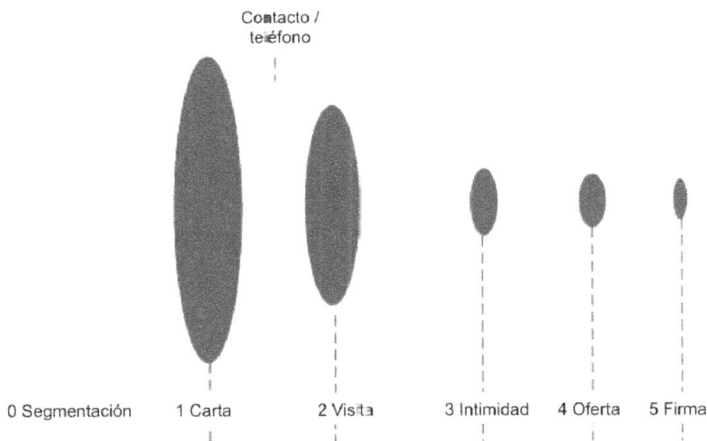

Figura 32. Proceso de actividad comercial. El "funnel" comercial

Es importante hacer cada paso convenientemente. La segmentación se puede hacer a partir de bases de datos disponibles en el mercado, pero para poder filtrar bien, es necesario saber qué se está buscando.

La siguiente tabla obtenida de experiencias reales muestra la diferencia entre una correcta selección de empresas a contactar y un filtrado no bien diseñado o no hecho.

Segmentación no fina	10%	30%	80%	50%	Total: < 2%
Buena segmentación	30%	75%	90%	60%	Total: < 14%

En cualquier caso, resaltar que el porcentaje de éxito es bajo cuando se llevan campañas empezando desde cero. Para el mejor de los casos de la tabla anterior, contactando 100 empresas podríamos conseguir 14 firmas. Eso suponiendo que se obtiene un grado de éxito del 10% en el envío de cartas, un 30% en visitas, un 80% en ganarse el derecho a presentar una propuesta y, finalmente, un porcentaje de éxito de firmas del 60%.

La siguiente tabla refleja un seguimiento de una campaña concreta a lo largo de un año:

	Enero	Febrero	Marzo	Abril	Mayo	Junio	Julio	Agosto	Septiembre	Octubre	Noviembre	Diciembre	
Firma							1,1		1,0	0,9	0,9	0,9	5
Oferta						2,2	1,8		1,6	1,5	1,5	1,5	10
Confianza					3,2	2,2	2,0		2,0	2,0	2,0	2,0	15
Vista			8,0	4,8	4,5	4,5	4,4		4,4	4,4	8,4	4,8	48
Teléfono	20	12,0	11,2	11,1	11,1	11,1	11,1		11,1	21,1	12,1	11,2	132
Carta	20	10	10,0	10,0	10,0	10,0	10,0		20,0	10,0	10,0	10,0	130

Tabla 1. Seguimiento de campaña en número de éxitos a partir de una segmentación afinada

6.1.2 Comunicación y acceso al cliente

Existen diversas formas de proyectar la actividad del consultor, para que llegue a los potenciales clientes. Así como hacer llegar un mensaje deseado a los mismos. Las siguientes son algunas técnicas accesibles a pequeñas firmas y profesionales independientes.

Guerrilla marketing y publicity

El guerrilla marketing[13] es una técnica de promoción basada en el ingenio y alto impacto a muy bajo coste. Contempla entre otras:

- El nombre de la compañía
- El servicio que se ofrece
- La ubicación de la oficina
- Los folletos, tarjetas y publicidad que damos
- Las relaciones públicas
- La página web
- La firma del correo electrónico
- El mensaje de la centralita o el contestador
- Las personas que nos representan

---

[13] La empresa creadora de este concepto: http://www.gmarketing.com

El libro sobre esta técnica de marketing: "Guerrilla Marketing, 4th edition: Easy and Inexpensive Strategies for Making Big Profits from Your Small Business". 2007

La actividad de "publicity" (distinto término en inglés para publicidad, advertising), también denominada de "marketing beyond the line", se refiere a un componente de promoción dentro del marketing. Se basa en usar medios de comunicación y eventos para presentar mensaje y la propuesta de valor, de una forma indirecta. Ejemplos de esto incluyen:

- Exposiciones de arte
- Patrocinio de eventos
- Participar en discursos, seminarios o una charla
- Hacer un análisis o predicción
- Realizar una encuesta o sondeo
- Emitir un informe
- Presentación de un premio

Las ventajas de la publicidad son de bajo costo, y la credibilidad (sobre todo si la publicidad que se emite entre las noticias como en el noticiero de la noche TV). Las nuevas tecnologías como weblogs, cámaras web, los afiliados web, y la convergencia (teléfono-cámara de publicación de las imágenes y vídeos a los sitios web) están cambiando la estructura de costos. Las desventajas son la falta de control sobre sus lanzamientos serán utilizados, y la frustración por el bajo porcentaje de emisiones que son tomados por los medios de comunicación.

La publicidad se basa en varios temas clave, como el nacimiento, el amor y la muerte. Estos son de particular interés porque son temas en vidas humanas que están muy presentes durante toda la vida. En las series de televisión varias parejas se han convertido en crucial y clasificaciones de los momentos importantes de publicidad, como una manera de hacer titulares constante. También conocido como un truco publicitario, las parejas pueden o no estar de acuerdo con el hecho.

Comunicación activa

Se debe tener información de contacto en la web, ya que lo primero que hará un potencial cliente es investigar un poco acerca de nosotros, pero además puede ser interesante mantener información en forma de:

- Blog
- Boletín
- Artículos en revistas
- Compartir presentaciones e ideas (Slideshare, Foros…)
- Resumen de participaciones
- Twitter

Conviene tener en mente que nuestro "decision man" no suele ser una persona que invierta demasiado tiempo en Internet buscando información sobre consultoras. Teniendo esto en mente, debemos recordar que no se trata de hacer un plan de comunicación que encante a las masas. Es decir debemos orientarnos a nuestro target, el Director General de una compañía.

En este sentido serán más efectivas acciones presenciales de contacto en ciertos círculos en los que participen dichas personas. Por ejemplo, asociaciones empresariales que celebran desayunos de trabajo, eventos sectoriales, clubs deportivos…

6.1.3 El Marketing Mix

Este concepto del marketing incluye las 4 Ps:

- Producto (o servicio)
- Precio
- Plaza (mercado)
- Promoción

Producto

El decidir qué ofrecer en concreto no es sencillo. Muchas veces dependerá del enfoque que se quiera dar ante una determinada campaña. Y en general, cuando lo que vendemos son servicios de consultoría estratégica de negocio, se debe hacer un esfuerzo por trasladar al cliente en un lenguaje entendible y acorde con sus necesidades dicha propuesta de valor.

La buena noticia es que la consultoría estratégica de negocio permite recurrencia. Es decir, al contrario de lo que pasa con otras ramas de la consultoría, si el facilitador realiza un buen proyecto en el que ayuda al equipo directivo a llevar a cabo una iniciativa que aporta beneficios, probablemente surgirán otras oportunidades en las que se desee contar con él. No ocurre así con la consultoría de calidad por ejemplo

Un catálogo de servicios ofrecidos podría ser el que sigue:

reflexión estratégica

›Proceso de reflexión y planificación estratégica

›Modelo de negocio

›Business plan

sistematización de áreas funcionales

›Ventas

›Marketing

›Cliente

desarrollo en aspectos de personas

›Competencias

›Desarrollo

›Cultura organizacional

revisión y mejora de procesos

›Calidad estratégica

›otros

gestión estratégica del conocimiento y la innovación

›Identificación de áreas de conocimiento clave

›Sistematización de la innovación y del proceso de GC

tecnologías habilitadoras

›Sistemas de información y comunicaciones

›Tecnologías de colaboración y trabajo en grupo

Precio

El precio para unos servicios de consultoría estratégica, consistentes en facilitar proyectos de transformación con importantes resultados beneficiosos a la compañía, debe ser apropiado. Un precio bajo dará una percepción de poco valor, pero uno elevado no necesariamente está asociado a elevada satisfacción.

Hay aproximaciones comerciales basadas en proyectos cerrados y otras que utilizan fórmulas de coste por jornada u hora. En cualquier caso, el cómputo general debe obedecer al mismo criterio.

En el mercado latino, mucho menos acostumbrado al consumo de consultoría, se suele dar poco valor al asesoramiento externo. Y es más difícil posicionar el de consultores independientes, que no trabajan bajo marcas de grandes firmas consultoras. Es importante desde el principio sensibilizar al cliente sobre el valor de nuestros servicios y eso pasa por que el propio consultor se lo crea, ya que de forma genuina lo demuestra.

La inversión que realiza de forma continua un profesional en preparación, estudio y experiencia se verá reflejado en la aportación de valor. Hay que ser capaces de transmitir esa proyección al cliente para pactar un precio razonable por los servicios de colaboración, que supongan un "ganar- ganar" para ambas partes.

Plaza

Respecto al lugar en el que operar, si bien es cierto que el mercado es global y se pueden prestar servicios en cualquier rincón del mundo, con el fin de consolidar una cartera de clientes y una "marca", es preferible focalizarse en un entorno geográfico concreto. Y para ese entorno concreto seleccionar empresas que tengan su sede principal allí localizadas. En otro caso, será muy difícil conseguir ser contratados para llevar a cabo proyectos estratégicos de negocio, dado que el centro de decisión para dichas iniciativas estará en otra ubicación.

Promoción

Tal y como se ha visto en el capítulo anterior, los aspectos relacionados con hacer llegar el mensaje adecuado al target deseado requieren una estrategia adecuada. Cada vez son más los impactos que reciben los clientes y/ o consumidores, por lo que conseguir posicionar en su cabeza, para que escojan unos u otros productos o servicios, es más difícil.

Existen técnicas de proyección como el guerrilla marketing que han sido presentados con detalle anteriormente. Pero la comunicación con el exterior está presente no sólo en la actividad de promoción, sino en: la forma en que se entrega valor al cliente respetando unos valores (calidad, puntualidad, respecto, etc.); cómo se atiende al teléfono; el servicio postventa; y muchos otros aspectos cotidianos.

6.1.4   Análisis. Inteligencia de negocio

El marketing tiene como otra de sus funciones clave el conocimiento del cliente. Entre otras cosas nos permite obtener información tan valiosa como:

- Ranking de clientes por volumen de ingresos
- Ranking de clientes por margen bruto
- Clasificación de clientes por servicio
- Perfiles medios
- Impacto de campañas de promoción
- Evaluación de la percepción del servicio que tiene el cliente
- Ideas y sugerencias de mejora recogidas a clientes

Ley de Pareto

La regla de Pareto del 80/20 se ajusta tremendamente al comportamiento en el ámbito comercial. Así, un análisis no demasiado exhaustivo nos permitirá ver que el 20% de nuestros clientes generan el 80% de los resultados. Por lo tanto, deberemos cuidar muy bien a aquellos clientes más fieles y que mayores rendimientos aportan. Además, coincidirá con los que mejor nos lo pasaremos y nos desarrollaremos.

Regla del 1 a 5

Otra "ley" no suficientemente conocida es la de 1 a 5.[14] Dicha norma establece que cuesta cinco veces más entrar en un cliente nuevo que vender un nuevo proyecto en uno existente.

Es muy importante medir para poder gestionar. El esfuerzo y recursos necesarios para llevar a cabo una campaña deben tratar de recuperarse. Aunque el marketing y las ventas no son una ciencia exacta, sí que se deben analizar los rendimientos de dichas acciones a través de indicadores de éxito. Puede ser algo tan sencillo como hacer un seguimiento a los contactos generados en un evento comercial como sea asistir a un congreso o feria, para ver cuántos finalmente cristalizan en negocio real.

6.2 LA VENTA CONSULTIVA

Por ventas entendemos toda una serie de acciones de relación (contacto, visitas, propuestas, atención al cliente…), orientadas a hacer negocio rentable y beneficioso para ambas partes.

En la economía del conocimiento la mayoría de activos de valor son intangibles. En el caso de la consultoría, lo que se vende no es ningún producto tangible, sino un servicio de asesoramiento. Se ha acuñado el término de "venta consultiva"[15] para referirse a una forma de vender mucho más profesional y para el caso concreto de servicios de consultoría.

6.2.1 El proceso de venta

De acuerdo con lo visto en el funnel comercial, el marketing da paso a las acciones de venta. En una secuencia de pasos que a veces no se cumple en su integridad, estas acciones son:

- Contacto: llamadas, telemarketing, eventos, comunicación
- Visitas para escuchar al cliente, entender sus problemas
- Elaboración y defensa de propuestas que cubren esas necesidades
- Cierre de la venta, alcanzar un acuerdo beneficioso para ambas partes

Entonces es cuando arrancará la fase de ejecución (delivery), que se analiza en capítulos posteriores. Hasta finalizar de forma correcta y cubriendo las expectativas del cliente la iniciativa comprometida.

Pero la venta no acaba antes de la ejecución. Sino que es muy importante el asegurar los intereses del cliente durante el desarrollo del proyecto. Uno de los valores añadidos de la facilitación senior es que no se pierde la interlocución con el Director General, que es el agente de cambio en la organización. Y este es un aspecto clave diferenciador de la

---

[14] Regla del 1 a 5 del Doctor Kotler

[15] La venta consultiva. JC Vidales. 2007

consultoría tradicional en la que el vendedor senior da paso a perfiles consultores operativos más junior.

Esto se convierte en una oportunidad de conocer muy bien al equipo directivo y la organización. Entender sus oportunidades de mejora que podrían significar muchos beneficios a la organización una vez resueltos los problemas acuciantes.

Así pues, todavía existen dos pasos más tras el delivery:

- Finalización del proyecto. Cierre satisfactorio
- Recurrencia

La recurrencia es la capacidad de poner sobre la mesa nuevas oportunidades de colaboración. Ya sea porque el propio cliente lo pida o porque podemos plantear mejoras en base a la experiencia de trabajo compartida. Pero no hay que tener prisa. El periodo medio de recurrencia es de 1,5 años en base a la experiencia de Avanzalis.

Para poder llevar a cabo una buena actividad de ventas, es preciso el desarrollo de competencias comerciales. Existen muchos consultores, sobre todo en ámbitos técnicos, que piensan que no es suya la tarea comercial. Nada más lejos de la realidad para un consultor en estrategia de negocio. Su actividad continua está impregnada de un halo comercial. Cuando está facilitando, aportando ideas, marcos de reflexión, herramientas de gestión y experiencias, puede que el potencial cliente identifique alguna de esas cosas como la solución a su inquietud. Es importante detectarlo, escuchar cómo cree que esa propuesta solventaría sus problemas y reformular de forma más precisa y adaptada…

La capacitación comercial debe incluir aspectos de:

- Técnicas de venta
- Establecimiento de relaciones
- Pensamiento analítico
- Toma de decisiones
- Orientación al cliente y gestión de expectativas
- Orientación al logro

En el momento de vender se deben tener en cuenta matices que nos permitirán posicionarnos mejor en la cabeza del comprador. Y es que son numerosos los estudios realizado sobre el proceso de compra, y pocos los que llegan a conclusiones o patrones válidos. En general la compra parece que obedece a instintos ocultos en lo más profundo de las mentes de los que escuchan las propuestas. Los matices serían:

Tener bien claro la diferencia entre características, ventajas y beneficios. De forma que explicaremos de cada uno de estos grupos, sólo aquello en lo que el cliente tiene interés.

- Características:
Aspecto o un componente de la propuesta de servicios

¿Qué puede hacer el consultor?

- Ventajas:
¿Cómo se compara el servicio con el ofrecido por un competidor o con un servicio prestado anteriormente?

¿Por qué nuestra propuesta es mejor?

- Beneficios:
Cómo la propuesta puede ayudar al cliente a resolver sus problemas y a alcanzar sus objetivos

¿Por qué quiere comprar el servicio?

Un error muy común que llevan a cabo muchos consultores enamorados de sus propuestas a la hora de vender es obsesionarse en contar todo lo que se hará. Realmente es mucho más efectivo saber qué le importa al cliente y explicarle cómo la propuesta cubre eso, tiene ventajas en ese aspecto respecto a otros y enumerar los beneficios que le reportará en el área de interés de quien va a depositar su confianza en nosotros.

El resto de grandes bondades incluidas en la propuesta saldrán a la luz a lo largo de la puesta en marcha del proyecto. Y en muchos casos ayudarán a reforzar el valor percibido por el cliente.

La siguiente figura representa los pasos de relación con el cliente. Algunos de los pasos han sido analizados y otros se discuten en los siguientes subcapítulos.

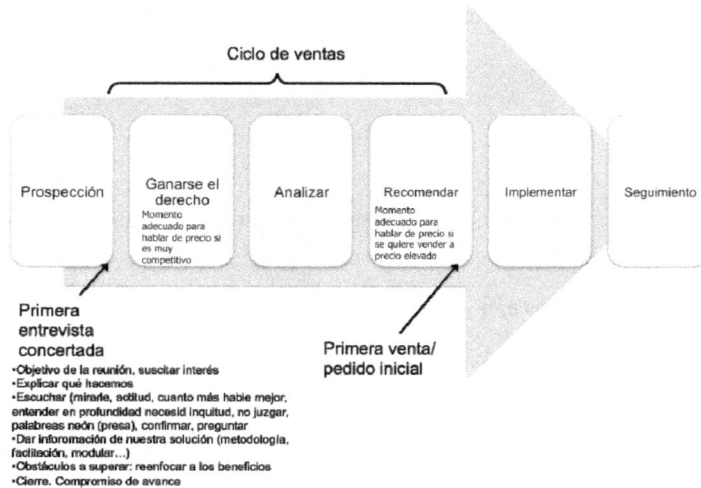

Figura 8. Proceso de relación con el cliente

Fuente: Elaboración propia a partir de La venta consultiva. J Carlos Vidales y Emilio Redondo. 2007

6.2.2   Factores de éxito en la entrevista

Cuando se consigue acceder al interlocutor adecuado es importante aprovechar al máximo la oportunidad. Para ello debemos tratar de cubrir los siguientes puntos, que ya se han descrito anteriormente:

-   Identificar necesidades implícitas, que no se manifiestan o no se tiene consciencia
        Del o los directivos

        Del sector/ es a trabajar

-   Identificar necesidades explícitas que normalmente el cliente expone como el problema que tiene identificado. A veces son los síntomas y no realmente el problema.
        Lo más "tangibles" posible

        Cuanto más cerca de la superficie (perspectiva financiera) mejor.

-   Características de nuestra solución. Propuesta que cubre esas necesidades

-   Beneficios que le va a suponer

-   Diferenciación

120

6.2.3   Las llamadas de ventas

Los primeros pasos para conseguir una entrevista pasan por un contacto. Si este ha sido presencial en el marco de algún evento, presentación realizada por un contacto o espontánea, perfecto. Aún así y como ocurrirá en la mayoría de los casos, será necesario realizar una llamada. Conviene tener en cuenta:

Que el objetivo de telefonear es conseguir una entrevista, para lo cual comunicaremos el hecho de que tenemos algo importante que compartir

Se debe tener muy bien preparado el mensaje y presentación por teléfono

- No interrumpir al cliente potencial, dejarle hablar
- No discutir directamente, ponerse a la defensiva ni descartar argumentaciones
- Sonreír mientras se habla y mantener una actitud profesional amistosa
- Es conveniente realizar las llamadas de una forma sistemática:
    – Llamar siempre a la misma hora del día al mismo sitio
    – Tener preparada lista de seguimiento antes de las llamadas
    – Tener ficha de planteamiento

Además, es recomendable planificar tiempo para hacer llamadas en todos los períodos. Esto supone reservar tiempo cuando se están ejecutando proyectos, para mantener una continuidad en esta actividad.

6.2.4   La propuesta

Elaborar una propuesta ganadora requiere una preparación previa, si es posible es además muy recomendable tener interacciones antes de presentarla formalmente y la presentación final debe ser definitiva.

Antes de la visita

Lleve a cabo la denominada "investigación de despacho". Averigüe todo lo que pueda entorno a la empresa, el sector y la persona con la que interactúa. Además, del entorno global, qué noticias afectan a la organización para la que desea trabajar.

Pensar previamente y preparar la visita pasa por definir clara y concisamente los objetivos de la visita.

Si desea y la situación lo permite, puede llevar una breve presentación impresa o en un tablet, que le permita exponer mejor las ideas. Recuerde el cono de la experiencia, un mensaje reforzado con multimedia se retiene hasta un 80% más.

La visita

En cualquier visita, ya sea la primera o posteriores interacciones, debe estar atento a recoger inquietudes.

Es conveniente hacer una síntesis de ideas en caliente, recogiendo aquellas palabras y expresiones que el cliente guste usar. Son las denominadas "palabras neón", que cuando el cliente ve usadas adquiere la certeza de saberse escuchado.

Todos tenemos intereses y pasiones. Intente identificar qué motiva al cliente, lo que de verdad le gusta. Esto le ayudará a orientar la propuesta, dado que además de solucionar el problema que enfrenta la organización, debe cubrir esos intereses.

No menos importante es averiguar si es una persona que puede comprar. En otras palabras, si es el "decision man". Conviene sabes cuanto antes si no es así, para pedir que se nos presente a aquel cuanto antes y, si no fuera posible, no desperdiciar muchas energías.

Una técnica muy potente para ver cuán efectivos somos en las visitas es el uso de las revisiones después de la acción (After Action Review, AAR). Ver formulario de ejemplo en la siguiente imagen.

FORMULARIO DE EVALUACIÓN DESPUÉS DE LA ACCIÓN
(AFTER ACTION REVIEW)

Sección 1. Detalles del participante en la reunión

Facilitador	
Participantes	
Sesión	
Tiempo	

Sección 2. AAR Cuestiones

¿Cuáles eran los objetivos=

1	
2	
3	

¿Qué hemos conseguido realmente?

1	
2	
3	

¿A qué se deben las diferencias?

1	
2	
3	

¿Qué podemos aprender de esto?

1	
2	
3	

¿Qué podemos hacer mejor la siguiente vez?

1	
2	
3	

¿Podemos celebrar algún progreso o éxito?

1	
2	
3	

Mapa de ideas

Se trata de realizar una tormenta de ideas (brainstorming) para identificar las oportunidades detectadas. Buscar soluciones y converger luego en un documento de mapa de ideas para presentar al cliente. Para ello es necesario:

- Puesta al día en lo que en investigación se denomina "estado del arte" en la necesidad detectada. Esto es, averiguar qué hay ya inventado en cuanto a soluciones, avances en gestión para una problemática concreta. Se trata de no reinventar la rueda si ya hay cosas. Normalmente el propio cliente nos puede ayudar, ya que nadie mejor que él conoce el sector. Sin embargo, a veces se descubren cosas porque se estudia desde otra perspectiva menos condicionada.
- Una vez detectadas las mejores formas de afrontar la iniciativa para solucionar el reto que enfrenta el cliente, es importante dedicar tiempo a estudiar los fundamentos que estructuran la disciplina o aproximación más adecuada. Por ejemplo, ante un problema cultural en una organización, tal vez sea conveniente, entre otras cosas, ayudar a implantar un sistema de Gestión por Competencias con el área de Recursos Humanos de la empresa. Suponiendo que su equipo tenga nociones sobre el tema, debemos ser capaces de entender cómo funciona y lo que es más importante, conseguir que la Dirección General lo lidere. Para lo cual debemos adaptar dicha disciplina a su lenguaje y al enfoque que desde la estrategia se le quiera dar.

Planificación y estudio económico

Con este ejercicio, se pretende evaluar nuestra capacidad como consultores para ayudar genuinamente al cliente. Supone recorrer mentalmente todo el camino que desarrollaremos con el equipo de la iniciativa, para satisfacer la necesidad que deben resolver.

Para ello conviene pensar y detallar al máximo posible:

- Detalle de actividades a llevar a cabo
- Valoración de tiempos que conllevan. Idealmente se puede presentar en forma de diagrama de Gantt o cronograma. Es importante diferenciar entre:
  - o Plazos. Entendiendo por estos los periodos de tiempo en los que, de forma realista, se considera que se realizará una actividad concreta. Normalmente lo expresaremos en días o semanas. Varias actividades pueden estar desarrollándose en paralelo en los mismos plazos.
  - o Dedicación. Se refiere a cuántas horas serán precisas tanto por nuestra parte, como parte de las distintas áreas y personas del cliente, para llevar a cabo cierta actividad.
  - o Preparación. Además de la dedicación presencial, por nuestra parte, habrá un trabajo de preparación previo y posterior de cada actividad.
- Recursos y gastos asociados, incluyendo previsiones de desplazamientos y manutención, que deberán ser cubiertos por el cliente
- Estudio de costes. Trasladaremos a un sencillo caso económico la valoración de la planificación

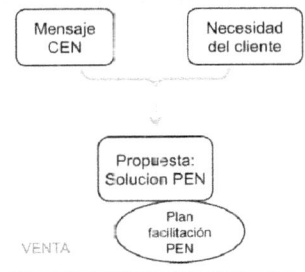

Figura 9. Solución ofertada: ajuste entre la propuesta de valor de consultoría y la necesidad del cliente

La siguiente tabla representa un sencillo ejemplo de valoración de tiempos, recursos y costes asociados para llevar a cabo una Planificación Estratégica de Negocio en una empresa mediana.

	Contenido	Personas implicadas	Dedicación (h)	Preparación (h)	Requerimientos	Costes asociados
0	Fase 0. Reflexión Estratégica					
0	Entrevistas (5)	Equipo directivo	30	5	2xD+2x(2M+H)	620
0	Observación directa	Equipo directivo	16			
0	Dinámicas de grupo. Generación de Misión, Visión y Valores	Equipo directivo	24	8	D+3M+2H	445
0	Conocimiento y análisis de la organización	Equipo directivo	8	16		
1	Fase 1. Planificación Estratégica				8	
1	Diseño de Mapa Estratégico	Equipo directivo	16	4	D+3M+2H	445
1	Establecimiento de Objetivos para las Líneas Estratégicas	Equipo directivo	16			
1	Diseño de Plan Estratégico. Iniciativas y Objetivos	Equipo directivo	24	8	D+2M+H	310

Tabla 2. Estudio económico de un proyecto. D: desplazamientos, M. manutención y H: hotel

En este caso, para un coste por jornada de 1.000 € el coste total del proyecto a desarrollar en unos 3 meses sería de 25.000 € aproximadamente.

El cronograma para este mismo ejemplo podría ser:

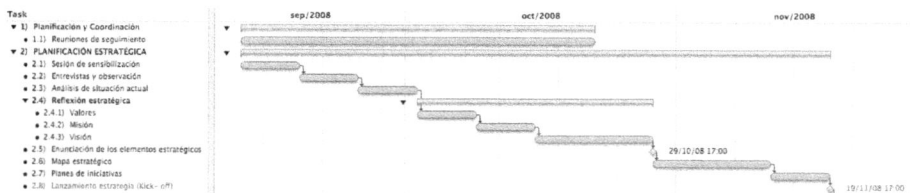

Figura 10. Diagrama de Gantt para proyecto sencillo

Borrador de propuesta

La propuesta es un elemento clave en la práctica de la consultoría. Es el único instrumento que nos permite concretar el servicio que vamos a llevar a cabo. Es por ello que debe ser conciso, ajustado a lo que el cliente espera. Es bastante más fácil realizar una propuesta de cien páginas de poco valor por su vaguedad, que una breve, ejecutiva que plantee justo lo que se precisa.

Como recomendación se propone seguir un esquema que contenga:

- Inquietudes. Las que nos ha transmitido el cliente. Permite exponer lo que hemos interpretado en las interacciones con el cliente sobre los problemas que desea resolver. Es importante que coincidan las ideas que tiene el directivo que nos contrata con lo que hemos entendido. Caso contrario ya partiremos de expectativas diferentes.
- Solución planteada. Descripción de la misma, los pasos para llevarla a cabo.
- Detalle de colaboración. Descripción de la forma en que se va a trabajar, la dedicación que va a suponer por su parte y los resultados esperados.
- Valoración. Honorarios y otros gastos asociados.

Antes de presentarla formalmente, es muy recomendable llevar a cabo una revisión previa conjunta con el cliente, para evitar sorpresas. A menudo cometemos errores de interpretación, o quedan latentes otros aspectos importantes. Es habitual que surjan matices en cuanto a otros grupos de interés afectados, que no se pueden detectar hasta que se pone sobre la mesa proyectos que pueden colisionar de alguna forma con otros intereses.

Además se pueden evitar fallos en la forma pueden desmerecer una presentación ganadora.

Si tenemos la oportunidad de realizar una revisión conjunta, debemos recoger e incorporar feedback.

7 LA INICIATIVA ESTRATÉGICA

Una iniciativa estratégica de negocio es cualquier proyecto concebido desde una visión de alto nivel, que afecta significativamente a toda la organización (a todos los niveles). Es pues un cambio importante en la forma en que una firma desarrolla su actividad que puede venir motivado por diferentes factores como:

- caída de las ventas, pérdida de cuota de mercado frente a la competencia
- pérdida de competitividad, obsolescencia en los servicios o productos que vende
- cambio en el entorno que obliga replantear la misión de la compañía
- cambio en el marco legal o normativo que no permite seguir operando igual…
- la incorporación de un nuevo equipo directivo que desea diseñar su propia estrategia para alcanzar unos nuevos objetivos de negocio

Se trata de proyectos que conllevan un alto grado de cambio. Como muestra la figura siguiente, estas iniciativas revisan algún aspecto esencial del negocio, lo que conlleva replantear las capacidades de la organización, que a su vez suponen actualizar las prácticas de trabajo y, en última instancia, pasan por la voluntad de los trabajadores de modificar sus propios planteamientos. El caso más radical es el que cuestiona todo el modelo de negocio, como es en el caso de la innovación en el modelo de negocio (BMI).

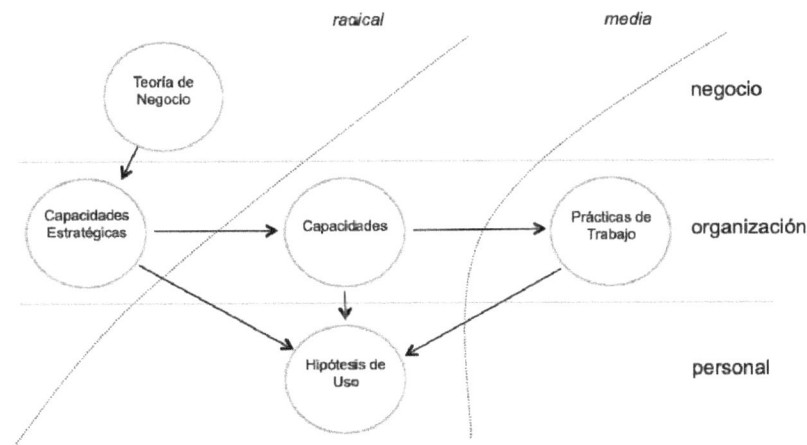

Figura 11. El grado de cambio y sus efectos

Fuente: Adaptado de E. Valor.

En la práctica, la Consultoría Estratégica de negocio será muy útil en proyectos de alcance global más mundanos como: buscar una nueva forma de desempeñar la actividad comercial, conociendo mejor a los clientes e incluso pensar en nuevos; cambiar la organización para orientarla realmente al cliente; cambiar el portfolio de productos para ajustarse a las nuevas demandas del mercado, actualizando por ende las áreas productiva, comercial y de soporte; regenerar las capacidades internas, el talento interno; reajustar o cambiar la política de trabajo con los canales que permiten llegar al cliente...

Todo un sinfín de proyectos en los que la alta dirección tiene una visión de qué desea hacer, pero se dan uno o varios de los siguientes circunstancias:

- no sabe qué camino seguir para alcanzar los objetivos
- el día a día le ha llevado a ir posponiendo dicha inquietud que, siendo importante, es diluida por las urgencias propias o de su equipo
- desea que el equipo directivo sea partícipe de dicho proyecto, para asegurar el éxito y su desarrollo con el crecimiento del negocio
- disponen de los conocimientos suficientes para abordarlo (pueden incluso no necesitar know how específico), pero siempre es buena una visión crítica externa, marcos de trabajo e ideas frescas
- se desea un soporte externo que facilite el proceso de transformación que conlleva el proyecto
- una consultoría estratégica garantizará un trayecto estructurado, equilibrado y ordenado, así cómo hacerlo en el mínimo tiempo posible

Los capítulos del 8 en adelante, describen cómo llevar a cabo una iniciativa estratégica de negocio cualquiera, como las descritas anteriormente. En los mismos, se plantea de forma neutra, a modo de meta-iniciativa, dando al profesional unas guías comunes aplicables a cualquier proyecto concreto. Si bien supone un ejercicio de abstracción importante, no sacrifica ninguno de los aspectos clave y facilita la adaptación, que en la práctica, cada consultor deberá llevar a cabo.

> Es en este punto donde debe quedar esbozada la solución que cubre la necesidad del cliente. Por ejemplo "Orientar al cliente la organización"

7.1 INTRODUCCIÓN

La metodología de Consultoría Estratégica de Negocio (CEN), permite estructurar el pensamiento y planificar el proyecto de transformación del negocio. Esta sistemática de consultoría en CEN está diseñada de manera modular, de forma tal que se puede empezar a trabajar en cualquiera de los diferentes niveles dependiendo de sus necesidades y requerimientos.

7.2 PRESENTACIÓN DE LAS FASES DE LA INICIATIVA

La Metodología de CEN propone un enfoque gradual que se menciona a continuación (ver figura siguiente). Esta metodología permite tener un pensamiento estructurado y creativo, y una buena la planificación e implementación del proyecto estratégico de negocio.

La metodología de CEN que sigue a la venta está dividida en dos grandes bloques de actividad: el diseño de la transformación, para hacer el proyecto estratégico de negocio (PEN); y la transformación.

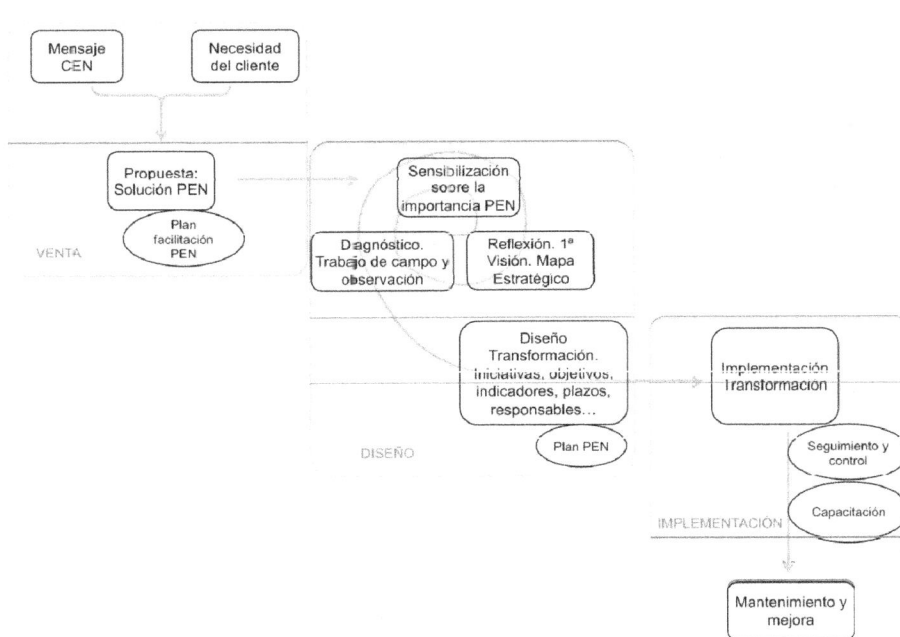

Figura 12. Visión global de la metodología práctica para la iniciativa estratégica de negocio

- El primer gran bloque que sigue a la venta es el de diseño, que comprende a su vez cuatro fases.

La primera parte se concentra en la didáctica de la estrategia de negocio: permitir entender qué proyecto se necesita para solucionar el problema existente, la terminología utilizada en este ámbito y por qué es importante.

En la segunda parte se facilita al equipo de la iniciativa un proceso de reflexión para generar la primera visión del PEN. Aportando toda una serie de marcos y herramientas de la CEN.

La tercera consiste en el desarrollo de un diagnóstico de la situación actual que generará un informe con la diferencia existente entre lo que hay en la organización y lo que se desea tener cuando el PEN esté totalmente asumido.

La cuarta parte se enfoca en la planificación y desarrollo de la iniciativa estratégica de negocio dentro de la organización.

- El segundo gran bloque es el de implementación.

  Trata el despliegue de la iniciativa, iniciando con un pequeño proyecto piloto, llegando a gran escala de la organización, y luego incluso excediendo los límites de la misma.
  Es clave en este punto el seguimiento y control de las iniciativas diseñadas. Comprobar que se van cumpliendo los objetivos de avance previstos, en los términos adecuados y con los resultados esperados. Y en caso de haber desviaciones, averiguar las causas y corregir aquellas. En definitiva, una gestión de proyectos.
  Se incluyen en esta fase el asegurar la transferencia de los conocimientos y habilidades necesarios para conducir con éxito la iniciativa y, para posteriormente mantenerla y mejorarla. Esto involucra capacitar a la organización con competencias fundamentales, como la utilización de sistemas, el trabajo efectivo como equipos virtuales, a través de la comprensión de las nuevas funciones y responsabilidades derivadas de los posibles cambios organizacionales inherentes en la iniciativa.

La Metodología de Consultoría Estratégica de Negocio está diseñada para ser modular, de forma que una organización pueda elegir comenzar en los diferentes niveles en función de su disponibilidad, necesidades y exigencias.

Para asegurar un enfoque adecuado y para garantizar la correcta relación entre los elementos constitutivos de la iniciativa de implementación de un proyecto estratégico, se utiliza un marco conceptual holístico de todos los factores a tener en cuenta. La siguiente imagen representa un marco válido que permite abordar la empresa sin descuidar ningún aspecto importante. Su uso se hizo popular a raíz de la difusión que hizo la prestigiosa firma consultora Mckinsey y se le conoce por "las siete eses" de dicha firma.

Figura 13. Marco holístico de trabajo

Fuente: Adaptado de R. Pascale

7.2.1   Diseño

En la Etapa I de "Diseño de la Iniciativa Estratégica", una organización determina:

-   La primera visión del PEN
-   La situación de partida y la diferencia con el alcance del proyecto pensado
-   La concepción detallada de iniciativas originales destinadas a la realización del PEN

La siguiente figura resume los pasos que se llevan a cabo en esta primera etapa, cuyo principal objetivo es concretar y alinear al equipo directivo con la visión del líder, que participen en su concreción y que se apoye firmemente.

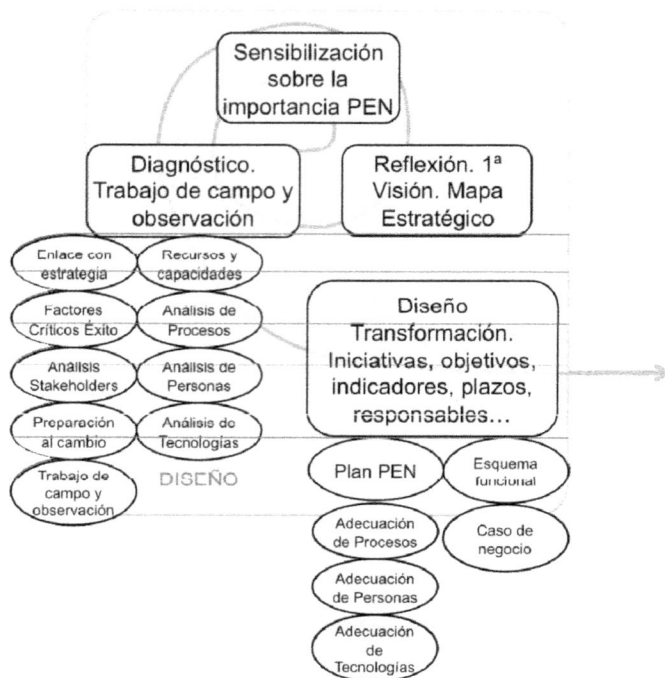

Figura 14. Diseño del PEN

Se lleva a cabo una estructura y el diseño de una solución integral. Para ello analiza los procesos de negocio, las personas y las redes de personas, así como las tecnologías habilitadoras que permiten la automatización de ciertas actividades.

Se trata de un proceso que debe ser desarrollado, probado y revisado de forma iterativa.

En el capítulo 8 se detalla todas las actividades que incluye esta primera etapa y que aquí se muestran en el gráfico anterior.

7.2.2 Implementación

Es la etapa de la materialización del PEN en la empresa. En esta parte, la medición del impacto tiene como objetivo verificar la mejora introducida por la iniciativa llevada a cabo.

Hay dos áreas clave a considerar cuando se mide el éxito de la implementación de la iniciativa:

-   El alcance organizacional (procesos, proyecto, comunidad)
-   La capacitación a través de las competencias adecuadas de las personas

132

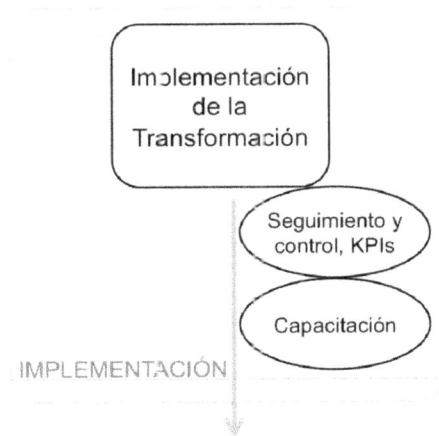

Figura 15. Implementación del PEN

¿Cuál es la razón por la cual nos enfocamos en los procesos, las personas y las tecnologías? Básicamente porque los procesos, como se introdujo en la Primera Parte de este libro, conforman el fundamento del progreso, la sistematización.

Esta idea plantea un reto importante sobre la propia profesión de la consultoría, ya que los servicios que se prestan están basados en el dominio y pericia del facilitador senior. En último término, esto depende de las horas disponibles de esa persona. ¿Cuál es la máxima rentabilidad de esta actividad? El siguiente artículo arroja algunos elementos para reflexionar sobre este punto.

avanzalis
knowledge associates

EL EFECTO SOBRE- NUBE.
ROMPIENDO EL TECHO DE LA PRODUCTIVIDAD DEL CONOCIMIENTO

PARA LA TRANSFORMACIÓN A UNA ECONOMÍA BASADA EN EL CONOCIMIENTO ¿SIRVE CUALQUIER ACTIVIDAD INTENSIVA EN CONOCIMIENTO (KIA)?. En este artículo desafiamos la idea comúnmente aceptada de que cualquier actividad intensiva en conocimiento ayudará a la mejora de la competitividad, que pueda suponer la solución a la necesaria transformación.

Por otro lado, se analiza el futuro de la actividad industrial. ¿Tiene cabida en la Era del Conocimiento? Un análisis detallado muestra que la actividad industrial más los servicios asociados a la producción juegan un papel crítico en la economía actual. Lo que supone que se debe hacer un esfuerzo por transformarlas, para actualizar dichas actividades.

Finalmente se plantean, como fuente de competitividad, algunas Actividades y Modelos de Negocio de Alta Rentabilidad Basadas en el Conocimiento (KIHP), que suponen sólo una parte de las KIA. En este artículo se dan algunas pistas a los directivos que desean transformar sus organizaciones hacia el éxito.

Por
José Carlos Ramos
jcramos@avanzalis.com

Actividades intensivas en conocimiento

De acuerdo con la OCDE, hay dos tipos de industrias intensivas en conocimiento:
- Las compañías de alta tecnología industrial en el sector manufacturero, que incluye la industria electrónica, aeroespacial y la biotecnológica.
- Servicios intensivos en conocimiento como son: educación, comunicaciones e industrias de la información. Se incluye aquí también la profesión médica.

Este segundo grupo, denominado Servicios de negocio intensivos en conocimiento (KIBS), se utiliza de forma más genérica. A este conjunto pertenecen aquellas actividades en que hay una prestación de servicios altamente especializados, que usan como materia prima el conocimiento de las personas. Como características principales tienen:
- Mayoritariamente son desarrolladas por firmas privadas
- Suelen estar relacionadas con algún área técnica muy específica o una tecnología concreta
- También pueden estar relacionadas con productos intermedios y servicios que están basados en el conocimiento
Son ejemplos de KIBS: la contabilidad, la consultoría/ asesoramiento en gestión, los servicios de ingeniería técnica, actividades de I+D, el diseño, actividades relacionadas con las TICs, los servicios legales y los financieros.

El techo de la productividad y la rentabilidad del conocimiento en las KIBS

Las KIBS, tal y como predijo P. Drucker hace ya más de medio siglo, se enfrentan al reto de la productividad. Los modelos más avanzados de servicios intensivos en conocimiento no son ni de lejos tan rentables como otros modelos más tradicionales. Y la principal causa es que su capacidad productiva pasa por las personas que desarrollan o prestan esos servicios. Si pensamos en una gran consultora (es aplicable también a una ingeniería, escuela de negocio...), vemos que su modelo pasa por el excelente servicio que puedan desempeñar sus integrantes. La rentabilidad, para poder competir en precio, pasa por vender servicios a precio "senior", que serán llevados a cabo por equipos integrados por uno/ s pocos profesionales senior y otros no tan senior. El valor añadido en su mayor parte vendrá de los más expertos, pero no se puede obtener un margen si desarrollan toda la actividad. Así que ciertas tareas más operativas y mecánicas, en teoría de menos valor, son desempeñadas por jóvenes promesas.
Se trata de un modelo piramidal en el que se producen dos fenómenos simultáneos:
- Por un lado, la parte alta de la pirámide ostenta el cuerpo de conocimiento y las habilidades que

constituye el núcleo de la propuesta de valor de este tipo de firmas. Deben simultanear su actividad con la de transferencia de conocimientos y conformación de nuevo talento, a través de un *mentoring* sistemático.

- Por otro, la misma cúspide disfruta de unos salarios y condiciones más ventajosas. Un estatus poco sostenible en capas inferiores y que fluctúa en función de la demanda. Dado que las horas de talento aplicado al servicio de los clientes no se pueden almacenar para cuando hay más demanda. Y si hay exceso de esta última, se produce un cuello de botella por el límite de capacidad.

Dicho en pocas palabras, las KIBS tienen un techo de productividad y por ende de rentabilidad. Dicho límite está en las horas que como máximo puede producir personal con talento suficiente en la actividad que sólo aquellos pueden desempeñar. Unas tareas que requieren de un conocimiento tácito y aplicación expertas.

El "efecto sobre-nube®" (over-cloud®)

Esa realidad tiene su cara en otras formas de actividades intensivas en conocimiento que sí son altamente rentables (Knowledge Intensive Highly Profitable, KIHP).
La clave de usar conocimiento, encontrar la forma de aplicarlo sistemáticamente para producir algún producto o servicio que sea escalable y no desempeñado por personas one- to- one es lo que bautizamos por "efecto sobre nube®". Y es que metafóricamente, encontrar ese modelo de negocio intensivo en conocimiento, equivale a ver el sol cuando el avión atraviesa las nubes que en tierra hacían un tiempo frío, lluvioso y oscuro.

Vemos algunos ejemplos:
- La industria del audiovisual cuando se generan productos (p. ej. películas) excelentes.
- La industria de las ideas extraordinarias en forma de libros.
- Modelos de Negocio que agregan ideas brillantes para crear ventajas competitivas temporales. Pueden tener o no un producto asociado. Y algunos ejemplos son: el iPhone de Apple, el buscador Google...

Pero también hay ejemplos mundanos, tangibles, que parten de los mismos principios. Así podemos nombrar alguna industria como la de fabricación de vehículos, dotados de una alta carga de valor intangible como es Mercedes; otra es la de textiles, como Folartec; o Nestlé y su cafetera Nespresso. Sin duda alguna se trata de productos tangibles, que incorporan conocimiento de primer nivel tecnológico y un modelo de negocio exitoso.

¿Cuáles son los factores críticos de éxito de todos ellos?
Los que siguen son algunos elementos necesarios, pero no suficientes para el éxito. Y es que en negocios, hay factores incontrolables, grandes dosis de fe de los emprendedores y tal vez suerte.
- Uso intensivo y excelente de conocimiento como factor de competitividad
- Los modelos de negocio correctos para asegurar la ventaja competitiva sostenible durante un período de tiempo suficiente para garantizar una alta rentabilidad
- Organizaciones capaces de entender las oportunidades de los cambios del entorno, aprovechar las fuentes de conocimientos y aplicarlos de forma adecuada (innovadoras)
- Nuevas formas de producir basadas en la escalabilidad y sistematización de talento aplicado

La paradoja del modelo bazar

Siguiendo las ideas anteriormente introducidas, se plantea lo que en Avanzalis hemos venido a llamar como "la paradoja del modelo bazar[1]". Consiste en que se dan dos situaciones aparentemente contradictorias, pero que no lo son:
Una gran idea debe superar la barrera de masa crítica de clientes o usuarios (*tipping point*[2]), para que se convierta potencialmente en un éxito comercial que pudiera llegar a ser una KIHP. Una forma de conseguirlo es abrirla, compartir su código, para que las comunidades de usuarios las adopten, mejoren y mantengan.
Así, lo que podía ser un "producto" que sostuviera un modelo de negocio escalable y altamente rentable, se convierte de un día para otro en un modelo de código abierto, donde las fuentes de ingresos se basan en los servicios profesionales (horas) alrededor del producto gratuito. Y, como ya se ha comentado antes, parece que este segundo modelo, tipo KIBS, tiene una limitada productividad y rentabilidad.

Un caso claro de este punto es la compañía EyeOS.

La neoindustria

Al principio del artículo mencionábamos la necesidad de una industria fuerte para una economía que quiera ser avanzada.
El desarrollo económico en el s. XX vino de la mano de la industrialización. De tal modo que se usan como

[1] En referencia al artículo "La catedral y el bazar" de E. Raymond
[2] El tipping point en referencia al libro de Malcolm Gladwell, viene a ser el punto de inflexión a partir de cual un producto, persona o cosa pasa a ser un fenómeno social

sinónimos economía desarrollada o industrializada.

En el s. XXI el siguiente escalón a subir es la economía del conocimiento o avanzada. Una economía en la que lo que marcará el éxito de una región es la cantidad de empresas Intensivas en Conocimiento Altamente Rentables (KIPH).

Parece ser que la palabra industria tiene su origen etimológico en "in" (dentro) + "sturere" (construir). En la era del conocimiento, poner un nombre a este tipo de actividades KIPH, seguramente nos ayudará a estructurar más esta disciplina y avanzar en su práctica.

Dejamos para otro artículo analizar ¿cuáles son las condiciones para que florezcan KIPHs? ¿qué podemos hacer para ayudar a las empresas a transformarse en KIPHS?

José Carlos Ramos es Doctor en Organización de Empresas, Ingeniero Superior en Telecomunicación y MBA Executive. Ha publicado diversos libros y artículos en gestión y dirección de empresas.
En la actualidad es socio director de Avanzalis Knowledge Associates, donde lidera iniciativas de desarrollo de negocio para organizaciones nacionales e internacionales. Actividad que compagina con la de Profesor Asociado de la Universidad de Barcelona y colaborador en la formación ejecutiva en ESADE Business School.

avanzalis knowledge associates
Proyectos Estratégicos de Negocio

8 DISEÑO. PARTE A. SENSIBILIZACIÓN, PRIMERA VISIÓN Y DIAGNÓSTICO

8.1 INTRODUCCIÓN

La planificación de la iniciativa estratégica es una etapa importante en un proyecto de alto impacto de negocio, ya que ayuda rápidamente a la organización a orientarse con el enfoque deseado.

Basados en la visión de la alta dirección y los objetivos que sirvan para alcanzarla, se identifican las necesidades que ayudarán a la compañía a establecer los criterios para elegir qué tipo de cambio planea seguir.

En algunas ocasiones la iniciativa estratégica de negocio puede ser una planificación estratégica en sí misma. Esto es, un proceso de reflexión y diseño del camino a seguir por la firma detallando valores, misión y visión, así como el plan de acción para alcanzar los objetivos de negocio. Pero no dejaría de ser un caso particular de un proyecto estratégico de negocio y todo lo que sigue aplica tanto para ese caso, como para cualquier otra aventura de alto calado en el negocio. En el capítulo "Consiguiendo un proyecto", se han enumerado otros proyectos que podríamos ofrecer dentro de nuestro portafolio estándar, como consultora estratégica de negocio.

De esta etapa se obtiene un entregable clave de la planificación de la iniciativa estratégica. Se trata del caso de negocio, que permite establecer el alcance del proyecto, por medio de la designación e identificación de los recursos críticos para ello. El objetivo del caso de negocio es convencer a la alta dirección de la necesidad de la iniciativa y los beneficios que comportará para lograr así su compromiso con la misma.

Pueden darse dos posibles escenarios durante la fase de iniciación de un proyecto estratégico.

a) Que el Director General o Gerente de la empresa esté convencido de la necesidad de realizar un proyecto de gestión de conocimiento y éste sea iniciado por él/ ella. Podría decidir formar parte del equipo o contratar a un consultor externo que pueda servir de soporte en el equipo de trabajo. En cualquier caso, el ejercicio de la recopilación de la información será más fácil y obtener la aprobación de la alta dirección será mucho más sencilla.

b) Que un mando intermedio o alto directivo de la organización promueva el proyecto. En este caso el éxito del proyecto estará sujeto a obtener el apoyo de la alta dirección. Por lo tanto, el enfoque en la fase inicial del proyecto será en la creación de un alto grado de conciencia y conseguir el respaldo por parte de la alta dirección.

Los módulos de este apartado sirven por igual en ambos casos, sin embargo las actividades y el enfoque pueden diferir. Los pasos a seguir serían:

- Conseguir el apoyo de la alta dirección, para proporcionar liderazgo al PEN
- Vincular la estrategia corporativa. Incluye el identificar los factores críticos de éxito
- Análisis de los recursos y capacidades críticas
- Evaluar la resistencia al cambio. Para ello es crítico identificar correctamente a los distintos grupos de interés
- Desarrollo del caso de negocio para la iniciativa estratégica de negocio
- Obtener la aprobación de la alta dirección

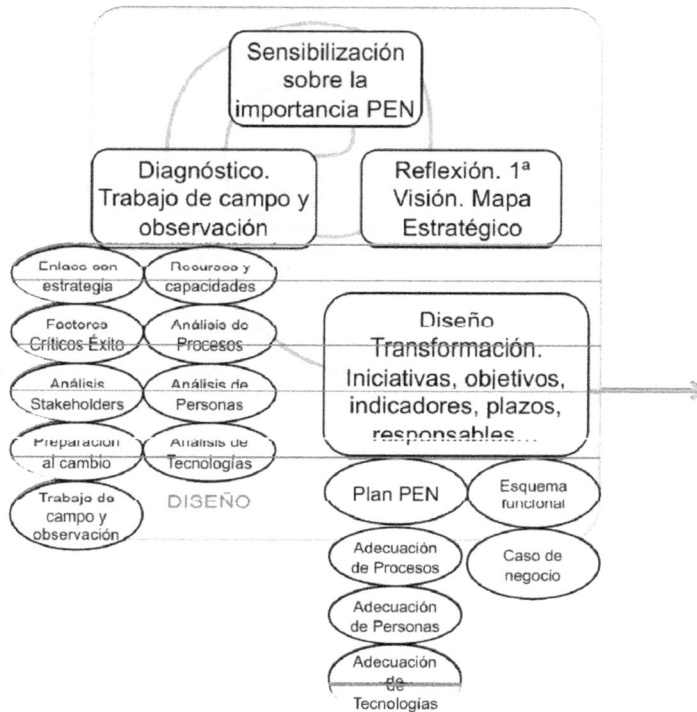

Figura 16. Etapa de diseño de la iniciativa estratégica de negocio

Tal y como muestra la figura, los tres primeros pasos son: sensibilizar, esbozar una primera visión suficientemente buena como para empezar a trabajar y, realizar un diagnóstico de la situación de partida. Se trata de un proceso iterativo entre estos tres elementos. Pues no es fácil proyectar a dónde queremos ir si no entendemos bien la solución planteada y el problema que la ha inducido. Así mismo, hacer un diagnóstico, que se supone va después, puede aportar muchas ideas a la hora de dibujar la visión. Es por ello que se ha representado ese núcleo de tres acciones iniciales con una espiral de interacciones.

Una vez dibujada esa primera visión, en forma de mapa estratégico sencillo y hecho el diagnóstico, se podrá pasar a desarrollar el diseño de la transformación, que implementa el camino para llevar a la empresa hasta la situación deseada.

138

La siguiente tabla resume los subapartados de esta etapa que se desarrollan a continuación, detallando las actividades que comprende.

MÓDULO	ACTIVIDADES
Proporcionando Liderazgo	Conocer al Director Ejecutivo (CEO), Gerente (MD), Alta dirección.
	Sensibilizar y familiarizar al equipo de la iniciativa con el pensamiento estratégico
	Organizar sesiones de trabajo, realizar entrevistas.
	Análisis
Vinculando la Iniciativa Estratégica de Negocio con la Estrategia Corporativa	Identificar la visión y los objetivos de la Iniciativa
	Identificar los factores críticos de éxito
	Vincular la estrategia a los factores críticos de éxito, las necesidades de mejoramiento y las personas y procesos clave
	Desarrollar el Mapa Estratégico de la Iniciativa
Análisis de las Capacidades	Determinar las capacidades actuales y las deseadas
	Identificar los activos críticos
	Analizar la infraestructura de las capacidades
Evaluación del riesgo y disposición al cambio	Evaluar el grado de preparación al cambio.
	Análisis de los grupos de interés (stakeholders)
	Explicación de la necesidad de la Iniciativa Estratégica
	Descripción del Proyecto
	Proporcionar el detalle de la solución
Desarrollo del caso de la iniciativa	Desarrollo de indicadores de medición de desempeño y planes de evaluación
	Determinar los recursos y requerimientos financiación
	Desarrollo del plan de educación y generación de conciencia
	Determinar el calendario de implementación.
Obtener la aprobación de la alta dirección	Mejorar la sensibilización e implicación del grupo ejecutivo
	Presentar la propuesta de Iniciativa Estratégica de Negocio
	Capacitar al equipo de la iniciativa
Análisis y potenciación de procesos	Analizar determinados procesos de negocio, con el fin de en-tender su funcionamiento y relaciones con las personas y los sistemas
	Identificar las brechas, en la ejecución de procesos de negocio y así

MÓDULO	ACTIVIDADES
	saber cuáles son los requerimientos del PEN
Análisis y potenciación de personas	Entender qué perfiles son clave en la organización, como se relacionan las personas y qué conocimientos sostienen
Análisis y potenciación de las tecnologías	Identificar las tecnologías que permiten la automatización de procesos y la mejora de la eficiencia. Entender cómo potenciarlas para llevar a la organización a donde la visión del PEN demanda
Proveer el esquema funcional de la solución	Resumir todos los aspectos de la solución en un mapa y diagrama funcional

Tabla 3. Detalle de tareas a desarrollar en la etapa de diseño de la solución

8.2 PROPORCIONANDO LIDERAZGO

En todos los casos de éxito el denominador común es un claro liderazgo por parte de una o más personas con capacidad de decisión en la organización. Individuos que defiendan activamente el programa establecido para llevar a cabo la iniciativa. Por ello, la primera tarea crítica para un facilitador es entender el pensamiento corporativo y obtener el compromiso por parte de la alta dirección para llevar a cabo la iniciativa. Debido a que la colaboración de la consultoría puede afectar a casi toda la organización y modificar programas y políticas corporativas, el soporte y apoyo de la alta dirección es indispensable. Por lo tanto, la primera etapa del facilitador es conocer a la alta dirección de la empresa.

8.2.1 Conocer al Director General (CEO), Gerente (MD), Alta Dirección.

El propósito de la reunión con la Dirección es crear un entendimiento común sobre la facilitación del proceso de colaboración, mostrar la necesidad de la iniciativa y obtener la aceptación preliminar, para así explorar la posibilidad de llevar a cabo la iniciativa estratégica de negocio. Esto ayudaría a que el consultor, como agente del cambio, conozca el grado de apoyo disponible por parte del resto de la dirección y en consecuencia la planificación del proyecto.

Esta reunión se propone como una sesión exploratoria para decidir si la organización quiere apostar por la colaboración y cuál es el nivel de inversión que la dirección está dispuesta a hacer.

Si hay un compromiso inicial por parte de la dirección, entonces el proyecto se puede iniciar. Sin embargo, si se muestra poco interés por parte de la dirección entonces se debe emplear más tiempo convenciéndolo acerca de la necesidad de la facilitación de la iniciativa por parte de la consultora.

Algunas preguntas para discutir durante la reunión podrían ser:

1. ¿La iniciativa estratégica de negocio propuesta juega un papel importante en su negocio?

2. ¿Cómo organización necesita una transformación en los términos planteados por la iniciativa de una forma sistemática?

3. ¿Cuál es la visión, estrategia y objetivos de la organización en la actualidad?

4. ¿Cuáles son las principales inquietudes y prioridades? ¿Y los factores críticos de éxito para cumplir los objetivos asociados a las mismas?

5. ¿Cuáles son los procesos clave que están involucrados en el logro de los factores críticos de éxito?

6. ¿Quiénes son las personas claves involucradas?

7. Basado en la estrategia corporativa y visión de la organización, ¿cuál debería ser la orientación de la Iniciativa Estratégica de Negocio? Se puede escoger entre alguna de las siguientes estrategias genéricas:

   - Replanteamiento de toda la actividad de negocio por evolución competitiva
   - Reposicionamiento en el mercado, incremento de cuota, mayor protagonismo…
   - Transformación de productos y servicios
   - Respuesta específica a un cambio en el entorno
   - Necesidad de actualización
   - Cambio en la estructura organizacional no acorde con la nueva realidad de la organización

8. ¿Estamos preparados para invertir tiempo y recursos en la iniciativa?

8.2.2   Importancia del papel del Director General (CEO)

El papel del CEO puede variar desde un apoyo pasivo, hasta una participación activa a través del liderazgo, donde el CEO personalmente toma el papel principal en la elaboración de la iniciativa. El grado de implicación puede afectar considerablemente la planificación del proyecto. Por ejemplo si sólo hay un soporte pasivo del CEO, entonces el facilitador tendría que invertir tiempo y recursos significativos para demostrar el valor de la colaboración y además debe ayudar a la alta dirección, mandos intermedios y trabajadores a entender la necesidad que tiene para la organización la transformación propuesta en la solución y mostrar los beneficios existentes.

Sin embargo, si la alta dirección ha comprado la idea, entonces actuará como un verdadero agente de cambio y el consultor se podrá concentrar en la planificación y establecimiento de los detalles del proyecto.

8.2.3 Sensibilización del equipo de iniciación

Una vez se obtiene el compromiso inicial por parte de la alta dirección, el siguiente paso es conformar un pequeño equipo de trabajo, que va a dirigir las actividades de la iniciativa en la organización. Este equipo debe estar compuesto por personas clave en la empresa. El número de miembros dependerá del tamaño de la organización. Sin embargo se recomienda que el tamaño del grupo debe ser pequeño, el cual podrá variar entre una a ocho personas.

Un integrante fundamental de este equipo será el "agente de cambio". ¿Quién es el agente del cambio? (nos referiremos a agente de cambio y facilitador estratégico indistintamente)

"Un agente de cambio es la persona responsable de los procesos de cambio y la incorporación de las principales herramientas de la gestión del cambio en un plan organizado y sistemático de implementación".

En el escenario óptimo, cuando hay una alta implicación de la dirección con la iniciativa, el agente del cambio puede ser un alto directivo o un staff quien inicie el proyecto, ya que está convencido de la necesidad de aplicar la iniciativa de alto impacto en el negocio.

Los miembros del equipo deben conocer y entender los conceptos de la iniciativa estratégica de negocio. La responsabilidad de dirigir y crear conciencia sobre la misma y como ésta beneficia a la organización, recae sobre el agente de cambio.

A su vez los miembros del equipo de trabajo servirán a la organización como consultores internos de la iniciativa y llevarán a cabo un análisis detallado del negocio. De esta forma se identificarán las áreas de negocio y los procesos en los que se enfocarán, como parte de la transformación que la solución implique.

8.3 ENLACE CON LA ESTRATEGIA CORPORATIVA

Una iniciativa de alto impacto en el negocio, determinará una serie de objetivos a alcanzar, que se plasmarán en un conjunto de líneas de trabajo en distintos ámbitos funcionales, áreas geográficas y niveles jerárquicos de la organización. La estrategia tiene que ver con una dimensión a vista de pájaro del negocio, incluso una perspectiva independiente del negocio, que permita observarlo desde fuera. Esta es la única manera de poder ver oportunidades de la globalidad del negocio, plantearse decisiones que le afecten por entero como ver la rentabilidad de otros mercados o actividades; y tomar decisiones como diversificar, cerrar la actividad o iniciar otras alternativas.

Por obvias razones, las necesidades del día a día del negocio son el punto de partida para desarrollar cualquier iniciativa estratégica, y éstas no se pueden abandonar sin más, para alcanzar una nueva visión. En pocas palabras, no podemos dejar de producir, vender y atender a los clientes cuando nos planteamos una iniciativa estratégica.

Este capítulo nos muestra como diseñar un mapa de ruta que contiene las siguientes coordenadas y rutas:

-   Una compañía tiene que saber qué tipo de valor ofrece y cómo llevar a cabo su misión. Es lo que denominamos el "objetivo inicial". Con bastante probabilidad, el proyecto estratégico a llevar a cabo va a modificar esos planteamientos en mayor o menor medida.
-   Igual de importante es saber de dónde se parte y con qué se cuenta de la forma más precisa y fiable posible. Es lo que denominamos el "punto de partida".
    Nuestra misión, como consultores, en este momento, es dibujar sobre el mapa de los negocios y con la máxima precisión posible, la dos coordenadas anteriores. Ello nos

muestra una ruta que se está siguiendo en la actualidad. Eso es la "estrategia de continuidad", ni más ni menos que un camino que se diseñó anteriormente.

Si estamos en la organización es porque aquellos viejos objetivos ya no están en sintonía con lo que se desea hacer ahora. Dicho de otra forma, si los resultados de la compañía no son los deseados, seguir actuando de la misma forma no variará en nada esa situación, por lo que se debe emprender un nuevo rumbo.

- De nuestra interpretación objetiva de las inquietudes e ideas de la dirección, podremos deducir unos "objetivos nuevos", que también visualizaremos en el mapa. Para tener una éxito en su consecución no podemos olvidar la trayectoria actual y tomar un nuevo rumbo sin más ("estrategia ideal"). Eso sería posible en una start-up, pero no una firma con clientes y compromisos adquiridos. Así pues, la implementación de la iniciativa estratégica de negocio pasa por un programa de cambio que, partiendo de la situación actual va modificando el rumbo respecto a la situación de partida, para converger en los nuevos objetivos. Ese nuevo camino es la planificación de nuestra iniciativa estratégica de negocio.

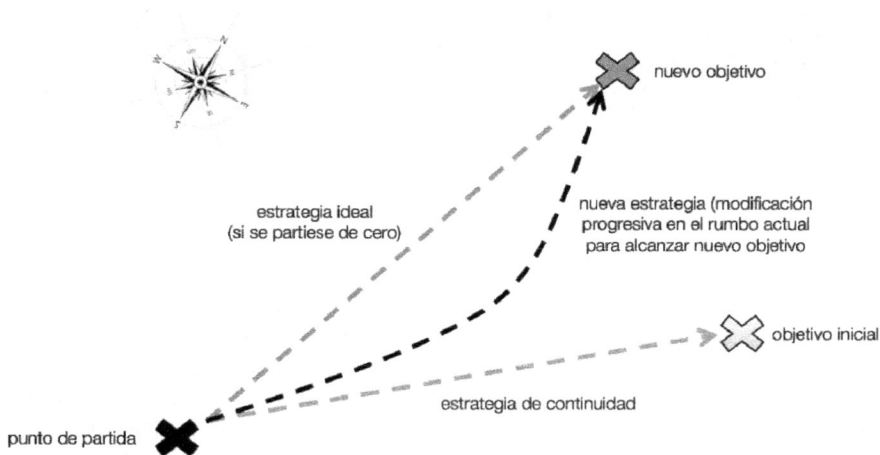

Por lo tanto, esta etapa ayudará al equipo de trabajo de la iniciativa a enfocarse en las áreas de negocio o procesos que mejor ayudarán a alcanzar esos objetivos. Para empezar a comprender este mapa holístico, el grupo debe empezar a abordar las siguientes preguntas importantes:

- ¿Cuáles eran la visión, estrategia y objetivos de la organización hasta ahora?
- ¿Qué nuevos objetivos queremos alcanzar?
- ¿Cuáles son los productos o servicios críticos que afectan el rendimiento de la organización?
- ¿Cuáles son los factores de éxito críticos de la organización?
- ¿En qué áreas la competencia obtiene mejores resultados?
- ¿En qué áreas los competidores están alcanzando a la organización?
- ¿Dónde se puede mejorar la satisfacción de los clientes?
- ¿Cuáles son los principales problemas que enfrenta la organización?

144

Las respuestas a muchas de estas preguntas, son fáciles de localizar en el plan de negocio anual de la empresa, como por ejemplo: las declaraciones de la visión, reportes anuales, comunicados de prensa y entrevistas ejecutivas, declaraciones del alcance del plan, análisis DAFO, presentaciones en la bolsa de valores, número de agencias y cualquier otro tipo de documento en el que se discutan la futura dirección y posición en el mercado de la empresa.

Sin embargo, si no está documentado, entonces el equipo deberá emplear algún tiempo recopilando información para poder encontrar dichas respuestas.

8.3.1 Organizar una Sesión Ejecutiva (Executive Briefing)

Una buena forma de comenzar la discusión sobre la orientación estratégica y el alcance del proyecto estratégico de negocio, es organizando una sesión ejecutiva de trabajo. Un encuentro al que asisten ejecutivos de la alta dirección, los cuales están familiarizados con las operaciones comerciales y son responsables de los factores críticos de éxito identificados por el CEO. Es fundamental involucrar gerentes de diferentes departamentos, puesto que la iniciativa estratégica toca muchas de las áreas de la organización y desarrolla e implementa actividades. Además, su participación desde el inicio es la mejor garantía de éxito de la colaboración.

Se trata de una aventura multidisciplinaria que requiere coordinar los esfuerzos de varios departamentos y funciones. Algunos de los participantes son: Director General, Director Comercial, Director de Operaciones, Director de Finanzas y Director de RRHH.

El taller ejecutivo usualmente tiene una duración de la mitad de una jornada. Es una reunión de ejecutivos de alto nivel ideada para:

- Introducir los conceptos y marcos de trabajo a un nivel estratégico

- Dar a conocer la necesidad de la iniciativa estratégica de negocio que se va a abordar

- Establecer los objetivos y las prioridades del proyecto

La programación del taller con las preguntas claves y lecturas de material de referencia deben ser distribuidos con antelación.

El agente de cambio debe coordinar el taller y estructurar los conceptos a trabajar, además de explicar las necesidades de aplicar la iniciativa estratégica de negocio. Este líder debe tener en cuenta las siguientes cosas:

- ¿Qué aportaciones del Management como disciplina que estudia la gestión de los negocios pueden ser útiles para la organización?

- ¿Qué es el cambio y cómo se lleva a cabo?

- Breve revisión del las iniciativas de cambio de alto impacto en organizaciones en el mundo real

En el capítulo de "Fundamentos del Management" se describen numerosas aportaciones en detalle y es una buena referencia para preparar el taller ejecutivo.

Algunas de las preguntas claves que deberían debatirse durante el taller son:

- ¿Dónde estamos en este momento como organización? La estrategia, misión y valores de la empresa
- ¿A dónde queremos llegar? Visión, objetivos y logros
- ¿Cuáles son las prioridades? ¿Habilitadores clave, factores críticos de éxito?
- ¿Qué medida es la más adecuada para aprovechar dichos factores críticos de éxito?
- Para cada uno de los factores críticos de éxito, ¿quiénes son las personas claves?
- ¿Cuáles son los procesos involucrados con la obtención de estos factores críticos de éxito?
- ¿En cuales áreas los competidores obtienen mejores resultados o están alcanzando a la organización?
- ¿Cuáles son los principales problemas que debe enfrentar la organización?
- ¿Cuáles son las competencias clave que nuestra organización necesita adoptar, durante los próximos cinco años para ganar o mantener la ventaja competitiva?
- ¿Cuáles son los activos intangibles clave de la organización?

Factores críticos de éxito

Los factores críticos de éxito han sido definidos por Rockart en su artículo HBR en 1979, como aquellas áreas a las que se debe prestar especial y continua atención, para de esta forma obtener un mayor rendimiento. Los factores críticos de éxito típicos son:

- Atraer nuevos clientes

- Destacado servicio al cliente

- Costo de servicio bajo

- Generar interés en los consumidores potenciales (Lead Generation)

- Bases de datos de clientes

- Relaciones Estratégicas

Necesidades de Mejora

Una de las formas de identificar las necesidades de mejoramiento, es hacer una lista de las áreas de desempeño más importantes de la organización en relación con los principales competidores. Algunos ejemplos de las áreas de desempeño son:

- Calidad del servicio

- Costos

- Cuota de mercado

- Rendimiento de los activos

- Satisfacción del Cliente

- Crecimiento

La discusión de estos aspectos le dará al equipo de trabajo de la iniciativa estratégica de negocio, los datos suficientes para establecer la nueva visión, estrategia y objetivos de la organización, los factores críticos de éxito, las áreas de negocio y las personas relacionadas con ello.

8.3.2   Realizar entrevistas individuales y observación

A veces es difícil iniciar el taller con los altos directivos de la empresa. Se puede romper el hielo con una tormenta de ideas (brainstorming) acerca de las preguntas anteriormente formuladas. El equipo podrá utilizar el análisis DAFO, como una técnica útil para identificar sus puntos fuertes (competencias básicas), debilidades y oportunidades (mejora de las necesidades) y fortalezas y amenazas (factores críticos de éxito). Esta herramienta está descrita en detalle más adelante en este apartado.

Después de realizar la tormenta de ideas deberá entrevistar a los altos ejecutivos y personas clave de la organización que hayan sido identificados y que vayan siendo sugeridos a lo largo de los contactos, haciéndoles las mismas preguntas. Puede utilizar las preguntas anteriores o modificarlas para adaptarlos al tipo de industria o mercado, pero debe conservar la misma esencia y registrar los resultados.

Las respuestas deben desglosarse, de acuerdo con las siguientes categorías:

- Visión, estrategia y objetivos
- Factores críticos de éxito
- Necesidades de mejora
- Procesos claves
- Personas claves

Las respuestas se deben añadir a la lista inicial de la tormenta de ideas. Éstas deben priorizarse en orden numérico o siguiendo las siguientes categorías:

- Crítica
- Muy Importante
- Importante
- No importante

8.3.3 Análisis DAFO

El análisis de Debilidades, Amenazas, Fortalezas y Oportunidades (DAFO, o SWOT de sus siglas en inglés) consiste en identificar "qué es", "dónde está" la organización hoy en día. Tal y como se vio en el capítulo introductorio esta herramienta permite llevar a cabo un profundo estudio de las fuerzas internas y externas de la organización. En el análisis interno se estudian las fortalezas y debilidades, y en el análisis externo se estudian los factores que pueden afectar positiva o negativamente el futuro de la organización, a esto se le llama oportunidades y amenazas. Este análisis es una evaluación realista de cómo está la organización actualmente, y hacia dónde se quiere ir.

Como parte del análisis, se determinan las fortalezas, debilidades, oportunidades y amenazas de su organización o división. Se describen las implicaciones en el contexto de la iniciativa a llevar a cabo, para encontrar una estrategia que describa lo que se quiere lograr.

Definición

- Fortaleza: Es cualquier recurso o capacidad existente o potencial dentro de la organización, que proporcione una ventaja competitiva en el mercado.
- Debilidad: Es cualquier fuerza interna existente o potencial, que pueda servir como barrera para mantener o lograr una ventaja competitiva en el mercado.
- Oportunidad: Es cualquier fuerza existente o potencial del ambiente externo, que pueda ser correctamente explotado, que proporcione una ventaja competitiva en el mercado.
- Amenaza: Es cualquier fuerza existente o potencial del ambiente externo, que pueda obstaculizar el mantenimiento o el logro de una ventaja competitiva.

Auditoría Interna

Los siguientes factores deben ser utilizados para dirigir la auditoría interna y así encontrar las fortalezas y debilidades.

- El estado de cada una de las áreas de negocio de la organización y los recursos que no han sido explotados. Una tabla como la que se encuentra abajo puede ser utilizada para recopilar esta información.

	FACTORES CRÍTICOS DE ÉXITO	NECESIDADES DE MEJORAMIENTO (estado actual)
1.		
2.		
3.		
4.		
5.		

- El perfil estratégico de la organización, especialmente su nivel de creatividad y los niveles usuales de toma de riesgos y su aproximación con la competencia.
- Los recursos del sistema para ejecutar las diferentes estrategias, que ha seleccionado la organización, para lograr su misión, incluyendo su estructura y gestión del talento.

- Un análisis de su actual estructura organizativa.

Preguntas a realizar

Fortalezas (análisis del ambiente interno)

¿Qué fortalezas son únicas en nuestra división?

¿Qué fortalezas son únicas en nuestra compañía?

¿Qué es verdaderamente distinto de nuestra empresa?

¿Qué diferencias existen entre nosotros y nuestra competencia?

¿Cuáles son nuestros factores (drivers) de valor claves?

¿Qué tiene mayor influencia sobre nuestra evaluación de acciones?

Debilidades

¿Qué recursos y capacidades hacen falta?

¿Qué habilidades nos hacen falta?

¿Qué sistemas necesitamos cambiar?

Hoja de trabajo del análisis interno

Área Analizada:

_____ Toda la Organización

_____ Área de Negocio

_____ Proceso de Negocio

FORTALEZAS   **DEBILIDADES**

Auditoría Externa

El equipo de Iniciación debe estudiar los competidores, los proveedores, el mercado, los clientes, las tendencias del mercado y las regulaciones del gobierno en todos los niveles que puede afectar a la organización tanto positiva como negativamente. Esta información debe incluir tendencias actuales y futuras.

El equipo de Iniciación puede llevar a cabo un completo análisis PEST (ver capítulo de Fundamentos del Management). Para comenzar puede ser válido examinar los siguientes entornos:

- Entorno Industrial: Necesitan hacer seguimiento de lo que está ocurriendo en su sector industrial. Los factores que pueden ser considerados incluyen las posibles modificaciones en la estructura industrial, cambios en la tecnología, introducción de nuevos productos o servicios, apertura a nuevos mercados, etc.

- Entorno de la competencia: Uno de los conjuntos más importantes de información son en el análisis de los competidores, cuáles son sus perfiles organizacionales que se encuentran en el mismo negocio o que apuntan para el mismo segmento de mercado.

Hoja de trabajo del análisis externo

Área Analizada:

_____ Toda la Organización

_____ Área de Negocio

_____ Proceso de Negocio

AMENAZAS   **OPORTUNIDADES**

Preguntas a realizar

Oportunidades (análisis del ambiente externo)

¿Qué servicios adicionales se le puede ofrecer a los clientes actuales?

¿Qué nuevo mercado deberíamos investigar?

Amenazas

¿Quiénes son nuestros competidores actuales?

¿Qué nuevas compañías se podrían poner en marcha?

¿Qué factores externos pueden causarnos preocupación?

8.3.4 Análisis de procesos de negocio

Como se ha enfatizado anteriormente, la iniciativa que transformará la organización necesita estar vinculada con los principales desafios del negocio y las oportunidades que tiene la firma. El taller ejecutivo y las entrevistas permiten que el equipo de trabajo de la iniciativa estratégica tenga una idea clara de la nueva visión de la compañía, asociado a las oportunidades y retos.

El equipo de la iniciativa a continuación debe vincular cada uno de los aspectos más importantes de la estrategia de la empresa con las oportunidades y las necesidades de mejora de la empresa, los factores críticos de éxito y los procesos y personas claves de la organización. Para ello, el equipo puede utilizar un análisis de los procesos de negocio clave. Para ello se puede utilizar la cadena de valor de la actividad. El esquema de clasificación de procesos universal (ver Anexos) es una excelente referencia para determinar los procesos en los que se deberían enfocar.

Basados en los datos recolectados, el equipo de trabajo debe intentar vincular cada uno de los factores críticos de éxito con un parámetro medible. No se puede negar que la medición del impacto de una iniciativa estratégica es una de las tareas más difíciles. Sin embargo, casi todos los programas exitosos de transformación tienen en común que se han identificado los vínculos definidos para la propuesta de valor, los objetivos y el impacto en forma de beneficios para el negocio. Por lo tanto, es importante que se establezcan indicadores de medición correctos desde el inicio del proyecto.

8.3.5   Seleccionar el área de negocio y los procesos clave en los que se van a enfocar

Es importante que los esfuerzos de la iniciativa estratégica de negocio, estén basados en un conjunto de objetivos claros, para así empezar poco a poco en un ámbito acotado y probar que funciona. Lo ideal es probar la actualización en los procesos y los cambios culturales a pequeña escala. Luego se redefine o perfecciona y se aplican técnicas a los problemas y mejoras encontrados extendiéndolo a toda la organización.

El siguiente paso es, por tanto, seleccionar el área de negocio o proceso, dónde la iniciativa debería empezar.

Caso en cuestión

El objetivo de la mayoría de las aerolíneas es incrementar su rentabilidad. El factor crítico de éxito para una aerolínea es mantener sus aviones en el aire el mayor tiempo posible.

Una aerolínea concreta identifica que su necesidad de mejora es "reducir el tiempo de respuesta en tierra, en la puerta de salida o en el hangar de mantenimiento", es decir, dar fácil acceso a la documentación, para que el mecánico pueda reparar rápidamente el avión. En este caso, la aerolínea tiene la necesidad crucial de concentrar sus recursos en la búsqueda, recolección y obtención de la información necesaria y útil, que sea de fácil acceso para los mecánicos, para que de esta forma puedan cumplir con su objetivo, de mantener en tierra el menor tiempo posible a los aviones.

Las actividades realizadas hasta el momento, le han dado al equipo de la iniciativa una buena comprensión acerca de la dirección de la organización, sus problemas, sus fortalezas y desafíos. Con base en el análisis de esta información, el equipo debe identificar el área de negocio o el proceso clave, que tenga un mayor impacto en la organización. El equipo se podría centrar en las siguientes preguntas de diagnóstico como una guía, mientras se mantiene en mente los resultados del análisis del negocio.

¿Cuáles son los mayores cuellos de botella en la prestación de servicios a los clientes?

¿Dónde se encuentran las posibilidades de mejora?

¿Hay ideas emergentes e interesantes dentro de la compañía, pero no son tomadas en cuenta?

¿Qué tiene mayor impacto negativo sobre la satisfacción del cliente?

¿Dónde está la mayor oportunidad para ahorrar tiempo, recursos y dinero?

¿Cuál es la causa principal de los problemas que estamos enfrentando?

¿Dónde hemos perdido terreno recientemente, en comparación con los competidores?

¿Dónde podríamos potencialmente perder terreno?

¿Cómo la información o acceso a recursos del entorno pueden ayudarnos a dirigir este problema u oportunidad?

El equipo puede desarrollar un caso de negocio tratando de identificar el área de negocio en la que se va a enfocar. Así mismo, es recomendable utilizar el esquema de procesos universal como referencia para determinar el proceso en el cual se deberían enfocar. La herramienta esta descrita en el Anexo II.

En el caso de que el nivel de sensibilización o de percepción de la necesidad de la iniciativa sea baja, o que el gerente encargado del área de negocio implicado no haya comprado el concepto, el equipo de trabajo, podrá decidir empezar a ejecutar quick wins (o resultados a corto). Conseguir algunas victorias rápidas ayuda a acelerar en el proceso de convencer a los demás, de los beneficios y las necesidades de una mejora estratégica de negocio.

8.4 ANÁLISIS DE LAS CAPACIDADES CLAVE DE LA COMPAÑÍA

Las dos principales fuentes de rentabilidad de una empresa son, según los economistas:

- lo atractivo de un sector
- disponer de una ventaja competitiva

En el capítulo de fundamentos del Management se usaron conceptos como Recursos y Capacidades Clave, así como de las Capacidades Dinámicas que hacen de las organizaciones entidades más competitivas.

Cabe hacer una breve explicación sobre la diferencia entre competencias y capacidades. Estos conceptos serán usados a nivel organizacional, pero son fácilmente entendibles en su dimensión individual.

Podemos entender que una persona que aprende conceptos de conducción, competiciones y que practica mucho, desarrolle unas competencias clave en el ámbito de la Fórmula 1.

También vemos claro que, por muchas competencias que tenga una persona, que le podrían llevar a ser un excelente piloto, si no cuenta con un coche, un equipo y participa en el campeonato, jamás podrá desarrollarlas. Es decir, una persona puede tener competencias, pero no las capacidades para ser un piloto campeón de F1.

El virtuosismo de una empresa excelente probablemente reside en el matiz que distingue entre competencia y capacidad. Y es que la capacidad comporta inherente el poder llevar a la práctica esa competencia. Para ello debe validar la propuesta de valor con el mercado y el cliente, ejecutar la planificación salvando los contratiempos y variaciones que se darán en la realidad, y todo ello usando y gestionando unos recursos óptimos que permitan una rentabilidad.

Teece denomina Capacidades Dinámicas a aquellas que podrían explicar la forma en que ciertas empresas mantienen una ventaja competitiva sostenida en el tiempo, como es el caso de Apple, GE u otras. Las capacidades dinámicas son el resultado de que la dirección estratégica adapta, integra y reconfigura las habilidades organizativas internas y externas, los recursos y las competencias funcionales para enfrentarse a los requerimientos de un entorno competitivo dinámico.

La globalización y el ritmo al que las empresas son capaces de imitar a otras y entrar en industrias interesantes hacen que la estrategia basada en lo atractivo de un sector sea muy efímera. La excepción se da en el caso de una posición dominante[16], los monopolios y los oligopolios (mercados regulados, energéticos o prácticas no permitidas como los cárteles – pactos entre competidores que se reparten un mercado para garantizar la rentabilidad-).

Así pues, hoy en día las empresas deben crear una ventaja competitiva a través del desarrollo y despliegue de recursos y capacidades. Se trata pues de buscar una rentabilidad *ricardiana* (en referencia a David Ricardo, el economista británico del s. XIX). Esto es, una rentabilidad procedente de la explotación con una mayor eficiencia operativa que los competidores, gracias a la posesión de recursos y capacidades específicos superiores a los de éstos.

8.4.1   Recursos y Capacidades Clave

Para entender el impacto que tiene en el pensamiento estratégico las capacidades de una organización y, de acuerdo con el modelo de negocio analizado a través del "canvas", hay que volver a la idea de la formulación estratégica. Convencionalmente, las organizaciones contestan a las pregunta: "¿cuál es nuestro negocio?" en términos del mercado al que se orientan. Así se trata de identificar al cliente y las necesidades que aquel tiene para tratar de cubrirlas.

Sin embargo, en un mundo que cambia a la velocidad de la luz, dicha formulación puede quedar obsoleta en muy poco tiempo, por lo que la alta rentabilidad proviene de iniciativas que cuiden y potencien los recursos y capacidades propios de la empresa. Es esencial para poder aplicarlos de forma óptima en forma de nuevos productos y nuevos mercados.

Caso en cuestión

Un claro ejemplo es la corporación 3M. A partir de papel de lija pasó a fabricar cintas adhesivas, cintas de audio y video, señales de tráfico, productos para el sector sanitario y discos informáticos. Su amplia gama de productos es posible gracias a su dominio de tecnologías del ámbito de las colas, micro- capas para películas y ciencias de materiales soportadas por una extraordinaria capacidad para el desarrollo y lanzamiento de nuevos productos.

Y un ejemplo en sentido contrario es la desafortunada estrategia seguida por Kodak, que obsesionada con mantener su liderazgo en el mundo de la fotografía, invirtió billones de dólares para actualizarse al formato digital. Cuando seguramente podría haber tenido más éxito si hubiese aplicado su excelente know-how en las ciencias químicas a las industrias químicas, farmacéutica o de la salud.

---

[16] El sueño de cualquier empresa es alcanzar un modelo de negocio plataforma que le otorgue una posición hegemónica aprovechando los mecanismos propios del libre mercado. Como ejemplo Apple con su plataforma Apple-Store.

Una entrega esencial de la Metodología es un esquema de recursos las capacidades clave. Se trata de una simple lista jerárquica de los activos clave, dentro de cada área trabajo, que existen en la organización y que se pueden reportar y medir. Así pues, nos referimos a:

- Los recursos, como los activos productivos que tiene una empresa
- Las capacidades, esto es, aquello que la organización puede hacer

Para ello los pasos a seguir son:

- Identificar los recursos y capacidades propios de la empresa.
- Evaluar la importancia de cada uno de cara a proporcionar ventajas competitivas sostenibles
- Evaluar sus fortalezas y debilidades respecto a la competencia. Para ello es necesario un análisis interno y un benchmarking

El esquema de recursos y capacidades clave constituye un puente entre el nivel de la Estrategia y los Objetivos del Negocio, así como la operativa, aplicación al día a día de los principios prácticos, procesos, métodos, herramientas y técnicas.

Recursos clave

Los pasos a seguir para trabajar los recursos clave son:

- Identificar los recursos propios e intransferibles de la empresa.
- Decidir en qué mercados dichos recursos pueden conducir a ganar las mayores rentas.
- Decidir si las rentas procedentes de esos recursos son usadas más eficazmente:
- Por integración horizontal en mercados relacionados.
- Vendiendo el producto intermedio relevante a empresas relacionadas.
- Vendiendo los activos a una empresa en un negocio relacionado

La siguiente tabla presenta algunos de los recursos clave típicos de una organización. Puede complementarse según la actividad de la compañía o área de interés de la iniciativa estratégica de negocio que se lleva a cabo.

Grupo	Tipo
Tangibles	financieros
	activos materiales
Intangibles	
	Marca, reputación
	Tecnologías
	Patentes, derechos de autor
	Conocimiento del mercado, los clientes y proveedores
	Conocimiento sobre los competidores
	Know-how: Conocimiento técnicos de productos y/o servicios Mejores Prácticas
	Otros recursos (p.ej. artísticos)
Humanos	Habilidades y conocimientos (cualificación)
	Políticas de desarrollo y gestión por competencias:
	Equipo directivo (track record)
	Cultura organizacional: valores normas y políticas

Tabla 4. Recursos clave típicos en una organización

En el caso de los recursos tangibles, no se trata tanto de valorarlos como activos de la compañía, como de estimar el potencial para crear ventaja competitiva. Para ello es útil platearse las preguntas:

¿Cómo conseguir más volumen de negocio con menos recursos?

¿Cómo explotar los recursos existentes de forma más provechosa?

Capacidades clave

La forma más sencilla de identificar las capacidades clave grosso modo es usando la Cadena de Valor del negocio presentada en el capítulo de Fundamentos del Management. A partir de esta representación de Porter, podemos identificar rápidamente aquellas capacidades o actividades primarias y las de soporte. Las primeras son las que aportan valor de forma directa al cliente.

Otra forma más detallada de abordar su análisis es mediante el esquema de capacidades clave que se presenta a continuación. Es una herramienta muy útil para proporcionar los criterios de diseño de la organización y los procesos clave de negocio.

Grupo	Capacidad
Funciones corporativas	Control financiero
	Desarrollo de la dirección
	Innovación estratégica
	Coordinación multidivisional
	Gestión del aprovisionamiento
	Gestión internacional
Información de gestión	Sistema de gestión integrado vinculado a la toma de decisiones de la dirección
I+D	Investigación
	Desarrollo de nuevos productos
	Ciclo rápido de desarrollo de nuevos productos
Operaciones	Eficiencia en fabricación de grandes volúmenes
	Mejora continua
	Velocidad y flexibilidad de respuesta
Diseño de productos	Capacidad de diseño
Marketing	Gestión de la marca
	Reputación en calidad
	Respuesta a las tendencias de mercado
Comercialización	Promoción y ejecución efectivas
	Eficiencia y velocidad en el procesado de las compras
	Velocidad de distribución
	Servicio al cliente

La sistematización o rutinización es esencial para traducir las directrices y las prácticas operativas en capacidades en desarrollo aplicado real. Sólo cuando un proceso se sistematiza se vuelve eficiente y confiable. Pero la sistematización debe mantener un equilibrio que no restrinja la iniciativa individual y el deseo de mejora.

8.4.2 Punto de partida. Inventario de capacidades clave

La metodología proporciona una herramienta de orientación simple, que ayudará a determinar las coordenadas actuales y el mapa de las coordenadas deseadas. Para ello, se deben contestar algunas preguntas sobre importantes parámetros que definirán la iniciativa estratégica de negocio (Ver Anexo III).

- Factores Críticos de Éxito incluyen la sensibilización, la compra de la alta gerencia y la cultura innovadora entre otras.

- Infraestructura y sistematización, comprende los procesos de negocio, estructuras y sistemas que los soportan.

- Niveles de la redes de personas y de conocimiento. Existen cuatro niveles, individual, equipo, organización e inter-organizacional (presencia y conexión a redes sociales externas).

El análisis puede ser realizado sobre toda la organización en su conjunto y por unidades funcionales o departamentos. Ambas visiones son complementarias y el análisis departamental puede ser útil cuando la organización que se trabaje sea grande o compleja.

Basado en los tres parámetros presentados anteriormente, la iniciativa estratégica de negocio, se puede dividir en tres distintas etapas, que van desde el campamento base, al estadio de desarrollo y luego al liderazgo competitivo. Cada etapa tiene sus propias características y necesidades de recursos.

- Todavía en el campamento base. Esta etapa está caracterizada por el poco interés de la alta gerencia en la iniciativa estratégica de negocio. La organización es consciente de la importancia que tiene el problema o reto detectado para el logro de sus objetivos, pero no existe ninguna iniciativa concreta para afrontarlo. Hay decisiones y prácticas que se organizan de manera ad hoc, sin una estructura clara, ni sistemas ni procesos en su lugar. Por supuesto no hay indicadores de cómo afecta realmente al negocio y el coste de oportunidad de no realizar ninguna acción.

- En desarrollo. En esta etapa la organización, es consciente de la necesidad de enfrentar y resolver el problema de negocio y aprovechar las oportunidades que se derivan de su resolución y la alta dirección, aunque no está convencida completamente, está dispuesta a experimentar en la idea que plantea la iniciativa- solución. En el principio se tiene que consolidar la estructura que soportará la iniciativa y mejorar la colaboración dentro de la organización. Las fuentes de capacidades dentro de la organización se deben identificar y documentar. La toma de consciencia a lo largo de la organización no es uniforme, las estructuras de procesos y los sistemas adecuados aún no han sido implementadas.

- Liderazgo competitivo. En esta etapa el negocio empieza beneficiarse de la correcta resolución del problema abordado estratégicamente. La Alta Dirección está comprometida, provee los recursos y el tiempo de forma explícita, para llevar a cabo la actividad sistematizada de la iniciativa estratégica de negocio dentro de la organización, y existe una estrategia y dirección clara de la misma. Se ha hecho un inventario, evaluación y clasificación de las fuentes de capacidades y recursos. La organización está tratando de establecer redes con sus clientes, proveedores y competidores.

Lista de activos críticos

Esta actividad trata de identificar qué activos son fundamentales para lograr la visión corporativa, estrategia y objetivos. Pero añade la perspectiva de liderazgo competitivo a partir del potencial que supone en forma de nuevos productos, mercados, fuentes de ingresos, barreras a la competencia, etc.

Algunas grandes áreas podrían ser (Ver anexo II para un detalle exhaustivo de la plantilla):

1 GLOBAL

BUSINESS MODEL

Modelo de negocio
Ventajas competitivas
Atributos

2 MERCADO

MERCADO

Competidores
Cadena de valor y papel
Posición competitiva
Marca
Mercado

3 RECURSOS CLAVE

RECURSOS CLAVE

Estructura
Organización
Liderazgo distintos niveles
Cohesión y colaboración
Iniciativa de los colaboradores
Socios clave
Acceso a fuentes externas/ actualización
Redes interpersonales soportando K clave
Tecnologías utilizadas
Desarrollo de Productos

4 CAPACIDADES CLAVE

CAPACIDADES CLAVE

CAPACIDADES CLAVE
Desarrollo tecnológico
Capacidades para el desarrollo organizacional
Actividad Innovadora
Gestión del conocimiento
Personas

5 ACTIVIDADES CLAVE

ACTIVIDADES CLAVE

ACTIVIDADES CLAVE
Procesos de negocio
Automatización de procesos
Producción
Atención al cliente y postventa

Tabla 5. Esquema de recursos y capacidades clave

8.4.3   Necesidades de recursos y capacidades clave

La siguiente pregunta a hacerse es: ¿qué recursos y capacidades son clave para la presente Iniciativa Estratégica de Negocio?

En el Anexo III se adjunta una encuesta que puede ayudar a analizar tanto la situación actual de la organización en cuanto a sus recursos y capacidades clave, como para estimar la situación final de dichos activos tras la iniciativa a llevar a cabo.

La imagen siguiente muestra un ejemplo real de una organización. A modo de diagrama de río, se representa la curva azul como reflejo de la situación actual y en rojo a dónde se desea llegar en cada uno de los recursos y capacidades clave. Un análisis objetivo de dicha imagen permite deducir que se trata de una organización fuertemente orientada a la operativa, pero que no cuida su imagen y que tiene una baja orientación al cliente. Éstos últimos, aspectos que se desean trabajar en la iniciativa estratégica de negocio.

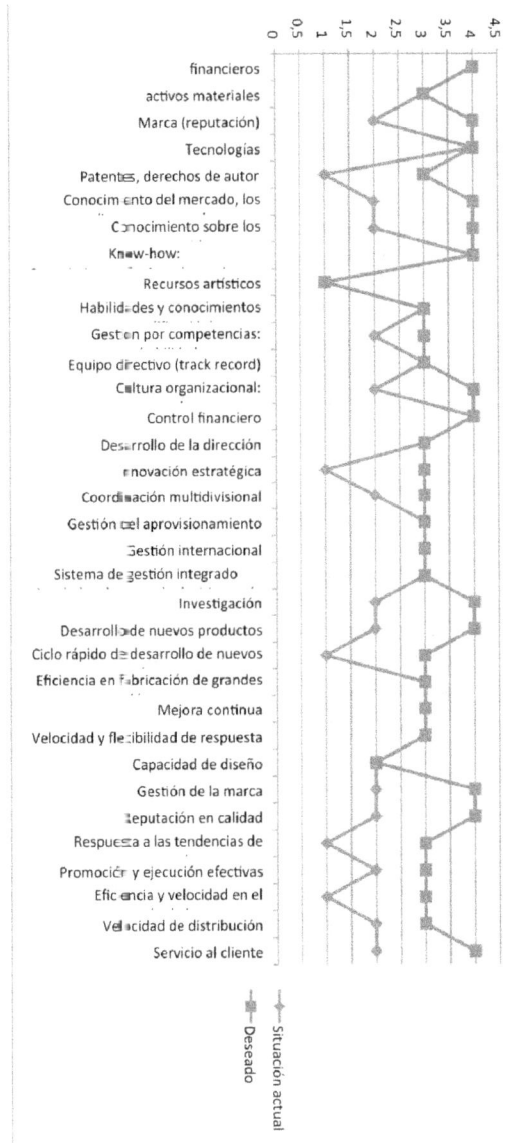

Figura 17. Diagrama de río de capacidades y recursos clave actuales y requerido

8.5 EVALUANDO EL GRADO DE PREPARACIÓN AL CAMBIO

El mundo de los negocios cambia a un ritmo frenético. Cada vez son mayores los cambios (tal y como se ha presentado en el capítulo de nuevos paradigmas). Por tal motivo, las organizaciones deben hacerlo a la misma velocidad, para así estar a la vanguardia y mantener su competitividad en el mercado, que cada vez es más exigente.

La manera en la que las empresas gestionan el cambio depende de la naturaleza del negocio, la cultura organizacional, los objetivos y las metas que se quieran alcanzar, entre otros factores.

Existen varios modelos que representan las fases por las que evoluciona el cambio. Kurt Lewin en 1950 presentó uno que hasta la fecha sigue vigente y utilizado por muchas organizaciones, este modelo es un proceso compuesto por tres etapas:

- Descongelar: se deja atrás la vieja conducta
- Transición: se adopta una nueva actitud, y
- Volver a congelar: se adopta la nueva conducta como permanente

Un poco más elaborada es la visión de D. Jaffe y C. Scott que provee la siguiente figura describiendo los pasos por los que transita el cambio.

La síntesis de cualquier modelo del proceso de cambio es que se deben pasar una serie de estadios, que por lo tanto requieren un tiempo para permitir la aceptación y la adaptación a la nueva situación. Es un transcurso que requiere tiempo y que no todo el mundo acepta. Es posible que algunas personas lo rechacen y por lo tanto no tengan cabida en la organización transformada. Y este es el mejor momento para detectarlo y buscar soluciones.

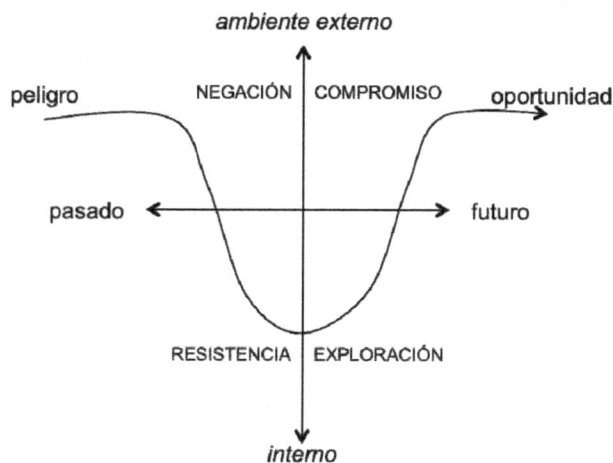

Figura 18. Fases del cambio

Fuente: Denis T Jaffe, Cynthia D. Scott 1990

8.5.1 Análisis del grado de preparación al cambio

La evaluación de disposición al cambio se puede realizar mediante una encuesta a los empleados de diferentes niveles, para determinar si entienden la necesidad de cambiar, la el nuevo rumbo y los beneficios del cambio. Así mismo, trata de averiguar cuán dispuestos están a cambiar.

Es importante realizar un diagnóstico para cualquier organización que contemple realizar algún cambio. El diagnóstico se elabora a través de un taller en un día de trabajo, en el cual se evalúa la disposición al cambio de la organización, especialmente en tres aspectos:

- Incrementar la sensibilización general de la organización respecto al cambio, los fundamentos de una gestión del proceso de cambio exitosa y los posibles impactos.
- Sacar a la luz las actividades que pueden verse afectadas por el cambio, identificar las posibles resistencias que pueden provocar problemas en el futuro, si no son descubiertas.
- Propone enfocarse en los cambios posteriores a la iniciativa del cambio.

El diagnóstico ayudará al consultor a desarrollar un plan de gestión de cambio organizacional. La plantilla de la actividad siguiente puede ser utilizada para realizar el diagnóstico

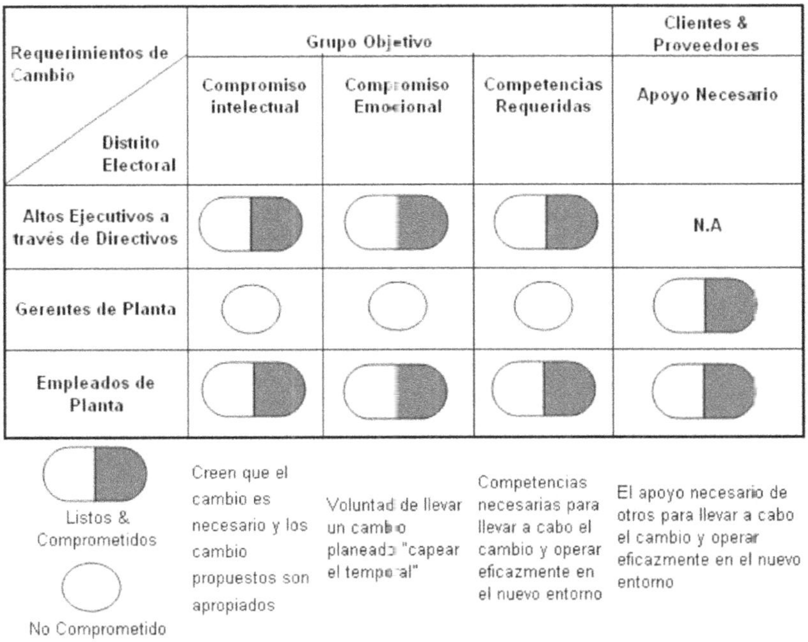

Figure 19. Matriz de requerimientos de cambio Vs. grupo afectado

Actividad 1. Evaluación de los niveles de resistencia al cambio

Es un instinto humano resistirse al cambio. Los siguientes son ejemplos de situaciones comunes que se dan en iniciativas de consultoría estratégica de negocio, que provocan resistencia al cambio.

Puede realizar este ejercicio utilizando respuestas personales o estimaciones de las posibles respuestas de otros miembros de la organización.

- Primer paso:
  Si usted cree que una de las siguientes situaciones se puede crear como resultado de la próxima iniciativa de consultoría, ponga el número al lado de cada frase para indicar el grado de resistencia que se generará en esa situación.

  1. Alto

  2. Medio

  3. Bajo

  ____ Necesidad de aprender nuevas habilidades

  ____ Cambios en influencia, autoridad y control

  ____ Cambios en el patrón de comunicación

  ____ Cambio en los hábitos personales

  ____ Compresión limitada de la iniciativa y sus implicaciones

  ____ Asunción de riesgos

  ____ Total

- Segundo Paso:
  Sume los números de la columna de la izquierda

  Si el total de puntuación conseguido por una persona es de 10 puntos o menos, entonces tiene un nivel manejable de resistencia

  Si su total está entre 10 y 18 puntos, se necesitará un esfuerzo especial para manejar el significativo nivel de resistencia

- Tercer Paso:
  Preguntarse

    ¿Cuáles son las implicaciones que se esperan de la resistencia de esta área?

    ¿Qué se puede hacer para mitigar el efecto de la resistencia en estas áreas?

Actividad 2: Evaluar la capacidad de gestión de la transformación

Este ejercicio indica varios métodos eficaces para evaluar la capacidad para gestionar las transformaciones. El enfoque está en la importancia de ser proactivos en la gestión de las mismas. Para ello se usan diez parámetros claves de éxito para la gestión proactiva de la transición.

- Primer Paso:
  Revise esta lista de 10 elementos y luego clasifique el esfuerzo que se está haciendo o lo que percibe que necesita hacerse en el proyecto de consultoría. (A: Alto, B: Bajo)

Fundamentos	Esfuerzo	Prioridad
Primero: Identificar y obtener el apoyo, compromiso de los líderes claves dentro de la organización en el proceso de cambio.		
Visión: La articulación de una visión clara y concisa de cómo la organización trabajará y como se organizará tras la implementación del cambio.		
Evaluación: Determinar el tipo y la dimensión del impacto que tendrá la iniciativa en los diferentes departamentos de la organización. Capacidad de ser activos en la definición y preparación ante los efectos, en lugar de esperar a los efectos después de ocurrido el cambio.		
Ventas/ Marketing: Usar las técnicas comunes de ventas/marketing en la promoción del cambio.		
Participación: Se fomenta la participación activa en el diseño, puesta en marcha, así como su posterior gestión en la iniciativa estratégica de negocio. Especialmente a aquellos que se ven afectados directa o indirectamente, como medio para hacerlos partícipes de la misma y hacerles sentir que es suya la iniciativa		
Comunicación: Intercambio periódico y exacto de información acerca del cambio que conlleva un proyecto que afecta a todo el negocio, de manera proactiva y abierta.		
Capacitación: Proporcionar formación y práctica en los ámbitos que demandan nuevas competencias		
Integración: Coordinación de las múltiples actividades que conlleva un proyecto global		
Soporte: Confirmación de la infraestructura necesaria para mantener la iniciativa, en caso de que ocurran contratiempos		
Transición: Preparación para moverse, sin problemas, del entorno actual hacía el entorno deseado		

Tabla 6. Esfuerzos necesarios para las capacidades críticas para el cambio

- Segundo Paso:

  Después de evaluar los esfuerzos que conlleva el proyecto por medio de sus capacidades críticas para el cambio, ahora clasifíquelos en orden de importancia para su proyecto, utilizando la siguiente escala:

    1: Prioridad Alta (No más de 4 de este tipo)

    2: Prioridad Media (No más de 3 de este tipo)

    3: Prioridad Baja

  Es fácil pensar que todos los aspectos son de prioridad alta, pero al establecer importancia relativa, podrá decidir de mejor manera el modo de asignar recursos y tiempo.

- Tercer Paso:

  Compare los grados de esfuerzo y prioridad. Esto le indicará donde deberá prestar mayor atención. Por ejemplo, cualquier área fundamental de prioridad alta con grado de esfuerzo A o B requiere atención inmediata o el éxito de su programa de cambio estará en situación de riesgo.

Actividad 3: Identificar y priorizar las áreas clave afectadas

Este ejercicio identifica las áreas dentro de la organización que se verán afectadas con la iniciativa de consultoría. Llevando a cabo esta evaluación podrá estimar cómo puede afectar la iniciativa de consultoría a varias áreas de la organización. Se trata de una evaluación preliminar. El objetivo es marcar las posibles áreas de impacto, para de esta forma crear un plan de acción, controlar los efectos cuidadosamente, para mitigar el impacto. También se puede usar esta herramienta para entender los cambios.

- Primer Paso:

  Basado en su juicio/visión, determine si el impacto esperado en estas áreas es alto, medio o bajo. Asigne un máximo de cuatro áreas de impacto alto y tres de impacto medio.

Áreas clave	Impacto	Prioridad
Cultura: Valores y creencias básicas de la organización.		
Estructura Organizativa: Estructuras formales e informales, utilizadas para organizar la compañía, la división o el departamento.		
Procesos Comerciales		

Áreas clave	Impacto	Prioridad
Competencias/ conocimientos necesarios		
Motivación del empleado		
Comunicación		
Políticas de operaciones		
Gestión de personas		
Interfaces de tecnología		

Tabla 7. Impacto esperado en diferentes áreas

- Segundo Paso:
  Después de estimar el grado previsto del impacto en cada una de estas áreas, priorice la lista de áreas de impacto, en función de si un cambio exitoso en un área determinada es crítico para el éxito global del proyecto de consultoría.

  Clasifique cada área de la siguiente manera:

  1: Prioridad Alta (No más de 4 de este tipo)

  2: Prioridad Media (No más de 3 de este tipo)

  3: Prioridad Baja

- Tercer Paso:
  Compare los impactos y las prioridades de las áreas. Esto le indicará dónde deberá prestar mayor atención. Por ejemplo, cualquier área fundamental de prioridad alta con un alto o medio impacto de cambio requiere atención inmediata o el éxito de su programa se mantendrá en situación de riesgo.

8.5.2 Análisis de los Grupos de Interés (Stakeholders)

¿Quiénes son los grupos de interés afectados por la iniciativa estratégica de negocio que se emprende? Los interesados son individuos o grupos, que en algún momento durante el proyecto, afectarán o serán afectados por lo que está sucediendo. Los grupos de interés se identificarán, basándose en el alcance y objetivos del proyecto.

Los grupos de interés más populares podrían ser varios, pero no olvide incorporarse usted y su equipo.

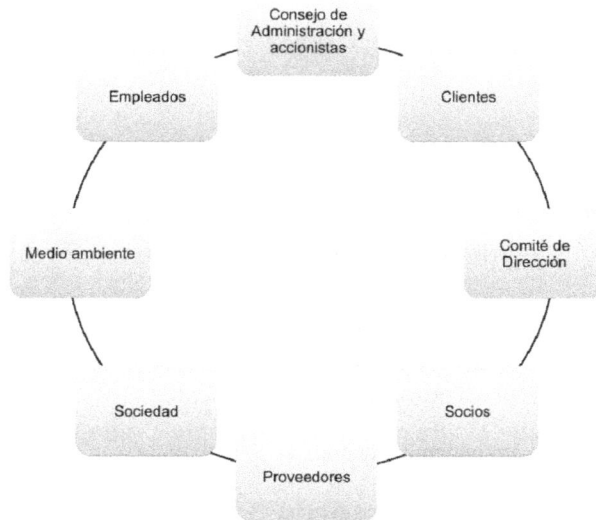

Figura 20. Principales grupos de interés en una iniciativa estratégica de negocio

Independientemente de cuán larga sea la lista de grupos de interés, ésta puede estar dividida en dos grandes grupos, como se representa en la siguiente matriz. Esta matriz ha sido desarrollada en base a la experiencia.

Los dos grandes grupos son: quienes apoyan el cambio y aquellos que no están motivados a cambiar. Es importante analizar estos grupos de interés, porque por una parte, hay grupos de interés motivados que pueden multiplicar el efecto de la iniciativa de consultoría, y por otra parte, los que no están motivados pueden obstaculizar el progreso del proyecto.

Es fácil detectar los dos tipos de grupos de interés. Los que están motivados tienen críticas constructivas y proactivas, mientras que los que están desmotivados tienden a expresar sus percepciones y emociones negativas, sin asistir a las reuniones y siendo evasivos. Estos últimos no se pueden simplemente ignorar, es importante involucrarlos para trabajar con ellos.

Realizar un análisis de cómo comunicarles el cambio anticipando una propuesta de estrategia de cambio ante los efectos esperados puede ser de gran utilidad. Plantear un cambio (que muchos pueden ver como un problema), que incluye las respuestas previstas mejorará su aceptación.

La siguiente tabla puede usarse para resumir los puntos comentados en este apartado.

168

Área de Cambio	Impacto	Grupo de Interés	Reacciones Anticipadas /Problemas	Estrategias de Comunicación & Respuesta planificada

Tabla 8. Lista de grupos de interés, impacto, postura ante el cambio y respuesta

8.6   ANÁLISIS DE PROCESOS DE NEGOCIO CLAVE

Entender la actividad de negocio de la organización a través de los procesos clave, esto es, relacionados con el PEN, permite detectar problemas subyacentes en los síntomas que se manifiestan de forma más evidente.

Antes de este análisis operativo se presentan algunos fundamentos para poder trabajar con ellos.

8.6.1   Procesos. Definición y uso

La prosperidad de la especie humana está ligada a la sistematización que viene de la mano de los procesos. Un proceso se define como:

"Secuencia ordenada de tareas, pasos o acciones que se realizan con un determinado fin".

Los principales componentes presentes en los procesos son:

- Tareas secuenciadas que lo integran
- Personas y roles que desempeñan en el proceso
- Inputs o entradas al proceso
- Outputs o salidas del proceso
- Resultados que proporciona su ejecución

Procesos existen de diversos tipos:

- Negocio. Los de más alto nivel. Suele haber entre 8 o 12 en cualquier organización y están relacionados con las actividades primarias de la cadena de valor (ver capítulo de Fundamentos del Management)
- Operativos. Aquellos con un poco más grado de detalle y que sirven para poder ejecutar actividades departamentales. Se describen a nivel general las guías para llevar a cabo el trabajo, pero dejan espacio para la iniciativa personal y la incorporación de alternativas en los trabajos de detalle.

- Procedimientos. Guías al máximo detalle de cómo llevar a cabo un trabajo. Suelen estar presentes en manuales de procedimientos y de calidad de organizaciones muy bien estructuradas, normalmente porque deben auditarse y controlarse muy bien las actividades y, sobre todo en la administración pública. Persiguen evitar variaciones en las prácticas de trabajo y homogeneizar el trabajo independientemente de quién lo lleve a cabo. Sin embargo suelen acarrear mucha burocracia y anulan la iniciativa del trabajador.

Los procesos por tanto organizan, homogenizan, sistematizan, miden y mejoran las prácticas de trabajo. Como principales aspectos en contra tienen que pueden mermar en gran medida:

- la creatividad
- el ir más allá

Caracterización de Procesos

Para poder definir convenientemente un proceso conviene:

- Identificar los límites del proceso y sus pasos
- Identificar qué entra en el proceso y qué sale (Inputs-Outputs)
- Identificar qué es crítico para las entradas, el proceso y las salidas

Un proceso queda convenientemente caracterizado cuando proveemos la siguiente información: Pasos (Tareas), Responsable, Entradas/Salidas, Personas y su roles, sistemas de información. Pero también es importante detallar:

- Indicadores: de input, pasos intermedios y output
- Impacto: grado de consecución del fin que tiene asignado

Para poder gestionar adecuadamente una sistemática de trabajo son imprescindibles medidas que permitan controlarlos.

La mejora de los procesos pasa por la búsqueda de oportunidades de mejora que se pueden detectar a partir de datos recogidos en las medidas. En la actualidad se lleva a cabo un control estadístico de procesos que permite un control de muy elevado nivel de rigurosidad. Porque a menudo las posibles correcciones que podemos intuir por sentido común no se corresponden con las más adecuadas. Es el caso de lo que ocurre en producción con la gestión de inventarios (teoría de las constricciones[17])

---

[17] La meta. E Goldratt. 1992

8.6.2   Por dónde empezar

Basados en la identificación de los activos estratégicos de alto nivel y las áreas de negocio, se deben revisar los procesos de negocio que dependen de ellos. Entendiendo los objetivos de la organización (empresa, departamento, división, grupo de trabajo) le permite enfocarse en pequeños proyectos, sin perder la visión de todo el panorama.

Se aconseja mirar la documentación de los procesos de negocio que están bajo revisión antes de comenzar. Si la organización ha sido objeto de algún proyecto de re-ingeniería, entonces, debe existir algún tipo de análisis de los procesos de negocio. En la mayoría de los casos sin embargo, los procesos de negocio no se han formalizado o descrito en ninguna parte.

Para comenzar a definir los procesos de negocio, una forma efectiva es realizar pequeñas reuniones con los expertos en el proceso, o con personas que puedan guiarlo en la dirección correcta.

Si la iniciativa estratégica de la consultoría guarda gran relación con la calidad y con la entrega de valor a los cliente, se debe tener baja tolerancia a los defectos y se debe concentrar en la calidad de la gestión de los procesos de negocio.

Si los ingresos de la organización de los próximos años se generan menos por las nuevas ventas y más vendiendo a los clientes base, usted necesita enfocarse en el valor de los clientes. Podrá necesitar evaluar a los proveedores del proceso de negocio.

Siga los pasos que se presentan a continuación. Podrá utilizar los diagramas de flujo como herramienta para visualizar los mapas de proceso.

Esta etapa ayuda a identificar, qué y cuál información, del conocimiento tácito o explicito es utilizado en el proceso de negocio seleccionado. El objetivo de este paso es identificar aquellos eventos donde las personas necesitan actuar efectivamente para moverse a lo largo del proceso. Este paso ayuda a entender de qué manera los contenidos se ajustan a cada parte del proceso de negocio y la forma de establecer prioridades.

Ejemplo: Análisis de un Proceso de Negocio

Suponiendo que estamos centrados en un proceso de negocio de entrega de servicios de una compañía de consultoría de TI. Estas compañías usualmente operan basado en un enfoque de proyectos. El proceso de negocio de entrega de servicios de un producto técnico como la Integración de Sistemas de TI comprende las siguientes etapas o actividades:

- Iniciar el Proyecto: Se le asigna un director de proyecto. El director de proyecto identifica el alcance del trabajo de consultoría, forma el equipo del proyecto, identifica los objetivos de del proyecto y elabora un plan de trabajo general para todo el proyecto.
- Planear el Proyecto: Se desarrolla un plan más detallado. El plan incluye la línea de tiempo, responsabilidades de las personas del equipo, tareas especificas, desarrollo de software o detalles de los sistemas de integración, presupuesto financiero, etc.
- Ejecutar el Proyecto: Esta es la fase de implementación, donde el equipo de trabajo del proyecto t6rabajan para entregar el sistema o el estudio al cliente.
- Evaluar el Proyecto: Esta es la fase en la que se cierra el proyecto. El equipo evalúa los resultados, evalúa el impacto que generaron los resultados, recoge las lecciones aprendidas y la retroalimentación por parte de los clientes, etc.

8.6.3 Identificación de elementos clave en los procesos

Conviene tener presente que los procesos no se ajustan a la realidad a la perfección. Muchos de los procesos de negocio no son precisos. Por lo tanto:

- Enfóquese en un consenso o comprensión general.

- Entreviste a las personas claves que están involucradas en el proceso. Pregúntele acerca de indeficientes en el proceso de negocio. Muchas personas conocen en dónde han tenido éxito o fracase en dicho proceso.

Ejemplo – Identificar los elementos clave

Siguiendo con el ejemplo anterior, ahora nos enfocaremos en el primer paso o actividad, llamada "Iniciar el Proyecto". Dónde el Director del Proyecto preparará el plan inicial del proyecto:

- Buscar consultores / desarrolladores basados en sus competencias; el Director del Proyecto está buscando información acerca de las tareas actuales y en aquellas en las que el consultor haya estado involucrado, formaciones o seminarios a los que haya asistido, su plan de desarrollo personal para mejorar competencias, sus preferencias, etc.
- Análisis de cómo la empresa entrega el servicio. Por medio de la descripción del servicio o metodología, manuales, etc.
- Refina los momentos, las actividades y los recursos del plan, para la nueva asignación basándose en el contrato con el cliente y las experiencias anteriores en la compañía (si hubiera). El director de proyecto busca asignaciones hechas en el pasado, localiza el plan del proyecto, localiza a las personas responsables para dichos planes, habla con estas personas, etc.
- Examinar la disponibilidad de recursos de personas en el orden de organizar el staff de trabajo, y definir el equipo de trabajo de consultoría para el proyecto. Esto significaría que se deben definir las competencias requeridas para las tareas específicas, buscar a través de las competencias de las personas y verificar su disponibilidad actual y futura
- Analizar la experiencia en el ámbito de la iniciativa estratégica de conocimiento previa que haya tenido la compañía , por ejemplo:
  - ¿Cómo han sido los proyectos similares a este que se han trabajado en el pasado?
  - ¿Cuál fue el mayor de los problemas (si hubo alguno)?
  - ¿Cuál fue el mejor resultado?
  - ¿Cuáles son las "trampas" en las que un Director del Proyecto puede caer, en el momento en el que está elaborando el plan?

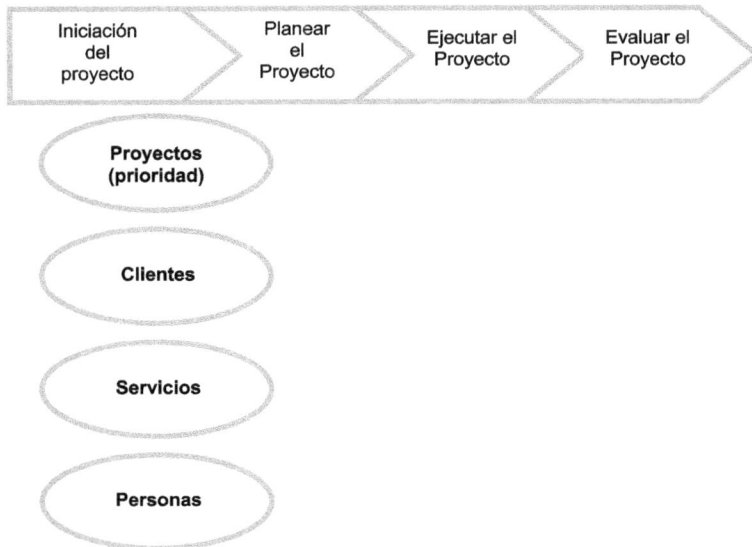

Figura 21. Aspectos a tener en cuenta en la secuencia de pasos del proceso

8.6.4   Las personas clave de los procesos

En este paso debe identificar las personas clave en cada paso o actividad del proceso. ¿Quién es el responsable de ejecutar cada tarea? Escríbalos en un mapa, mostrando como conectan diferentes etapas y los outputs que las relacionan. Probablemente necesitará hablar con las personas "reconocidas" en el proceso de negocio. ¿Qué se puede decir de aquellos que están involucrados? Entreviste a estas personas para obtener ideas claras acerca de sus habilidades y know-how.

Ejemplo – Añadiendo Personas

Cómo se ha discutido anteriormente, el director de proyecto es la principal persona involucrada en la actividad de la etapa de "Iniciación del Proyecto". Usted simplemente tiene que añadir al director de proyecto en el mapa:

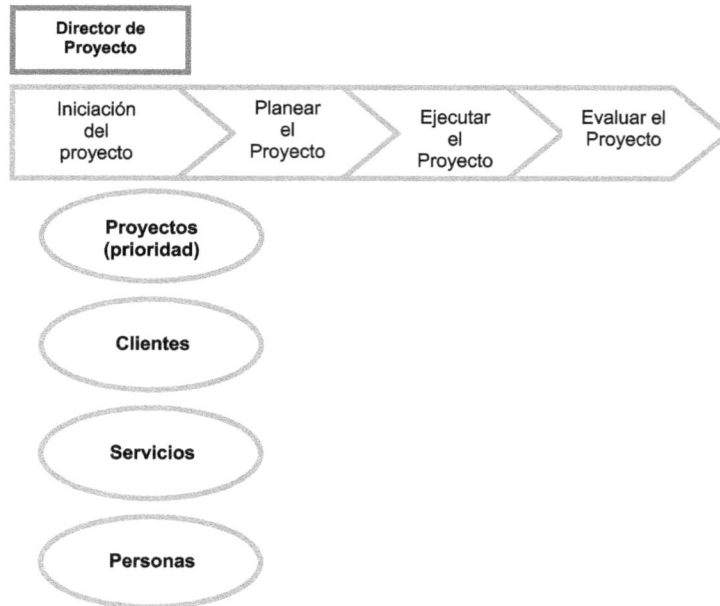

Elementos para considerar cuando se añaden personas:

- Consulte con el Departamento de Recursos Humanos. Ellos pueden proporcionarle información útil como descripciones de las funciones o indicarle cuales son las personas involucradas en el proceso de negocio.
- Hable con los gerentes que gobiernan el proceso. Ellos también son capaces de señalar a las personas involucradas en el proceso
- No limite su atención únicamente a las personas de la organización. Considere personas fuera de la organización.

8.6.5 Identifique el contenido detallado

Después de haber identificado a las personas y el conocimiento de cada una de las etapas del proceso, tendrá la necesidad de identificar con más detalle la información y el conocimiento que necesitan. Este paso normalmente involucra entrevistas con las personas que han sido identificadas en la etapa anterior. Ellos son la mejor fuente para descubrir cuál es la información que necesitan para tener éxito. Una mejor forma de buscar conocimiento, es organizar talleres de trabajo con un pequeño número de empleados. En estos talleres de trabajo puede incluir asociados o clientes o personas que puedan aportar sugerencias que sean útiles. Es conveniente crear grupos de discusión con personas que hayan sido identificadas en la etapa anterior. Usted, como facilitador, puede seleccionar los requerimientos de conocimiento, para de esta manera orientar a la gente para que identifiquen las necesidades reales de conocimiento en su día a día de trabajo. Para asegurarse de que la información que se captura es la que usted necesita, se aconseja elaborar las preguntas de la entrevista, esto le ayudará a determinar cuál es la información necesaria para que ellos actúen. (Ver el Anexo 2 – Cuestionario de Muestra)

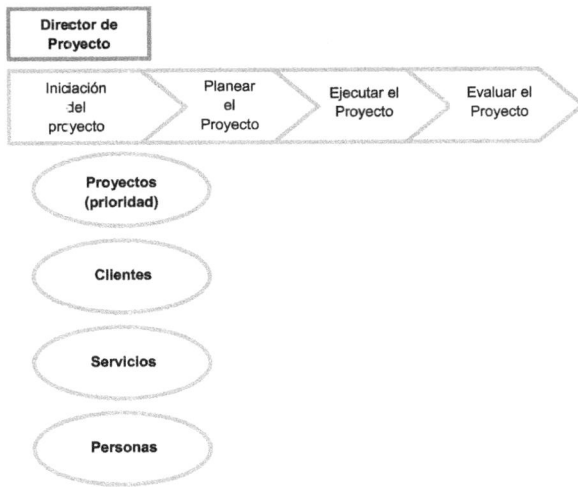

Figura 22. Incorporando mayor grado de detalle en la descripción de un proceso

Elementos para considerar cuando se identifica el contenido detallado:

- Hablar con las personas involucradas en el proceso de negocio, permite ver claramente el panorama completo del proceso.
- Centrarse en comprender el contenido que le ayuda a las personas a realizar sus tareas.

8.6.6   Sistemas clave que automatizan los procesos

Esta es la etapa final en la que se requiere que se identifiquen los sistemas utilizados para realizar la descripción detallada del contenido. Los sistemas pueden ser de Tecnologías de la Información, tales como, servidores Web, archivos o base de datos o pueden ser no tecnológicos como, informes, documentos guardados en la biblioteca, etc.

Elementos para considerar en el mapeo de los sistemas:

• No empezar con el departamento de TI. Aunque son las personas del departamento de TI que conocen mejor la infraestructura de TI de la organización, ellos no son los que utilizan la información, por lo tanto, ellos no saben exactamente dónde y cómo las personas buscan la información. Esto es aún más cierto cuando las personas utilizan frecuentemente Internet.

• Teniendo el mapa de los sistemas, hable con el departamento de TI y verifique con ellos que la información que ha recopilado, este acorde con la infraestructura de TI existente.

175

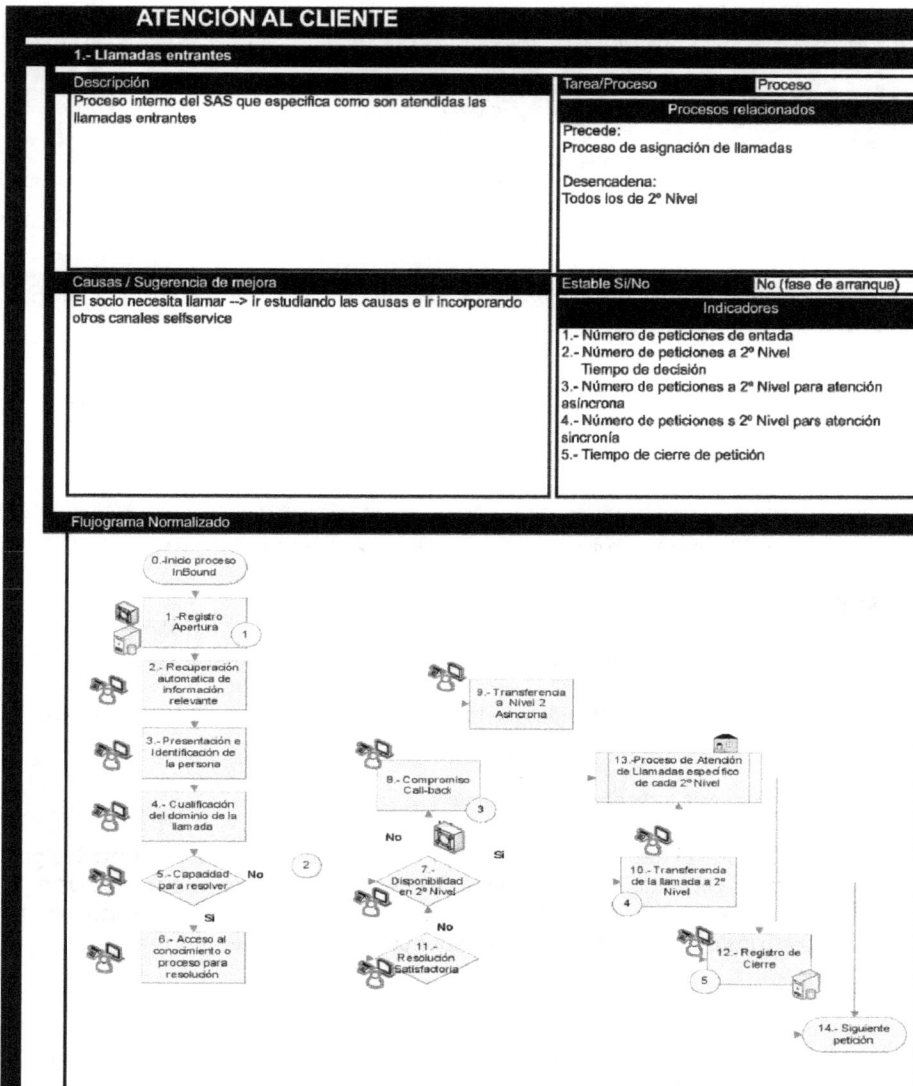

ATENCIÓN AL CLIENTE

1.- Llamadas entrantes

Descripción	Tarea/Proceso	Proceso
Proceso interno del SAS que especifica como son atendidas las llamadas entrantes	**Procesos relacionados**	
	Precede: Proceso de asignación de llamadas Desencadena: Todos los de 2º Nivel	

Causas / Sugerencia de mejora	Estable Si/No	No (fase de arranque)
El socio necesita llamar --> ir estudiando las causas e ir incorporando otros canales selfservice	**Indicadores**	
	1.- Número de peticiones de entada 2.- Número de peticiones a 2º Nivel Tiempo de decisión 3.- Número de peticiones a 2ª Nivel para atención asíncrona 4.- Número de peticiones s 2º Nivel para atención sincronía 5.- Tiempo de cierre de petición	

Flujograma Normalizado

Figura 23. Ejemplo de ficha descriptiva de proceso en el área de Atención al Cliente

Ejemplo de indicadores:

Suscripciones automáticas. Solicitudes que se procesan automáticamente: 90%

Evaluación. Número de solicitudes pendientes de evaluación: 10%

176

Evaluación. Tiempo medio de evaluación: 18 días

Evaluación. Tiempo medio de emisión:

Concertación de cita. Plazo para cita concertada 15 días (si no se soluciona, a las 60 días se elimina)

Concertación de cita. Número de concertaciones inmediatas

8.7   ANÁLISIS DE REDES DE PERSONAS

En esta sección se trata de evaluar el capital humano en la empresa.

- Por un lado, se deben evaluar los distintos perfiles directivos, sus capacidades y experiencia, así como su actitud hacia el desarrollo y cambio.
- Por otro, se propone realizar una identificación del talento existente y,
- Finalmente, identificar aquella redes interpersonales que se dan de forma natural en la empresa y que hacen posible el flujo de conocimiento clave en la organización. Estas redes a veces se extienden fuera de la empresa, accediendo a contactos, comunidades y foros externos (ya sean presenciales o virtuales)

8.7.1   Definición de las Redes de Personas

Definimos redes interpersonales como redes informales de personas que comparten intereses y metas similares. Las redes surgen como un efecto secundario de la participación. En el seno de estas comunidades se facilita extraordinariamente el aprendizaje cuando las personas participan en nuevas y diferentes actividades.

Las redes más comunes son las Comunidades de Práctica y las de Interés. Por ejemplo, los trabajadores organizan sus vidas de trabajo con sus colegas más cercanos y con los clientes con los que trabajan frecuentemente. De este modo, estas personas desarrollan un sentido de pertenencia, disfrutan y completan los requerimientos de sus superiores y de sus clientes.

No importa que se trabaje en una empresa de gran tamaño, en el día a día se trabaja con un conjunto pequeño de personas y comunidades.

8.7.2   Por dónde comenzar

Para identificar las redes interpersonales existentes, se debe comenzar desde el nivel más alto de la organización, donde la iniciativa estratégica de negocio se va diseñar.

A partir de los análisis llevados a cabo en los apartados anteriores, se han identificado los factores críticos de éxito, las capacidades y recursos clave, los procesos más importantes. Todo ello permite enfocar la búsqueda de redes de personas por las que debe comenzar a trabajar directamente.

La siguiente figura muestra la relación entre las redes interpersonales que soportan algún conocimiento clave para desarrollar el negocio, dado que permite el desarrollo de productos que son comercializados a través de diferentes áreas de negocio. Es por ello que estas redes son activos intangibles de la empresa.

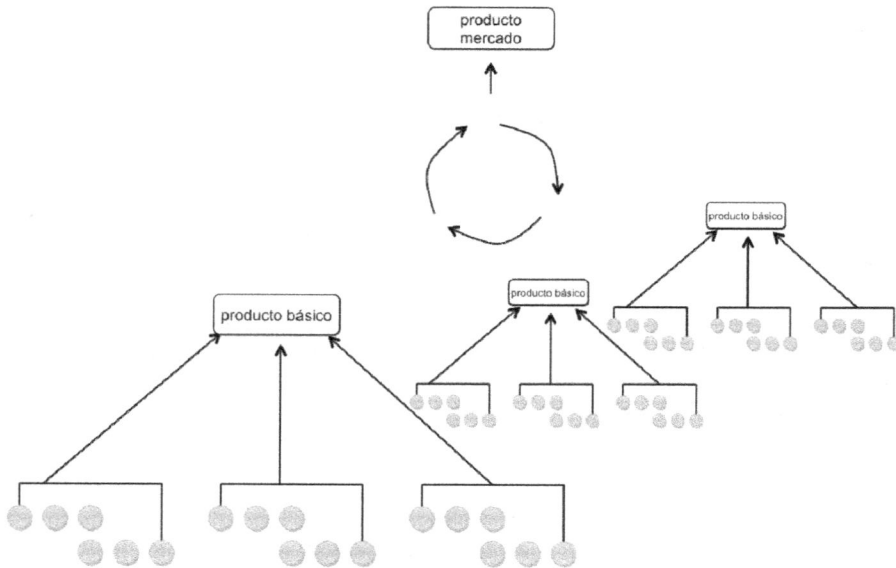

Figura 24. Redes de personas, conocimientos que soportan y su relación con el producto o servicio final ofrecido al mercado

El consultor en colaboración con el agente de cambio puede analizar estas redes en tres pasos:

- Paso 1 – Realizar una encuesta a la red
El paso numero uno es realizar encuestas de la red, por medio de entrevistas a los empleados. La encuesta está diseñada para obtener respuestas acerca de: quién habla acerca de su trabajo, quién le asesora sobre temas técnicos, etc. Es importante realizar a un grupo pequeño de empleados una prueba de la encuesta, para ver si hay preguntas ambiguas, o se genera resistencia. A continuación se presentan algunas preguntas que podría hacer:

¿Con quién habla diariamente acerca del activo de conocimiento X?

¿A qué persona le pide ayuda o consejo, por lo menos una vez a la semana, referente a un activo de conocimiento en particular?

¿Con un día de formación, como podría encaminar su trabajo?

Es muy importante que cada entrevista con los empleados se enfoque alrededor del conocimiento soportado por esa red y que fundamenta una capacidad clave y no en discusiones generales sobre patrones de comunicación interna.

- Paso 2 – Cruce y verificación las respuestas
  Después de que se están completas las entrevistas, el segundo paso es cotejar las respuestas. Algunos empleados preocupados por no ofender a sus compañeros de trabajo, dicen que hablan con todos en el departamento diariamente. El mapa final no debe basarse en las impresiones de un empleado, si no en las del conjunto del grupo.

- Paso 3 – Dibuje el mapa
  El tercer paso es procesar la información utilizando uno o varios programas informáticos de diagramas de flujo, disponibles en el mercado. Con el mapa en la mano, el consultor en estrecha colaboración con el agente del cambio y otros gerentes pueden definir una estrategia, que juega un papel importante, ya que muestra los puntos fuertes de la organización informal.

8.7.3 Perfil de las personas en la red

Conocer el perfil de las personas que participan en las redes es la clave para crear, gestionar y aprovechar de manera exitosa estas redes. Las personas suelen ser miembros de estas redes, no porque estén obligados a hacerlo, si no por las ventajas que les ser parte de estas comunidades. Esta acción debe estar destinada fundamentalmente a comprender temas como "el significado del lugar de trabajo" para las personas que están involucradas en las redes. Por lo tanto, debe tratar de identificar los intereses personales, factores de satisfacción del trabajo, ambiciones y expectativas personales, pero también se debe tomar en cuenta competencias personales, experiencias, habilidades, etc.

Preguntas Indicativas:

¿Cuáles son sus intereses personales?¿Con que personas le gustaría colaborar?

Si necesita hacer una petición informal, para obtener información, sobre un cierto tema, ¿Cómo sabría a quien pedir ayuda? ¿Qué haría si no lo sabe? ¿Por qué contacta con una u otra persona en particular?

¿Qué es lo que más le gusta hacer cuando colabora informalmente con otras personas de la re?

¿Qué hace en su tiempo libre que le ayude a potenciar el conocimiento que posee sobre su área de trabajo?

¿Accede a fuentes y contactos externos para desarrollar su trabajo?

¿Cuáles son los factores que obstaculizan o animan al contacto con alguien del mismo o diferente departamento?

¿Qué piensa que podría mejorar en la red?

¿Hace uso de la tecnología para el trabajo colaborativo de la red? ¿Son tecnologías internas, propias o externas?

¿Qué experiencias, competencias, habilidades tiene?

8.7.4   Cómo identificar las Redes que soportan conocimiento clave

Existen diferentes maneras de identificar las redes interpersonales importantes en una organización. Las siguientes características representan una red:

1. Compromiso mutuo:

El compromiso mutuo es una combinación de que lo que hacemos, lo que sabemos y la capacidad de conectarlo de manera significativa a las contribuciones y conocimientos de los demás. En estas comunidades, es importante dar y recibir, en lugar de conocer todo por uno mismo. Además, cada participante de la comunidad se encuentra en un lugar único lo que hace que gane identidad única, lo cual se ha definido en el curso del compromiso.

2. Un grupo con una misión en la empresa:

La rendición de cuentas incluye una visión compartida de lo que importa, de lo que no importa, de lo que se hace y de lo que no se hace, a lo que se le debe prestar atención y lo que se debe ignorar, de qué se debe hablar y acerca de lo que es mejor no hablar, lo que se debe justificar y lo que se da por sentado, lo que se debe mostrar y lo que se debe guardar, cuándo las acciones y los objetos son suficientemente buenos y cuándo estos necesitan mejora o perfeccionamiento.

3. Un marco y cultura de trabajo

Que incluye rutinas, palabras, herramientas, maneras de hacer las cosas, historias, gestos y símbolos. La comunidad tiene que adoptar o producir este marco, en el curso de su existencia y tienen que convertirse en parte de sus prácticas. Además, las comunidades desarrollan un sentido de identidad. Esta identidad se puede ver reflejada en cómo sus miembros se visten o incluso como mantienen sus reportes.

8.7.5   Tipos de Redes

Las redes informales de personas que comparten metas e intereses similares conforman comunidades diferentes dependiendo de varios factores. Una de las clasificaciones más extendidas es la que se muestra en la ilustración siguiente. Clasifica a las redes a lo largo de dos dimensiones:

- alcance de la organización (global Vs. local) y
- la cohesión de los miembros de la comunidad (bajo Vs. alto).

180

En uno de los extremos tenemos la economía. Se trata de redes con una amplia distribución geográfica (puede ser a nivel nacional o incluso global) y muy baja cohesión social (miembros típicos que no se conocen personalmente). Una red económica puede estar formada por compañías que participen como parte de la cadena de suministro (tales como, fabricantes principales, subcontratistas, proveedores, etc.). En el otro extremo se tienen los equipos de trabajo o proyecto, quienes se conocen muy bien, regularmente se reúnen cara a cara y comparten encuentros profesionales y sociales. En medio hay comunidades que comparten intereses similares, experiencias profesionales, etc. O comunidades de intereses (por ejemplo, miembros de cámaras o asociaciones).

Alcance de la Organización

Local

equipo de trabajo

comunidad de práctica

Bajo   **Alto** Cohesión de los Miembros

comunidad de mejores prácticas

comunidad de intereses

red de relaciones económicas

Global

Figura 25. Tipos de redes interpersonales

Fuente: adaptado de Ernst & Young

8.7.6 Aspectos a tener en cuenta

Conviene tener en cuenta algunos aspectos de las redes, con el objetivo de obtener el máximo rendimiento de las mismas.

- Ajuste entre las redes y los objetivos del negocio. Las redes deben estar sincronizadas con la estrategia de la compañía y específicamente con el PEN.

- Introversión de las relaciones. Los mapas de redes usualmente evidencian las redes de personas dentro de los departamentos con poca relación con otros grupos. En estas situaciones, los empleados de un departamento gastan todo su tiempo hablando entre sí y se niegan a cultivar sus relaciones con el resto de los colegas en la organización. Frecuentemente, son sólo los empleados de más alto rango los que tienen relación con personas fuera de sus áreas.

- Patrones irregulares de comunicación. El patrón opuesto puede ser preocupante. Algunas veces la comunicación entre los empleados es únicamente con miembros de otros grupos y no entre ellos mismos. La falta de cohesión genera enfrentamientos, lo que sugiere un problema muy serio que requiere de un manejo inmediato. El inicio de discusiones periféricas entre los empleados puede ayudar a descubrir la raíz del problema y proponer soluciones.

- Estructuras frágiles. En algunas ocasiones la comunicación de los miembros del grupo se da esporádicamente. Esto puede ser un problema cuando la contribución a distintas áreas es necesaria para un lograr trabajar con rapidez y generando creatividad.

- Agujeros en la red. Un mapa puede revelar agujeros obvios de la red, lugares en los que esperaría encontrar relaciones y vínculos, pero no es así.

- "Nudo de la corbata" (Bow Ties). Otro problema común es el denominado "nudo de la corbata". Se trata de una red en la que muchos de sus miembros dependen de un solo empleado, pero éste no depende de ellos. Los individuos que se encuentran en el centro del nudo de la corbata tienen mucho poder y control de la red.

- Distribución geográfica. La distribución geográfica de una red puede ser un problema. Los miembros del grupo pueden sentir que están aislados debido a la distribución geográfica, lo cual les impide comunicarse y participar en la comunidad. Es importante identificar este problema y asegurarse que en una etapa posterior, cuando la tecnología forme parte de sus labores diarias, se aborde este tema.

8.7.7 Plantillas y recursos para el Análisis de las Redes de Conocimiento

La siguiente tabla puede ser utilizada para hacer el reporte del análisis de las redes de personas.

Personas Involucradas	\<Introduzca los nombres de las personas involucradas en la red\>
Activo (s) y Objeto(s) de conocimiento	\< Introduzca la descripción detallada de los activos de conocimiento que están involucrados en la red\>
Sistemas actuales utilizados	\<Por ejemplo, teléfono, reuniones físicas, comunicación basada en IT\>
Ineficiencias identificadas del sistema	
Irregularidades de la red identificadas	
1. Implosión de Relaciones	
2. Patrones irregulares de comunicación	
3. Estructuras Frágiles	
4. Agujeros en la red	
5. "Nudo de Corbata"	
Mapa de la Red	\<Inserte el diagrama de la red, si está disponible\>

Figura 26. Plantilla de análisis de redes sociales

183

8.8 ANÁLISIS DE TECNOLOGÍAS

En este apartado se trata de realizar un análisis sobre la infraestructura de sistemas de información y comunicaciones existente en la organización, desde la perspectiva de la iniciativa estratégica de negocio a llevar a cabo. Así mismo, permitirá estimar la complejidad de adaptar la tecnología existente, con las demandas para la sistematización y automatización de la nueva infraestructura que se vaya a requerir.

8.8.1 Por dónde comenzar

Este análisis ofrece una revisión exhaustiva de las siguientes áreas de tecnologías de información y comunicación:

- Dirección de la Tecnología
- Infraestructura de Computación
- Infraestructura de las Comunicaciones
- Sistemas y aplicaciones
- Puesto de trabajo

Para cada una de las áreas mencionadas anteriormente se le invita a completar los cuestionarios que se encuentran en este módulo de forma que pueda recabar información de la infraestructura existente y su uso. Es también recomendable que el consultor realice reuniones con los profesionales de TI de la organización con el fin de obtener una comprensión del negocio y/o los objetivos de TICs y el entorno.

El material de auto-evaluación que se encuentra en las plantillas comprende tres técnicas:

- Recolección de información de los sistemas y aplicaciones
- Cuestionarios
- Eficacia de los perfiles, para conocer el grado de eficiencia se evalúan los perfiles de la organización con cinco niveles de efectividad desde 1 a 5. (1: Poco reconocimiento del problema, 2: reconocimiento del problema, 3: Enfoque para formalizar el problema, 4: Enfoque a medida que se define la base de juicio, 5: Mejores Prácticas)

8.8.2   Plantillas

Dirección de la Tecnología

Seleccione la estrategia que mejor describa su actual estrategia de hardware

	Estrategia de Hardware **Proceso de determinar la estrategia global de hardware dentro de la organización**
1	Sin estrategia de hardware formal. La estrategia de hardware evoluciona en gran parte gracias a la experiencia individual de los gestores en sistemas de información y de negocios. La autonomía de compara crea "anarquía técnica".
2	Reconocimiento de la necesidad de un abordaje más consistente previsto para el hardware, por lo general debido a la insatisfacción de la comunicación entre las máquinas, la diversidad de fiabilidad y de apoyo. "Estrategia de Hecho" en algunas áreas la estrategia estará impulsada por la aplicación del portafolio de sistemas.
3	Revisión periódica por parte de los especialistas de sistemas de información, para evaluar la estrategia de hardware al largo plazo. Evaluación de las tendencias de los competidores y del mercado. La estrategia se direcciona principalmente al hardware central (por ejemplo: mainframe (computadoras centrales), discos, controladores); la diversidad de patrimonios causan incumplimiento en muchas áreas. El enfoque esta en el logro de las ventajas técnicas.
4	Estudio regular, formal o documentado para evaluar la estrategia de largo plazo de la estrategia de hardware, por parte del Gerente de Sistemas de Información o de especialistas. Evaluación de las tendencias de los competidores y del mercado. La estrategia se dirige a plataformas centrales, distribuidas o de escritorio; la diversidad de patrimonios causa incumplimiento en muchas áreas. El enfoque esta en el logro de beneficios pragmáticos del negocio.
5	Estudio regular, formal o documentado para evaluar la estrategia de largo plazo de la estrategia de hardware, por parte del Gerente de Sistemas de Información o de especialistas. Evaluación de las tendencias de los competidores y del mercado. Objetivos y estrategia de transición definida. Supervisión continua de las tendencias tecnológicas, la evolución de normas y las oportunidades de ventajas competitivas en función del I+D. La estrategia está dirigida a todas las plataformas, cumplimiento de la estrategia en todos los ámbitos. Sistemas de Información y el negocio trabajan juntos para mantener de manera optima la estrategia de hardware apoyando de esta manera los el logro de los objetivos empresariales equilibrio potencial entre los beneficios y los riesgos.
Comentarios	

Seleccione la estrategia que mejor describa su estrategia de Software actual.

	Estrategia de Software Proceso de determinar la estrategia global dentro de la organización
1	Sin estrategia de software formal. La estrategia de software evoluciona en gran parte gracias a la experiencia individual de los gestores. Los sistemas de información son reactivos tanto a los problemas de los sistemas de software como a las oportunidades.
2	Reconocimiento de la necesidad de un abordaje más consistente previsto para los sistemas de software, por lo general debido a los niveles de insatisfacción de la comunicación entre las maquinas, las diversas necesidades de cualificación, la diversidad de la fiabilidad y de apoyo. La "estrategia de hecho" en algunas áreas está dirigida por al portafolio de sistemas de aplicación.
3	Revisión periódica por parte de los especialistas de sistemas de información, para evaluar la estrategia de software al largo plazo. Evaluación de las tendencias de los competidores y del mercado. La estrategia se direcciona principalmente al software central (por ejemplo: sistemas operativos de computadoras centrales, lenguaje, bases de datos, redes); la diversidad de patrimonios causan incumplimiento en muchas áreas. El enfoque esta en el logro de las ventajas técnicas.
4	Estudio regular, formal o documentado para evaluar la estrategia de largo plazo de la estrategia de software, por parte del Gerente de Sistemas de Información o de especialistas. Evaluación de las tendencias de los competidores y del mercado. La estrategia se dirige al software de base distribuido o al software de escritorio (por ejemplo: MVS vs. OS/400, TCP/IP vs. SNA vs. OSI, FDDI vs. Ethernet vs. Token Ring, Windows vs. OS/2 vs. Unix); la diversidad de patrimonios causa incumplimiento en muchas áreas. El enfoque esta en el logro de beneficios pragmáticos del negocio.
5	Estudio regular, formal o documentado para evaluar la estrategia de largo plazo de la estrategia de sistemas de software, por parte del Gerente de Sistemas de Información o de especialistas. Evaluación de las tendencias de los competidores y del mercado. Objetivos y estrategia de transición definida. Supervisión continua de las tendencias tecnológicas, la evolución de normas y las oportunidades de ventajas competitivas en función del I+D. La estrategia está dirigida a todas las plataformas, cumplimiento de la estrategia en todos los ámbitos. Sistemas de Información y el negocio trabajan juntos para mantener de manera optima la estrategia de hardware apoyando de esta manera los el logro de los objetivos empresariales equilibrio potencial entre los beneficios y los riesgos.
Comentarios	

Seleccione la estrategia que mejor describa su estrategia de Internet/Intranet/ Extranet actual.

	Estrategia de Internet/ Intranet/ Extranet Enfoque de la organización para explotar plataformas de sistemas abiertos
1	No hay un objetivo formal de las tecnologías de Internet. La organización se enfoca en tecnologías "no-Internet" las cuales predominan un único proveedor.
2	Reconocimiento de los beneficios potenciales de las tecnologías de Internet. La investigación inicial de las tecnologías de internet, específicamente en las áreas de Sistemas de información (SI) y de Tecnologías de la Información (TI) (por ejemplo: redes, sitios web). El enfoque esta en alcanzar los beneficios tecnológicos y reducir los costos a través de las licitaciones competitivas.
3	Políticas de SI/TI en materia de tecnologías de Internet se define basándose principalmente en la evaluación formal de los beneficios técnicos y la reducción de costes. La estrategia de Internet debe abarcar en primer lugar las conexiones externas y las redes.
4	La política empresarial acerca de las plataformas informáticas, se define basándose principalmente en una evaluación de los beneficios organizacionales (por ejemplo, facilitación de "joint venture", desinversión, diversificación, intercambio de información con los socios comerciales, etc.), en los beneficios técnicos y en el costo. La estrategia tecnológica de Internet se dirige principalmente en la existencia de páginas Web y redes externas.
5	La política empresarial de las tecnologías de Internet se define basándose en una evaluación de los beneficios organizacionales y técnicos, en los costos y en los riesgos (por ejemplo, estándares de obsolescencia, complejidad de la gestión del cambio, validación de la conformidad de los productos, seguridad, etc.) La estrategia tecnológica de Internet se enfoca en las redes, plataformas informáticas, gestión, estructuras y distribución de datos, interfaces de los usuarios, metodologías y seguridad.
Comentarios	

Infraestructura Informática

Seleccione la infraestructura que mejor describe su infraestructura informática actual.

	Definición de la Infraestructura El proceso de definir la infraestructura del producto hardware/software
1	No hay una infraestructura tecnológica definida, sólo existe la infraestructura implícita de los proveedores primarios

	Definición de la Infraestructura El proceso de definir la infraestructura del producto hardware/software
2	Reconocimiento de la necesidad de un enfoque más formal de la infraestructura del hardware y del software, y esto se genera por lo general en respuesta a los problemas de incompatibilidad del hardware/software. Infraestructuras definidas para resolver algunas áreas problemáticas (por ejemplo, configuraciones de ordenadores, PC´s)
3	Ampliar el ámbito de la infraestructura, definido para las plataformas de hardware y software. Definir responsabilidades específicas para realizar revisiones periódicas de las necesidades u oportunidades de infraestructura y el cumplimiento de la estrategia acordada.
4	Revisión periódica de la arquitectura de la tecnología para identificar las necesidades y explotar los desarrollos. Definición de roles y responsabilidades específicas para definir las revisiones y cumplimiento de la estrategias. Documentación de la Infraestructura.
5	Proceso en curso para mantener la infraestructura tecnológica óptima para así cumplir con la estrategia. Comprender el ámbito de la infraestructura, que abarcan sistemas transaccionales, PC´s, redes, sistemas operativos, monitores, bases de datos, herramientas analíticas, lenguaje y uso de interfaces, documentación de la Infraestructura.
Comentarios	

Infraestructura de Comunicación

Seleccione el diseño de red que mejor describe su infraestructura de comunicación actual

	Diseño de Red Diseño de los aspectos de la infraestructura de comunicación
1	No hay una infraestructura de comunicación definida. Existen diversas redes para una gran gama de aplicaciones. No existe integración entre las redes. Separar los servicios de voz y datos.
2	Reconocimiento de la necesidad de aumentar la integración entre los sistemas de comunicación de la compañía. Separar los servicios de voz y datos.
3	Red de información integrada. Separar los servicios de voz y datos. Clara responsabilidad de gestión para el diseño de la infraestructura de comunicación existente.
4	Están parcialmente integradas la voz y las redes de datos. Clara responsabilidad de gestión para el diseño de la infraestructura de comunicación existente.
5	Está totalmente integrada la voz y las redes de datos. Clara responsabilidad de gestión para el diseño de la infraestructura de comunicación existente; diseño, tamaño y costos para satisfacer las necesidades del usuario.
Comentarios	

Seleccione las capacidades que mejor describen su infraestructura de comunicación actual

188

	Capacidades de la Red Capacidades intrínsecas de la infraestructura de comunicación
1	La infraestructura no se configura de forma que permita que los usuarios se comuniquen entre sí, mediante voz y datos. No existen servicios de comunicación coherente. La percepción del usuario es que hay poca disponibilidad del servicio y en el tiempo de respuesta, no hay objetivos ni medición del servicio.
2	La infraestructura puede configurarse de tal forma que permita que muchos de los usuarios se comuniquen entre sí por medio de la voz y datos. Los servicios de soporte de comunicación son limitados. El usuario percibe una aceptable disponibilidad de servicio y tiempo de respuesta, pero no hay objetivos ni medición del servicio.
3	La infraestructura puede configurarse de tal forma que permita que los usuarios se comuniquen entre sí por medio de la voz y datos. Hay servicios de soporte de comunicación estándares y no estándares. Hay disponibilidad del servicio y se cumplen los objetivos de los tiempos de respuesta, pero estos no se miden.
4	La infraestructura puede configurarse de tal forma que permita que los usuarios se comuniquen entre sí por medio de la voz y datos con una gama de facilidades para usuarios específicos. Completa estandarización y no estandarización de los servicios de soporte de las comunicaciones. Disponibilidad del servicio y se mide el tiempo de respuesta y se alcanzan los objetivos frecuentemente.
5	La infraestructura puede configurarse de tal forma que permita que los usuarios se comuniquen entre sí por medio de la voz y datos con una gama de facilidades para usuarios específicos. Completa estandarización y no estandarización de los servicios de soporte de las comunicaciones. Optimo nivel de servicio de usuario, información de cosos completa y disponible.
Comentarios	

Seleccione el soporte de red que mejor describe su infraestructura de comunicación actual

	Soporte de Red Alcance del soporte de la Infraestructura de comunicación y los procesos operacionales
1	No hay soporte para los servicios de voz y datos. El soporte y mantenimiento disponible es prestado por parte de los proveedores de equipos. No existen los procedimientos operacionales ni escalabilidad de los errores.
2	Reconocimiento de la necesidad de una mayor capacidad de apoyo formal para los servicios de voz y datos. El soporte y mantenimiento lo provee el proveedor de los equipos. Existe procedimientos operacionales básicos
3	Se formaliza el soporte de los servicios de voz y datos. Se definen responsabilidades para el soporte y mantenimiento de primera línea con la ayuda del proveedor de equipos. Existen procedimientos operacionales y de escalabilidad de los errores básicos.
4	Se formaliza el soporte de los servicios de voz y datos. Las responsabilidades se definen ofreciendo un "help desk" y el soporte y mantenimiento de primera línea se da con la ayuda del proveedor de equipos. Se detallan los procesos operacionales y la escalabilidad de los errores.
5	La infraestructura ha alcanzado un alto nivel de apoyo a los servicios de voz y datos. Un equipo experimentado ofrece los servicios del "help desk", hay una escala de fallos y un amplio soporte y mantenimiento para todos los usuarios. Hay un funcionamiento integral de la escalabilidad de los errores y de los procedimientos.
Comentarios	

Sistemas y aplicaciones

ALCANCE	USO	NECESIDAD	RELATIVA IMPORTANCIA
1	No lo Usa	No lo necesita	No es importante
2	Poco uso	Lo necesitan poco	Menor importancia
3	Algún uso	Algunos lo requieren	Importancia razonable
4	Uso considerable	Lo necesitan considerablemente	Importante
5	Uso extensivo	Lo necesitan extensivamente	Esencial

Servicio/equipos	Uso (1-5)	Necesidad (1-5)	Importancia (1-5)
Fax			
Teleconferencia			
Videoconferencia			
Correo Electrónico /Diario			
Correo de Voz			
Ofimática			
Publicación Web			
Trabajo en grupo			
Trabajo en cloud compg			

Por favor, escriba los sistemas operativos más importantes disponibles en su negocio asígnele un Sistema de Identificación.

Cada aplicación debe tener una Información de perfil completa.

Identificación del Sistema	Nombre del Sistema	Usuarios Primarios (Departamentos & Individuos)	Procesador	Sistemas Operativos

Identificación del Sistema	Nombre del Sistema	Información primaria de salida	¿Está disponible la Web?	Conectividad externa

Solicitud de Información sobre el Perfil

Puesto de trabajo

Por favor responda las preguntas marcando con un círculo, de forma apropiada en cada pregunta:

1: Ninguno en absoluto, bajo, malo

5: En gran cantidad, alto, bien

A. **Experiencia**

Por favor evalúe:

1. Nivel general de la experiencia con la informática   1 2 3 4 5

2. Importe de la formación en computadores proporcionada a los empleados en los últimos tres años   1 2 3 4 5

3. ¿Qué tan bien, piensa que el departamento se adaptaría al cambio del nuevo sistema de información implementado en el futuro cercano?

B. **Uso de la Computadora**

Por favor indique el grado en que:

1. El departamento utiliza computadores, impresiones, etc.   1 2 3 4 5

2. Los sistemas de información ayudan a los gerentes del departamento en la toma de decisiones diarias.

3. El uso de Internet en el departamento (incluye acceso a Internet, disponibilidad de los usuarios)   1 2 3 4 5

4. El departamento inicio cambios de los sistemas de información en el último año.

5. Los cambios se han vistos como exitosos   1 2 3 4 5

C. **Participación de los sistemas informáticos**

Por favor evalúe, la participación del departamento en las siguientes informáticas

1. Viabilidad de los sistemas de información y justificación de los estudios.
   a. ¿Cuánto participan?
   b. ¿Cuánto creen que deben participar?

	1	2	3	4	5

2. Aprobación para proceder al desarrollo completo del sistema
   a. ¿Cuánto participan?
   b. ¿Cuánto creen que deben participar?

	1	2	3	4	5

3. Diseño funcional (determinar lo que el sistema debería alcanzar)
   a. ¿Cuánto participan?
   b. ¿Cuánto creen que deben participar?

	1	2	3	4	5

4. Diseño técnico (determinar cómo debería trabajar el sistema)
   a. ¿Cuánto participan?
   b. ¿Cuánto creen que deben participar?

	1	2	3	4	5

5. Prueba del sistema, aceptación de las pruebas por parte del usuario y sistemas de implementación
   a. ¿Cuánto participan?

	1	2	3	4	5

D. **Niveles de los servicios de informática**

Por favor indique su punto de vista acerca de la satisfacción general del usuario, respecto al servicio que ofrece el departamento central de informática (por ejemplo, útil, rápido en resolver problemas, etc.) en las áreas de:

6. Sistemas y Operaciones computacionales.

7. Sistemas de mantenimiento (correcciones)

8. Sistemas de desarrollo, por ejemplo, llevar a cabo las solicitudes de mejoras o de nuevos sistemas.

	1	2	3	4	5

9. Los cambios se han vistos como exitosos

	1	2	3	4	5

10. Por favor indique su punto de vista acerca de la satisfacción general del usuario, respecto al servicio que ofrecen

	1	2	3	4	5

E. **Informática potencial**   1   2   3   4   5

Por favor indique su opinión

1. Se podría utilizar más la informática en el departamento

2. El soporte informático del departamento ha mejorado en el último año

   a. Como proveedor central
   b. Como proveedor local

F. **Seguridad Informática**

Por favor de su punto de vista de la conciencia que tienen los departamentos en relación a la seguridad informática:

1. Política General de Seguridad

2. Responsabilidad de procedimiento en relación a la   1   2   3   4   5
   seguridad

3. Responsabilidad respecto a la seguridad de los datos

8.9 DIAGNÓSTICO

Tras el trabajo realizado en los anteriores capítulos se obtiene el diagnóstico de la situación actual y se puede hacer una estimación del esfuerzo necesario para llevar a cabo la iniciativa estratégica de negocio.

Es importante realizar un resumen ejecutivo con al menos la siguiente estructura:

- Objetivo del diagnóstico
- Visión global del Proyecto Estratégico de Negocio
- Metodología para el diagnóstico
- Trabajo de campo realizado
- Análisis
- Capacidades existentes
- Ideas recadabas y oportunidades de mejora
- Conclusiones y recomendaciones
- El camino a seguir

8.10 PRIMERA APROXIMACIÓN A LA VISIÓN DE LA INICIATIVA

Tal y como se presenta en la primera parte de este libro y concretamente en el capítulo 3, sobre Planificación Estratégica, es el momento de aplicar la teoría y elaborar una primera aproximación de la iniciativa estratégica de negocio.

Normalmente, para llevar a cabo este trabajo, deberá facilitar entre 2 y 5 sesiones, dependiendo del grado de madurez de la organización, para generar el mapa estratégico de la iniciativa que se está abordando.

El principal output de esta sección y, por ende, de toda la Parte A del Diseño de la Solución es un Mapa Estratégico. En él aparecerán las principales iniciativas a llevar a cabo para conseguir los objetivos que permitirán llegar a la solución del problema enfrentado. Un trabajo que debe ser lo más integrador de las distintas visiones que los miembros del equipo de la iniciativa aporten. En la medida en que se consiga un gran consenso en torno a las guías dadas por el agente de cambio, más valor tendrá el PEN.

Resumir en un mapa que se puede representar en una hoja las acciones que se cree van a permitir solucionar el problema que enfrenta el negocio es un trabajo complejo, poco mecánico. El principal ingrediente es la materia gris de los participantes, que son los mayores conocedores de la situación, complementados con visiones, herramientas y revisión crítica que aportará el facilitador.

El principal mérito de un mapa estratégico es correcto es identificar las actividades prioritarias que más impacto pueden tener en el alcance de los objetivos deseados. Porque la organización no puede hacer todas las cosas que le gustaría hacer para conseguirlo, dado que los recursos y tiempo disponible son pocos. Por lo tanto, el virtuosismo reside en conseguir aplicar la energía en los aspectos clave.

La siguiente figura representa un mapa estratégico de ejemplo, donde las flechas identifican las relaciones causa- efecto.

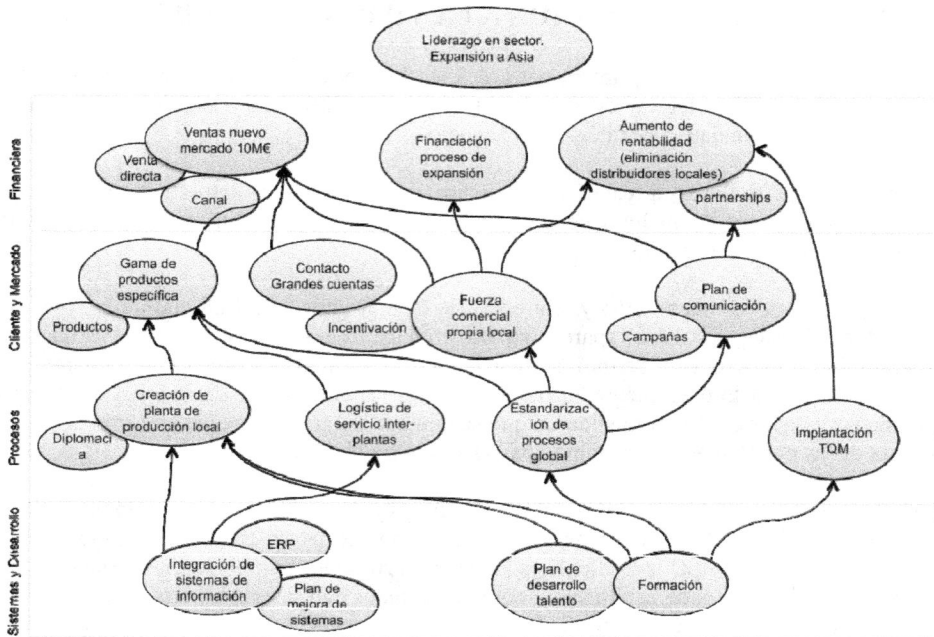

Figura 27. Ejemplo de mapa estratégico para un PEN que busca expansionar la empresa en Asia

196

9 DISEÑO. PARTE B. DETALLE DE DISEÑO. ANÁLISIS Y POTENCIACIÓN DE PROCESOS, PERSONAS Y TECNOLOGÍAS

9.1 PLANIFICACIÓN DETALLADA Y ESTIMACIÓN DE ESFUERZOS

La planificación adecuada de un proyecto estratégico es una de las mejores prácticas para el éxito del mismo. Además de ser imprescindible para luego llevar a cabo la implementación y coordinación de esfuerzos, permite alinear expectativas desde el principio de la iniciativa. Si bien es imposible detallar cada detalle de lo que se va a realizar, sí que aclara lo suficiente como para evitar que se olvide algún aspecto importante, o generar expectativas ambiguas o demasiado elevadas.

Una correcta planificación comprende las iniciativas estratégicas globales, actividades que las componen, tareas y sub-tareas. Para cada una de ellas se deben indicar los plazos estimados, la dedicación requerida, los recursos necesarios para llevarlas a cabo y los responsables.

Adicionalmente, dividir el proyecto poniendo hitos intermedios es muy recomendable. Los hitos delimitan actividades que una vez completadas se cierran y permiten avanzar en otras. A nivel de la gestión del proyecto es una potente herramienta para controlar el seguimiento de consecución de etapas.

Este trabajo debe ser desarrollado por el equipo de la iniciativa. Usted, como facilitador del proyecto proveerá de las herramientas, caso de que no las haya y la metodología de trabajo.

9.1.1 Planificación detallada. Desglosando el mapa estratégico

A partir de la primera visión del PEN plasmada en el mapa estratégico, donde se identificaban las principales iniciativas a llevar a cabo, se debe entrar en un mayor nivel de detalle del trabajo a llevar a cabo.

El objetivo de es previsualizar el camino que se ha de recorrer para llevar a la práctica cada iniciativa. Para ello, desglosaremos cada gran iniciativa en una serie de actividades que permitan transformar la organización desde su estadio actual, con el problema activo, a tenerlo resuelto. A su vez, algunas tareas "madre" pueden contener un nivel adicional de detalle, incluyendo en ese caso algunas tareas "hija" o subtareas.

Una correcta planificación detallada debe ser realizada en primer lugar por el equipo de la iniciativa, pero debe ser revisado, enriquecido y aceptado por los expertos de las áreas que son capaces de estimar algunos matices.

En el desglose se debe hacer un importante esfuerzo de convergencia, ya que, como se ha comentado antes, las iniciativas elegidas son las clave y se deben de poder llevar a cabo con la máxima eficiencia. En el detalle de tareas necesarias para culminar aquellas debe llegar a especificarse información sobre el objetivo concreto y el output que se espera obtener, así como el plazo y responsable que la liderará.

Sería un esquema como el que sigue:

PERSPECTIVA	INICIATIVAS ESTRATÉGICAS	TAREA	OBJETIVO	OUTPUTS	PLAZO	RESPONSABLE

La siguiente tabla es un ejemplo a medio completar para facilitar la comprensión.

INICIATIVAS ESTRATÉGICAS	TAREA	OUTPUTS	PLAZO	RESPONSABLE
Alianzas estratégicas	creación de equipo de expertos	conocimiento exclusivo		
	portal de canal	comunicación directa		
	consolidación de canal	transacciones automáticas web services		
	consolidación de canal	procesos de atención propios		
Incremento de ventas	nueva oferta	producto local		
	nueva oferta	producto para internet		
	nueva oferta	pymes		
	nuevos canales directos	ipad		
	consolidación de canal	mejora de la relación con canal		
	nuevos canales	autogestión del cliente		
	segmentación	20% clientes más rentables		
	segmentación	nuevos nichos		
	plan de ventas	incentivos a la red		
Potenciación de ventas por canal	definición oferta específica de canal	paquetización de productos		
	información de gestión del canal	seguimiento de ejecutivos comerciales		
	plan de ventas	incentivos a la red		
	plan de ventas	seguimiento de la red		
Marketing guerrilla	fidelización	identificar los motivos de baja		
	fidelización	reducir la caída de clientes		
	inteligencia de negocio	identificar los motivos de baja		
	comunicación y proyección	conferencias, seminarios, publicaciones		
Nuevos servicios	comunicación y proyección	plan de presencia en medios		
	asignación de recursos específicos	business plan		

INICIATIVAS ESTRATÉGICAS	TAREA	OUTPUTS	PLAZO	RESPON SABLE
	departamento de lanzamiento innovaciones	nuevo proceso de diseño de productos		
	departamento de lanzamiento innovaciones	innovación abierta		
	plan de retribución basado en la productividad	nuevas políticas retributivas		
Mejora de la producción	eficiencia 2	revisión de procesos productivos		
	eficiencia 2	mapa de cuellos de botella		
Mejora de la calidad del servicio	portal del cliente	gestión íntegra de compra		
	portal del cliente	gestión íntegra de perfil		
	información de gestión	cuadro mando integral		
Mejora de la relación con el cliente	proactividad crm	externalización call center		
	recogida de feedback	encuesta trimestral		
	experiencia cliente	reporting mensual		
Refuerzo de cultura organizacional	remodelación de oficinas	ergonimía departamental		
	sistema de gestión por competencias	sistema de acreditación profesional		
	sistema de gestión por competencias	aumentar ratio de productividad		
	oficina del cambio	potenciación de cultura proactiva		
	formación	mentoring en ventas		
	formación	plan de formación anual		
Capacitación	plan de formación	programa de formación específico para cada área		
	plan de formación	carreras profesionales		
	competencias para la innovación	programa de tiempo libre para innovar		

9.1.2   Cronograma detallado de la implementación

Una vez identificadas las tareas específicas, el equipo de trabajo debe poner en la mira el desarrollo de un plan de implementación.

Una parte del plan de implementación debe ser el plan de gestión del cambio, el cual debe estar diseñado para minimizar la resistencia al cambio y para preparar a la organización para adoptar la solución en el futuro.

Debe colocar cada una de las etapas importantes de la implementación en la línea de tiempo. Existe una gran probabilidad de que los planes de implementación hechos por sistemas de desarrollo de calendarios, sean menos flexibles y sean más dependientes. Sin embargo, es importante que el equipo piense en cada uno de los elementos de solución y defina su propia línea de tiempo incluyendo interdependencias de tareas y plazos realistas.

Idealmente, la representación más adecuada para un desglose de trabajo complejo es un diagrama de Gantt. Se trata de una representación que visualiza en el mismo entorno las actividades, sus relaciones y los plazos estimados.

Un ejemplo de un cuadro para realizar la programación de la implementación se muestra a continuación. En azul aparecen las tareas en su extensión. En negro las actividades negras.

Existen algunas herramientas comunes para su elaboración y mantenimiento, incluso algunas son accesibles de forma gratuita, como es el caso de Open Project.

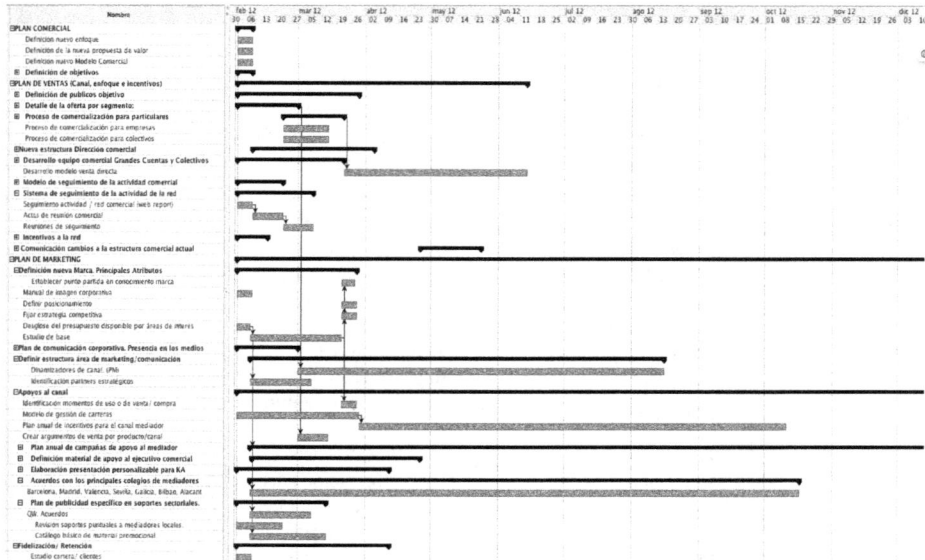

Figura 28. Ejemplo de una parte de un diagrama de Gantt de un proyecto

9.1.3 Objetivos e indicadores de medida

En esta sección se hace especial hincapié en el desarrollo de las medidas que permitirán controlar la evolución del proyecto (Key Progress Indicators, KPIs) y posteriormente su impacto.

En el desarrollo de este proceso, se han tenido en cuenta los siguientes hechos:

- Las mediciones no pueden desarrollarse independientemente del resto de la Metodología de consultoría.
- El desarrollo de las mediciones es parte integral del desglose de la visión estratégica de cualquier organización hacía la iniciativa que se está llevando a cabo. Esto es, que deben estar en total sincronía y complementar las medidas que se llevan en la actualidad.
- En cualquier intervención del CEO y del equipo directivo el tiempo que se emplee debe ser percibido como eficaz y debe utilizarse eficientemente.
- Un taller bien planificado es el medio más eficaz de lograr un entendimiento común y el acuerdo de los ejecutivos.

En esencia, se parte de la simple premisa de "Lo que se mide, se logra".

También es importante reconocer que a medida que se comprenden los conceptos en los que se fundamenta la solución del PEN, crece su capacidad para ajustar los sistemas de medición.

200

A nivel práctico, la idea es empezar a medir algo y reiterativamente ir mejorando dichas evaluaciones. Los puntos de vista acerca de las interacciones entre las variables, combinaciones de medidas y redundancia de algunas de estas, forman la base de las mejoras a largo plazo del sistema medición.

En este punto también queremos que tenga en cuenta una palabra, "precaución", en relación con el desarrollo y la intención de las mediciones. Básese siempre en datos y no en interpretaciones o expectativas.

El proceso de elaboración de las mediciones se debe desarrollar de arriba a abajo: desde la identificación de la visión de la organización, estrategia y los factores críticos de éxito (FCE), con indicadores de rendimiento de negocio para los factores críticos de éxito.

- Evalúe la relación del PEN con la estrategia.
  ¿Cómo lograr rentabilidad por encima del normal?

- Identifique sus Factores Críticos Éxito (FCE)
  ¿Cuáles son los FCE para tener éxito en su estrategia?

- Indicadores para medir los FCE

  ¿Cómo se miden estos FCE?

  ¿Qué se debe estar midiendo para estos FCE?

  Documente instantáneamente las mediciones de alto nivel

- Identifique las actividades más importantes para la iniciativa
  ¿Cuáles son sus objetivos?

  ¿Cuáles son los indicadores asociados?

  ¿Y los resultados esperados en forma de outputs concretos?

- Desarrollar las mediciones de los hitos intermedios
  ¿Cuál es la mejor forma de medir el progreso de las acciones?

- Implementar / Piloto de los Sistemas de Medición
  Mejorar e integrar los sistemas de información que nos permitan un seguimiento automatizado

- Establecer el Ciclo de Revisión Continua
  Introducir el ciclo de revisión para el Sistema de Medición

  ¿Este medida es útil, indicativa, etc.?

  ¿Piensa que hay una manera mejor de hacer esto?

Este proceso de medición se puede utilizar en las organizaciones cuya meta final es llevar a cabo una transformación completa o parcial de su negocio. El sistema de medida debe ser desarrollado con el facilitador y/o gerente proyecto de la iniciativa, que debería estar presente en todos estos pasos.

9.1.4 Evalúe el impacto de negocio

EVALUE SU ESTRATEGIA

¿Cómo lograr rentabilidad por encima del normal?

Es importante destacar que ningún Sistema de Medición tendría valor si no está vinculada a la estrategia y busca medir el impacto que la iniciativa que se lleva a cabo tiene en el negocio. Hay dos razones para esto:

En primer lugar, como se ha dicho una y otra vez, no hay un sistema universal de medida que funcione para todas las organizaciones. Los proyectos estratégicos que se llevan a cabo en cada entorno son demasiado diversos para ser capturados por los mismos indicadores/mediciones. Por lo tanto, un indicador de que sería esclarecedor para una empresa, en una industria, puede tener otro sentido en otro contexto.

En segundo lugar, no todos los indicadores serán igualmente importantes para toda organización. Aunque una organización puede incluir varios indicadores en el sistema, es importante que los miembros conozcan y compartan la priorización de los indicadores. Sería imposible, mejorar la mayoría de los indicadores, al mismo tiempo: las compensaciones deberán ser realizadas, y algunos indicadores recibirán una prioridad más alta porque se cree que su relación con la rentabilidad es más fuerte. Por lo tanto, es importante que todos en la empresa lo sepan, y trabajen en la misma dirección, para evitar situaciones de peligro donde las acciones de dos unidades diferentes de la organización entren en conflicto y hagan esfuerzos sin sentido.

La mejor manera de dar prioridad a los indicadores y los activos es a través del impacto que tienen en los resultados de la organización. Se debe dar a toda la organización una declaración única y clara de aquellas líneas más importantes, y cuáles en cambio puede ser sacrificados por el bien mayor.

El proceso de desarrollar las mediciones comienza de arriba abajo, preferiblemente en un taller de trabajo (workshop). La necesidad de consensuar la forma en que se va a medir el impacto traducido en negocio de los objetivos de cada iniciativa de las líneas estratégicas representadas en el mapa, hace que esta fase sea de dominio casi exclusivo de la alta dirección. Las ventajas y desventajas de los enfoques "arriba-abajo" y de "abajo-arriba" han generado un inmenso debate (y la literatura correspondiente), que este módulo no profundizará.

El formato ideal es realizar un taller de trabajo de uno o dos días con el equipo directivo, donde el consultor o agente de cambio facilite el desarrollo de los indicadores, añadiendo estos en una columna de la planificación detallada. Esto permitirá usar las tablas de planificación, como las mostradas en los ejemplos anteriores, como elemento para el seguimiento y control.

9.2 EL CASO DE NEGOCIO

Por caso de negocio (business case) entendemos un estudio económico y de impacto de un proyecto. Se trata de una valoración de los esfuerzos necesarios y de los retornos esperados con el PEN.

9.2.1 ¿Por qué desarrollar un caso de negocio?

La razón más obvia para desarrollar un caso de negocio, es para justificar los recursos necesarios para llevar a cabo el proyecto estratégico de negocio. Sin embargo, esto tiene otros tres importantes propósitos:

- El caso de negocio es una excelente herramienta de planificación para el consultor y para su equipo. Escribir el caso de negocio obliga al equipo de consultoría a sentarse y reflexionar sobre el trabajo que han realizado hasta el momento y el trabajo que han de lograr en los próximos meses.

- El caso sirve como vehículo de comunicación para compartir el proyecto con otras personas. El caso de negocio es el lugar donde todos los hechos relevantes están documentados y relacionados entre sí con una historia cohesiva. Esa historia permite transmitir a otras personas acerca del qué, cuándo, dónde, cómo, y por qué del proyecto.

- Desarrollar el caso de negocio simplifica la justificación financiera para la iniciativa.

9.2.2 ¿Qué es un caso de negocio?

Un caso de negocio para la consultoría es una poderosa justificación persuasiva para la iniciativa e incluye detalles preliminares de la necesidad, el alcance del proyecto, las necesidades de recursos, el calendario de implementación, la generación de conciencia y el plan de gestión del cambio. El caso de negocio tiene muchas facetas, beneficios cuantificables y no cuantificables, retornos al corto y largo plazo. Para que el caso sea efectivo debe ser:

- Breve y bien articulado
- Lógico y convincente
- Cualitativo y cuantitativo

Por encima de todo, el caso debe ser consistente y debe transmitir un sentido de urgencia. De forma que invite a las personas de la organización a pasar a la acción.

Algunas de las secciones del caso de negocio se resumen a continuación. No todos los proyectos necesitan todas las secciones. Dichas partes han de estar concebidas según las necesidades de los receptores del caso de negocio del proyecto

Resumen Ejecutivo

El resumen ejecutivo proporciona al gerente un breve vistazo (idealmente de una página) del caso de negocio. El grueso del resumen ejecutivo debe estar en la cuenta de resultados del proyecto. Las otras partes del caso de negocio proporcionan el detalle y análisis de los puntos mencionados en el resumen.

Necesidad

La primera pregunta que el caso de negocio tiene que abordar es: ¿por qué existe la urgente necesidad de llevar a cabo el PEN y cómo la iniciativa ayudará a la organización a lograr sus objetivos? En otras palabras, ¿cuáles serán los beneficios de esta iniciativa, tanto en términos cualitativos como cuantitativos? Estos beneficios podrán abarcar una amplia gama. Algunos ejemplos son:

- Reducción en el ciclo de producción/ o salida al mercado
- Reducción de costes
- Mas eficiencia del uso y reutilización de los recursos y capacidades
- Mayor efectividad funcional
- Aumento de la adaptabilidad organizacional
- Aumento del valor de los productos y servicios existentes y de su rentabilidad
- Creación de nuevos productos, procesos y servicios

En esta sección se incluirá la evaluación de la situación y el planteamiento del problema desarrollado en el Diagnóstico llevado a cabo.

Descripción del Proyecto

En esta sección se describe el estado final que se desea obtener con la aplicación de la iniciativa. El estado final proporciona el marco estructural para la definición de la solución, ya que es punto al que se desea llegar. Los elementos que deben incluirse en ella son: la estrategia o los objetivos, la descripción detallada de la solución desarrollar. Se trata de una visión global rigurosa y detallada para que el lector conozca cómo será el resultado final, la descripción del área de negocio o proceso clave seleccionado para realizar el proyecto y la justificación del por qué y para qué se hace.

Detalle de la Solución

En esta sección del caso de negocio se debe mostrar a otros aspectos de la solución que deben incluir:

- Medición y evaluación del impacto del plan
  La medición y evaluación del impacto del plan forma parte integral del caso de negocio y viene dado por los outputs esperados de las iniciativas que detallan la solución.

- Requerimientos de recursos y financiamiento
La magnitud total de los recursos utilizados en la iniciativa depende del alcance del proyecto y del área o proceso clave seleccionado. Para controlar los recursos gastados y minimizar duplicidad en los esfuerzos, el equipo de trabajo deberá elaborar una estructura detallada de costos, de desarrollo, pruebas y de cualquier gasto de mantenimiento o administrativo. Puede resumirlo en un pequeño cronograma o diagrama de Gantt, similar al que se encuentra en la parte inferior.

- Sensibilización y plan de gestión del cambio en la organización
Es una revisión de cómo el plan de consultoría en la organización va a ser utilizado, y de qué manera éste va a ser incluido en el caso de negocio. El equipo de trabajo debe describir su plan de acción, dependiendo de la evaluación de disposición al cambio y al análisis de los grupos de interés.

9.3 APROBACIÓN DE LA ALTA DIRECCIÓN

En las organizaciones occidentales la toma de decisiones compete en gran medida a la alta dirección. Llevar a cabo proyectos con inversiones, esfuerzos y efectos significativos requiere que las personas con capacidad de toma de decisión lo entiendan y lo apoyen durante todo su desarrollo.

9.3.1   ¿Por qué es importante obtener la aprobación de la Alta Dirección?

Dados los cambios del mercado, el comportamiento de la competencia y la propia dinámica de la organización, los directivos están sometidos a muy altas exigencias de optimización de recurso. Los agentes de cambio no pueden ser actores pasivos, poco entusiastas de la iniciativa estratégica de negocio. El éxito de la iniciativa pasa porque estén completamente comprometidos con ella. Deben darse cuenta de que será necesario que aprendan nuevas habilidades y nuevas maneras de dirigir sus funciones. Es lo que se ha venido a denominar la capacidad "ambidiestra" del directivo, que compagina el foco con los resultados a corto (explotación), con la búsqueda e implementación de un cambio (exploración).

El tiempo y los recursos que se requieran para obtener el apoyo de la Alta Dirección, dependerá del grado de conciencia y compromiso de la plana mayor de la compañía. En la presente sección se proporcionan algunas ideas sobre cómo conseguir la aprobación de la Alta Dirección.

9.3.2   Mejorar el nivel de conciencia de la Dirección

Antes de conseguir el apoyo del equipo de la alta dirección para desarrollar la iniciativa, la Dirección necesita entender el concepto, conocer cuáles son los recursos necesarios para la implementación del proyecto y lo más importante conocer cuáles son los beneficios del proyecto. Y todo ello debe poder explicarlo en su lenguaje, el de los negocios.

La mejor manera de llevarlo a cabo es en una reunión de tres o cuatro horas, en las cuales se dará la visión general de lo que es el PEN. Asegúrese de incluir una serie de ejemplos de cómo otras organizaciones del mismo sector industrial están llevando a cabo experiencias de transformación para mejorar su rendimiento y competitividad. Y para el caso concreto de su necesidad, cómo les ayudará a solventarla.

Antes de la reunión con el equipo directivo de la compañía, envíe una carta con la programación de la reunión donde el agente del cambio exprese su apoyo a la iniciativa estratégica de negocio. Una copia de uno de los siguientes libros o artículos sobre la solución planteada como PEN pueden ser de gran refuerzo acompañando la carta.

10 IMPLEMENTACIÓN

Si todos los pasos previos a la implementación han sido llevados correctamente a cabo, la puesta en marcha será, sin duda, la más sencilla de ejecutar, por su naturaleza rutinaria. Lo que no quiere decir que sea fácil, dado el gran esfuerzo de coordinación y de toma de decisiones operativas que conlleva.

Es en esta parte donde las habilidades de adaptación, capacidad de superar imprevistos y corregir desviaciones respecto a la planificación serán puestas de relieve.

10.1 CONSTRUCCIÓN DE LOS COMPONENTES DE LA SOLUCIÓN

Lo primero que hay que hacer a la hora de pasar a la acción es crear las bases que se necesitan en los ámbitos de personas, procesos y tecnologías. Esto es:

-   Los nuevos sistemas, estructuras organizacionales y procesos que implementan la organización transformada.
-   Proporcionar orientaciones prácticas para la implementación de la planificación y su control

10.1.1 Personas

Los nuevos roles organizacionales

Para apoyar una nueva arquitectura de la organización acorde con el diseño llevado a cabo por el equipo de cambio, se tendrán que crear nuevas posiciones y una nueva operativa que pueda orientar al cambio cultural y ayudar a la organización a adaptarse a la nueva estructura.

Es aconsejable contar con una "oficina del cambio" ya que se como mínimo, se necesita unas personas para que desarrollen las nuevas tareas hasta que la transformación sea efectiva.

El esfuerzo de transformación se llevará a cabo de manera diferente de acuerdo al tamaño de la organización. Una gran empresa demanda personal dedicado a ello; las empresas pequeñas podrían optar por combinar las responsabilidades descritas a continuación con las funciones de trabajo existentes. Muchos de los roles de trabajo existentes, como los profesionales de inteligencia competitiva, los tecnólogos, profesionales de recursos humanos, que ya tengan los conocimientos necesarios, podrán ser útiles para el desarrollo de la nueva organización.

Nueva Cultura

La transformación no puede ser impuesta desde arriba, pero tampoco puede florecer a menos que sea impulsada y apoyada por la alta dirección. La solución diseñada, las iniciativas a llevar a cabo deben estar respaldadas por suficiente voluntad, por parte de la gerencia, y recibir la aceptación suficiente por parte de los empleados.

La tarea de la alta dirección es crear un clima que estimule el proceso de cambio, en el que los empleados puedan sentirse suficientemente seguros de cómo hacer una evolución plena, y que vean que sus contribuciones a la nueva solución son adecuadamente reconocidas y alentadas.

La iniciativa estratégica de negocio sólo puede tener éxito si los empleados de primera línea, compran los valores y objetivos. Para que este sea el caso, deben sentir que sus contribuciones marcan la diferencia y la mejor manera de lograrlo es asegurarse de que ellos vean el beneficio directo, ya sea en términos de mejora en sus prácticas de trabajo (lo cual a veces no es posible), las recompensas por mejores resultados, o de progresión de su carrera.

El papel de mediar entre la estrategia de alto nivel de la alta dirección y la puesta en práctica diaria de las iniciativas diseñadas en el plan de despliegue, en la primera línea, corresponde a los mandos medios. Los mandos medios deben estar dispuestos a llevar a cabo iniciativas diseñadas y por lo tanto deben sentirse parte de las mismas. Un trabajo de discusión e incorporación de sus mejoras y sugerencias es clave para ello.

Los imperativos detrás de cualquier proyecto estratégico de negocio son los siguientes:

- Crear confianza
- Fomentar el intercambio
- Valorar la innovación

Una iniciativa de transformación de calado en la organización sólo tendrán éxito si la organización es capaz de crear una cultura donde los nuevos valores sean aceptados como norma.

Las relaciones de confianza y la reciprocidad necesaria para el cambio no son un resultado de la iniciativa estratégica. Es algo que tampoco se va a dar gracias a ninguna tecnología. Por lo tanto, deben ser cultivadas como requisito previo de una exitosa transformación y eso requiere tiempo.

Una cultura de colaboración, transformación del negocio y apertura a la innovación requiere:

- Que los empleados se sientan seguros y así estarán abiertos a la comunicación abierta y la colaboración
- Recompensas adecuadas. Participar activamente en la implementación de las nuevas actividades debe ser visto como una actividad valorada en términos de prestigio, desarrollo de la carrera o salario. Los primeros adheridos a la transformación actuarán como semilla del resto de la organización.
- Orientación a los resultados. La medida del impacto de la transformación debe ser visto como algo más que un factor opcional, los empleados deben tener claro que es una parte esencial de su trabajo y una referencia para medir su desempeño.

- Retroalimentación. El reconocimiento y la recompensa son elementos ineludibles de la gestión de la transformación, pero los mayores beneficios vendrán de garantizar la retroalimentación positiva de las propias iniciativas a medida que se vayan desplegando. Proyectar los pequeños éxitos que se vayan consiguiendo en forma de hitos culminados (quick wins) materializa una retroalimentación positiva a los participantes.
- Propiedad. Las personas involucradas en cualquier proyecto estratégico deben sentir que es suyo. Deben tener la percepción de que son los primeros interesados en el éxito del proyecto. Esto por supuesto, es más probable que ocurra si ya sienten que son parte de la organización y han participado desde el principio en el diseño de la iniciativa.

10.1.2 Procesos

La mejora de procesos y el rediseño de alguno de ellos es la forma de implementar la sistematización del cambio. Para ello, en la sección anterior se han expuesto algunas metodologías de trabajo.

Una iniciativa estratégica de negocio pasa por el cambio de las personas, pero es en los procesos donde el cambio se traslada a la actividad. La experiencia sugiere que muchos de los fallos de los procesos de cambio estratégico se deben a la falta de interés en los aspectos humanos y culturales en el momento de la implementación.

El cambio de un proceso de negocio, invariablemente cambia los patrones de interacción social y por lo tanto cambia el significado inherente llevado a cabo por el proceso. Es un error pensar que el cambio de los procesos va a cambiar la cultura o la mentalidad de la organización. En la práctica esto se traduce en el principio de diseñar procesos que no vayan en contra de las personas, de sus preferencias, valores y cultura.

Hay que anticiparse a las necesidades ilógicas e irracionales que se producirán. La orientación de todos los empleados hacia la transformación de la empresa debe ser un objetivo prioritario, especialmente para aquellos empleados que van a estar a cargo de las actividades de transformación críticas.

El enfoque práctico de la implementación hace recomendable dividirlo en fases manejables y controlables tal y como se recoge en la planificación. La oficina del cambio debe mantener una visión completa de la transformación e ir verificando los procesos que se van transformando. Este enfoque permite el establecimiento de prioridades; delimitar ámbitos de cada iniciativa, donde se pueda revisar la dirección global del proyecto; controlar los costes e impacto de cada paso.

10.1.3 Tecnología

El elemento de la tecnología en toda iniciativa estratégica de negocio es clave. Los avances tecnológicos de cualquier índole permiten transformar radicalmente la actividad. Un caso claro es el de las empresas cerámicas que fabrican azulejos. La incorporación de la impresión con inyección de tinta ha transformado radicalmente la actividad que anteriormente usaba para el diseño de sus productos sistemas caros y poco flexibles.

En el caso concreto de las tecnologías de la información y las comunicaciones, su papel no se limita a ser el soporte que permite la automatización de los procesos y por lo tanto aumentar la eficiencia y la productividad por empleado. Sino que juega un rol crítico la hora de permitir la colaboración de los trabajadores del conocimiento. Se trata de un habilitador y una herramienta que les permite tomar decisiones con una información viva y fiable, trabajar en equipo, acceder a fuentes externas de información y trabajar desde cualquier sitio.

Para un trabajador del conocimiento es un requisito indispensable tener bien integrado cualquier sistema de información en su entorno de trabajo. Hoy en día es común y tremendamente útil disponer de un interfaz web único (intranet) que permite un acceso fácil, incluso desde un equipo remoto o un smartphone a todos los sistemas de información: transaccional, cuadro de mando, actividad personal, entornos colaborativos, repositorios...

10.2 SEGUIMIENTO Y CONTROL DEL DESPLIEGUE

El trabajo de facilitación adquiere una nueva dimensión cuando se trata de hacer el despliegue de las iniciativas que integran el mapa estratégico del proyecto de transformación. Se trata de ayudar al equipo de mandos intermedios, responsables interinos y roles creados expreso para la nueva realidad, a pasar a la acción. Normalmente no todos los colaboradores en esta misión tienen experiencia en llevar a cabo este tipo de actividad. Así que una tarea importante es ayudarles a hacer el recorrido mental de la planificación. Porque el detalle de cada actividad, quién lo hará y cuando, sólo lo pueden hacer ellos.

La otra gran actividad que debe desarrollar como facilitador externo, dando soporte al agente de cambio o en primera persona si es el responsable de la oficina del cambio, es el seguimiento y control. En un proceso de transformación esta actividad es crítica y si no se lleva correctamente desde el inicio se hará ardua y en último término puede ser contraproducente.

Las claves de un buen seguimiento y control son:

- Metodología y constancia. En base a la planificación hecha, se debe mantener una visión global del proyecto, que sirva como marco de referencia. Es obvio que la realidad hará que se modifiquen actividades por razones no previstas o cambios en el entorno. Pero es importante mantener una línea base constante que permita medir el avance en la implementación de la transformación.
- Implicación de la alta dirección. Como facilitador de la implementación, su misión principal es asegurar un reporte continuo y riguroso de la misma. Debe ser capaz de traducir al lenguaje de la alta dirección los avances conseguidos a nivel operativo, así como los posibles problemas encontrados y las decisiones propuestas, por si fuesen susceptibles de requerir aprobación a más alto nivel.

El trabajo sistemático ejercido desde la dirección de la oficina del cambio permite capacitar a los colaboradores. De hecho, los mandos intermedios y, en general, los responsables de las iniciativas o actividades a llevar a cabo, deben aprender y llevar a cabo por sí mismos el seguimiento y control.

Se propone hacer un seguimiento semanal en el que los responsables de las actividades asignadas vayan presentando la situación en la realización de las mismas. Para ello se propone usar una tabla sencilla como la utilizada en la planificación, a la que añadimos:

- Grado de consecución del objetivo. En concreto esto es un indicador de progreso que se elegirá específicamente en función de la naturaleza del objetivo
- Quick-wins. Conseguir hitos intermedios en el camino al objetivo deseado y con el impacto de negocio deseado (outputs) ayuda a mantener la calma. Dado que el tiempo necesario para conseguirlo puede ser largo
- Desviación. A menudo la realidad varía sensiblemente del plan previsto y obliga a cambiar la forma en que se desea alcanzar el objetivo. Ello puede causar desviaciones en el tiempo que se indicarán en esta columna. Pero es importante no perder la referencia de plazo inicial previsto.
- Observaciones. En este campo se deben exponer brevemente los motivos de las desviaciones, si las hubiese, y las medidas adoptadas para solventar esos cambios en la planificación.

INICIATIVA	TAREA	OBJETIVO	CONSEC %	OUTPUTS	QUICK-WINS	FECHA	DESVIACIÓN	OBS

Tabla 9. Ejemplo para el seguimiento y control del despliegue de la iniciativa estratégica de negocio

Como las tareas afectan unas a otras, dado que hay vinculaciones y relaciones de dependencia, es muy importante la integración de todo el reporte de todos los grupos de despliegue. El facilitador, desde la oficina del cambio, debe consolidar todos los reportes en un solo resumen para hacer el seguimiento periódico con la alta dirección. Caso de haber problemas que deban ser elevados al comité de dirección, el control proactivo y semanal permitirá que esto se haga de forma rápida y que las decisiones puedan ser tomadas a tiempo.

10.2.1 Gestión de expectativas

En la entrega de valor el facilitador está continuamente interactuando con el cliente y debe ser capaz de intuir la evolución de sus expectativas a medida que la implementación se va convirtiendo en una realidad. Al igual que el arquitecto que empieza a construir la casa pedida y cuya materialización seguramente no coincide al 100% con la imagen que el contratante tiene en su cabeza, el agente de cambio debe saber explicar la realidad que se va construyendo.

Esta faceta requiere mucho esfuerzo y tacto. Se trata de una interacción continua de re-sincronización, en la que se está ayudando a ver y entender cómo las proyecciones hechas, los planes empiezan a ser realidad y demostrarlo con los indicadores sobre los objetivos propuestos. Este es un proceso cíclico en el que usted se verá envuelto a su vez por la propia interacción con los responsables de áreas en el despliegue.

Es muy importante mantener un riguroso control y no permitir abandono de las responsabilidades ni laxitud en el reporte. La disciplina es clave para tener un seguimiento riguroso y que no haya desviaciones insalvables cuando ya sea demasiado tarde.

También es muy importante celebrar los éxitos conseguidos. Cada vez que se consiga un hito planificado en tiempo y de forma eficiente, conviene hacer un reconocimiento público a los protagonistas y a todo el equipo de cambio. La sensación de logro irá derribando barreras al cambio.

10.2.2 Reporting ejecutivo

Independientemente de cómo gestione a nivel operativo el trabajo de la implementación, es necesario informar de forma continua al principal grupo de interés, que es la dirección. Dado que su grado de implicación es clave, mantenerle al día de la evolución de la iniciativa estratégica y hacerle partícipe de los momentos clave es importante.

Se propone utilizar un breve informe que oficialice esta comunicación con el siguiente esquema:

- Situación. Punto en el que nos encontramos dentro de toda la planificación aprobada. Resumen consolidado de la evolución de todas las actividades que se van desarrollando en paralelo, con detalle resumido del grado de progreso, desviaciones que se hayan podido dar y resultados
- Actividades llevadas a cabo y quickwins. Lista de las actividades que se han llevado a cabo e hitos conseguidos.
- Decisiones a tomar. En caso de que haya problemas, explicar si se trata de incidencias bajo nuestra responsabilidad o por causas fuera de nuestro control, referidas a recursos, tiempo, etc. Plantear soluciones a los mismos que hayan sido sugeridas por los propios responsables y proponer para su debate y toma de decisión.
- Puntos de riesgo identificados. El rol de facilitación otorga una visión global del proyecto que permite intuir efectos en cascada de desviaciones o que pueden surgir a raíz de cambios de cualquier otra índole no planificados. Desde el liderazgo de la transformación, dichos puntos de riesgo deben ser anticipados y puestos de relieve para anticipar potenciales problemas. Así como estrategias para evitarlos.
- Siguientes pasos. Detalle de los principales hitos que se siguen en la implementación, de acuerdo con la planificación prevista.

10.3 REVISIÓN CONTINUA

Una vez que la iniciativa estratégica se ha puesto en marcha y está sistematizada, incorporada en el día a día de la actividad de negocio transformada, debe asegurarse de que el esfuerzo invertido en la creación no pierda el potencial que tiene.

El verdadero desafío ahora es crear un sistema de medición de rendimiento sobre la nueva situación. A diferencia del proceso de implantación, donde lo que medíamos era el progreso de dicho despliegue, ahora se trata de disponer de un sistema de indicadores para recopilar datos y medidas de su eficiencia y resultados. Si la empresa ya disponía de un cuadro de mando, se deben incorporar nuevos indicadores sobre las nuevas actividades de negocio que pasan a ser parte de la dinámica de negocio alcanzada.

Para ello, se puede empezar con los puntos de control que se identificaron a la hora de revisar y crear nuevos procesos de negocio. Y poco a poco incorporar prácticas de mejora continua. De esta forma las actividades deben ser vigiladas apropiadamente y darles seguimiento, para proporcionar una retroalimentación constante.

Por lo tanto, a medida que pasa el tiempo, todos los procesos y sistemas de la organización deben ser sometidos a constante revisión. Con las nuevas medidas que se agregan y las medidas antiguas se lleva a cabo un proceso de mejora continua.

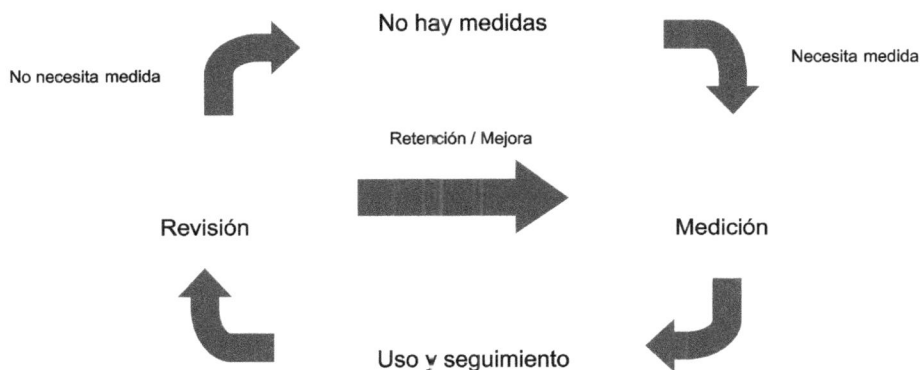

No hay medidas

No necesita medida

Necesita medida

Retención / Mejora

Revisión

Medición

Uso y seguimiento

Figura 29. Proceso de mejora continua para la medida

Tenga en cuenta que mantener este hábito de mejora continua exige que la empresa no sólo implemente con éxito la iniciativa estratégica, sino también cambiar la cultura y el clima, animando a los empleados de todos los niveles a que contribuyan a las mejoras.

10.4 FORMACIÓN EN EL NUEVO ENTORNO

A medida que el equipo de la iniciativa va llevando a cabo la transformación de la organización, hay que capacitar a sus integrantes para trabajar a pleno rendimiento en el nuevo entorno. Una nueva realidad que irá desde sutiles cambios en procesos que afectarán a las prácticas de trabajo de algunos departamentos a cambios radicales en la forma en que se llevarán a cabo determinadas actividades. Para que sea aprovechable en todo su potencial, las personas deben aprender a desarrollar su "nueva" actividad de trabajo.

Los propios responsables de las iniciativas llevadas a cabo son los más cualificados para estimar la diferencia existente entre lo que sabían hacer hasta ese momento sus colaboradores y lo que se espera que hagan tras la transformación. El facilitador debe recoger propuestas de formación ad-hoc o más estándares según el grado de cambio y de habilidades que se precisen y generar un calendario de formación por departamentos.

El objetivo de la formación debe ser ayudar a los profesionales de la organización a llevar a cabo correctamente el trabajo que ha sufrido alguna variación. Por lo tanto el entrenamiento debe permitirles:

entender en qué consiste ese nuevo trabajo, qué se espera de ellos y cómo llevarlo a cabo

practicarlo para poder llevarlo a cabo de forma autónoma

medir el grado de optimización en su desempeño, para ir adquiriendo mayor maestría e ir aportando mejoras según su ejecución

El aprovechamiento de la formación debe ser medido también, dado el esfuerzo en tiempo que puede suponer para la organización. Por lo tanto, conviene marcarse un esquema de evaluación de asimilación de dicha formación, para detectar posibles errores en el diseño de los programas formativos, personas con capacidades extra o que no consigan asumir los cambios en sus rutinas de trabajo.

10.5 EL CIERRE

Estimado amigo lector, cuando usted llegue al final de la implementación, habrá culminado un compromiso de entrega de valor que esperamos haya sido muy satisfactorio y provechoso para ambas partes.

La producción de servicios es algo efímero cuyos resultados directos se verán en forma de mejora del negocio, aumento de la competitividad en general. Pero, caso de haber llevado a cabo la metodología que se presenta en este libro, también otros indirectos como el desarrollo de todo el equipo que ha formado parte en el proyecto. Es decir, su capacitación y crecimiento como profesionales para aportar más valor a su organización y ser capaces de desarrollar nuevas actividades de forma superior.

Psicológicamente es muy importante el "cerrar" el fin de la iniciativa estratégica de negocio llevada a cabo. Y para ello, una vez todas las actividades de la planificación se han llevado a cabo con los objetivos marcados, se debe proceder a celebrar una reunión extraordinaria con la alta dirección. El objetivo de la misma es formalizar el fin de la transformación y de los servicios de facilitación.

Se trata de una excelente oportunidad, cuando todavía está reciente todo el proceso de cambio, para recabar ideas, feedback sobre la colaboración, sugerencias de mejora en la forma de facilitar. Y por supuesto para recopilar todo un sinfín de ideas de mejora de la nueva realidad del negocio, que habrán ido surgiendo de forma natural a lo largo de la implementación. Porque al ir desplegando el plan, los protagonistas de su realización se habrán topado con aspectos de la realidad que permitirán adecuar matices.

Todas esas ideas abren las puertas a más beneficios para la empresa y a más oportunidades de colaboración en nuevos proyectos estratégicos de negocio. Y el tiempo adecuado para detectarlas, recopilarlas y plasmarlas en un documento es este "momento dulce", que difícilmente se repetirá.

A continuación se muestra una carta de ejemplo que debe ser firmada por ambas partes y que incluirá un anexo con la lista de oportunidades de mejora que se hayan podido identificar.

Nombre del Cliente

Dirección

Iniciativa: Nombre de la Iniciativa. Ref: 20110204KA01

Con fecha 3 de marzo, y de acuerdo por ambas partes, se cierra el proyecto de colaboración entre Avanzalis Management S.L. y Nombre del Cliente, titulado "Nombre de la iniciativa".

Los resultados de dicha colaboración quedan plasmados en los trabajos:

- DX. Nombre del entregable

- …

Se han detectado como posibles puntos de continuidad y de evolución de la iniciativa los siguientes:

- Descripción de oportunidades de recurrencia, mejora…

- …

Barcelona a 3 de marzo de 2011

Avanzalis Management S.L.	Cliente
Socio Director	Cargo
José Carlos Ramos	Nombre del responsable de iniciativa

TERCERA PARTE

HERRAMIENTAS PRÁCTICAS
ANEXOS

11 ANEXOS

11.1 ANEXO I. GLOSARIO

Activo de Conocimiento: recurso que la organización debe cultivar y gestionar. Los activos humanos son personas y redes de gente, los activos estructurales pueden ser los procesos de ventas y los activos de mercado puede ser la marca corporativa.

Agente de Cambio: persona responsable de los procesos de cambio y la incorporación de las principales herramientas de la gestión del cambio en un plan organizado y sistemático de implementación

ANS: acuerdo de nivel de servicio.

AO (Application Outsourcing): externalización de aplicaciones. Gestión, mantenimiento y mejora de aplicaciones, que cubren el ciclo de vida completo del software.

Basic Application Management: gestión tanto de aplicaciones a medida como de aplicaciones estándar.

BD (business development): desarrollo de negocio.

Benchmark: patrón o parámetro de referencia, comparativa. Técnica empleada para medir el rendimiento de un sistema o componente del mismo en comparación con un patrón o parámetro que sirve de referencia. Es termino propio de gestión de la calidad.

Best-of-breed: sistema informático conformado por elementos diversos, cada uno de los cuales es el mejor de su clase, en contraposición con paquetes estándares completos. Biotecnología: estudio científico de los métodos y aplicaciones de empleo de células vivas para la obtención y mejora de productos útiles, como los alimentos y los medicamentos.

Board of Directors: Comité Ejecutivo.

Body of Knowledge: recopilación de los conocimientos existentes. Incluye prácticas y teorías de probada eficacia y aplicadas habitualmente, así como prácticas nuevas e innovadoras

Body shopping: servicio de consultoría consistente en proporcionar al cliente personal con la debida cualificación para desarrollar ciertas tareas o tipo de trabajo. También se conoce como consultoría de recursos humanos (RR.HH).

BPM (business process management): gestión de los procesos de negocio.

BPO (business process outsourcing): externalización de procesos de negocio.

Brainstorming o tormenta de ideas: herramienta de trabajo grupal que facilita el aporte de nuevas ideas sobre un tema o problema determinado. La también denominada lluvia de ideas es una técnica de grupo para generar ideas originales en un ambiente relajado

Bundled outsourcing: externalización combinada.

Business case: caso de negocio. Técnica económica consistente en crear un caso práctico mediante el que evaluar o analizar el impacto económico o financiero de un posible futuro proyecto en una empresa. Es un documento que describe los problemas del negocio para dirigir el proyecto, los objetivos del proyecto, el alcance del proyecto, el enfoque y los plazos para el logro de los resultados, el presupuesto y el equipo del proyecto.

Business consulting: consultoría de negocio.

Business development: desarrollo de negocio.

Business intelligence: sistemas de inteligencia de negocio para la gestión eficiente de la información.

Business-to-business: «de negocio a negocio». Hace referencia a la relación entre negocios o empresas.

Capital humano: parte del capital intelectual en la que se recogen tanto las competencias actuales (conocimientos, habilidades y actitudes) como la capacidad de aprendizaje y creación de las personas y equipos de trabajo que integran la organización.

Capital intelectual: conjunto de recursos intangibles y capacidades de carácter estratégico que posee o controla una organización.

CAU: Centro de Atención a Usuarios.

CEO (chief executive officer): presidente.

CIO (chief information officer): responsable de sistemas de información, director del departamento de informática.

Client Satisfaction Management: gestión de las expectativas del cliente y medición objetiva de su nivel de satisfacción. Cliente interno de negocio: el cliente de la empresa u organización que contrata los servicios de una firma de consultoría; es decir, el cliente del cliente de ésta.

Cluster: concentración geográfica de compañías interconectadas, suministradores especializados, proveedores de servicios, empresas de sector afines e instituciones conexas, en campos particulares, que compiten, pero que también cooperan.

CMMI (Capability Maturity Model Integration): es una calificación concedida por el Software Engineering Institute of Carnegie-Mellon University, que mide la calidad y la madurez de los procesos de desarrollo de software.

COBIT (Control Objectives for Information and related Technologies): Objetivos de Control para Tecnología de Información y Tecnologías relacionadas, conjunto de normas aplicables en el ámbito de estas tecnologías.

Conocimiento: Ideas o interpretaciones que una entidad posee, que son usadas para tomar una acción efectiva, con el objeto de lograr los objetivos de dicha entidad.

Commodities: artículos de consumo, productos, mercancías; bienes y servicios; materias primas.

Comprehensive Application Development/Management: se refiere al servicio de desarrollo, implementación y mantenimiento de aplicaciones nuevas o ya existentes. Conference: conferencia.

CRM (customer relationship management): gestión de relaciones con el cliente.

Customer Contact: contacto con el cliente.

Data (LAN, WAN, IP): datos (a través de diversos tipos de redes).

Data center: centro de datos.

Data Management & Architecture: gestión de datos y arquitecturas.

Data warehousing: almacenamiento de datos orientados a un dominio, integrados, no volátiles y variables en el tiempo, que sirve para tomar decisiones en la organización o empresa que dispone de él.

Delivery: entrega o provisión del servicio (una de las fases de la relación cliente-proveedor).

Design, Build and Run: diseño, construcción e implantación.

Desktop Management & Mobility: gestión de sobremesa / gestión desde el puesto fijo y móvil.

EDT: estructuras de descomposición o desglose del trabajo. e-learning: formación a través de medios electrónicos. e-mail: correo electrónico / correo a través de medios electrónicos.

Enterprise Integration: soluciones tecnológicas para resolver la integración de información entre distintos sistemas de información.

Enterprise Solutions: soluciones de empresa / soluciones de negocio.

ERP: siglas que aluden a los sistemas de planificación de los recursos empresariales.

Estructuras de descomposición o desglose del trabajo (EDT): organización exhaustiva, jerárquica y descendente constituida por los entregables y las tareas precisas para rematar un proyecto. Es término común en gestión de proyectos. Con frecuencia se emplea el término inglés equivalente work breakdown structures (WBS).

eSupport: soporte electrónico.

Expertise: pericia, conjunto de los conocimientos y saber hacer de una empresa que representan su experiencia, práctica, capacidades y habilidades en su ámbito de actividad.

Factores Críticos de Éxito: actividades y procesos más importantes de la organización, que deben hacerse bien, para alcanzar los objetivos esbozados en la estrategia. Por ejemplo: desarrollo de productos, reducción del inventario, tiempo de comercialización, atención y servicio al cliente, entre otros.

Field force enablement: capacitación de la fuerza de ventas.

Finance & Performance Management: gestión financiera y del rendimiento.

Finance and Accounting: finanzas y contabilidad.

Fortune 500: lista de las 500 sociedades anónimas estadounidenses más importantes, ordenada por beneficios brutos, recopilada y publicada anualmente por la prestigiosa revista Fortune.

Gaps: huecos o lagunas encontrados en un programa, solución o proyecto.

Gestión del Conocimiento: la forma de crear, conservar, compartir, tener en cuenta y aprovechar el conocimiento, en todos sus niveles, desde el nivel personal hasta el nivel de equipo, el nivel organizacional, nivel inter-organizacional y a nivel global.

Global Delivery & Sourcing: se refiere tanto a la entrega a escala mundial como a la compra de productos o servicios de proveedores externos.

Hardware: en el sector tecnológico, engloba los dispositivos y terminales informáticos. HD (Hard Disk): disco duro. Hostcentric: sistemas de servicios orientados a dar soluciones a proyectos desarrollados en torno a grandes sistemas sobre servidores centrales.

Hosting on-site: alojamiento de datos en un servidor local.

Hosting: gestión de operaciones de centros de datos, sistemas remotos y apoyo a entornos de desarrollo.

Human Performance: Rendimiento Humano.

Human Resources: Recursos Humanos.

I+D: investigación y desarrollo.

I+D+i: investigación, desarrollo e innovación.

I+DT: investigación y desarrollo tecnológico.

IEC: International Electrotechnical Commission, nombre inglés de la Comisión Electrotécnica Internacional (CEI).

Information Management: gestión de la información. Infrastructure Solutions: soluciones para la infraestructura de negocio.

IPTV (Internet Protocol Televisión): sistema de distribución de señales de televisión a través de banda ancha sobre el protocolo IP (Internet Protocol).

ISO: nombre de la Organización Internacional de Normalización y que figura en los nombres de todas las normas por ella emitidas.

IT Strategy & Transformation: Estrategia y Transformación de las Tecnologías de la Información.

ITIL (Information Technology Infrastructure Library): marco de trabajo de las mejores prácticas destinadas a facilitar la entrega de servicios de tecnologías de la información (TI) de alta calidad. ITIL resume un extenso conjunto de procedimientos de gestión ideados para ayudar a las organizaciones a lograr calidad y eficiencia en las operaciones de TI.

ITO (Infrastructure Outsourcing): externalización de infraestructuras.

Killer application: aplicación que produce una ruptura. Se refiere a una aplicación informática determinante; es decir, cuya implantación determina la adopción de una determinada tecnología por parte del mercado.

Know-how: término inglés que expresa las habilidades y conocimientos de una empresa, institución de investigación, etc.

KPI (key performance indicators): indicadores clave de rendimiento y satisfacción del cliente.

Learning: aprendizaje.

Legacy systems and databases: sistemas y bases de datos heredados, aquellos que sigue empleando el usuario (normalmente una organización o empresa) y no quiere o puede reemplazar. Suele ser sinónimo de anticuados, pero no siempre.

Lose-lose: sin beneficios o con perjuicios para ambas partes. Referido a relaciones.

Mainframes: grandes ordenadores centrales con gran capacidad de procesamiento y almacenaje.

Management & strategy consulting: consultoría estratégica y de gestión.

Management consulting: consultoría de gestión.

Mentoring: tutoría/apoyo al desarrollo profesional de una persona.

Messaging & Collaboration: envío de mensajes y colaboración.

Método incremental: aquel que refleja los incrementos positivos o negativos que se presentan en relación con períodos anteriores. Se realiza posteriormente un promedio aritmético de los aumentos porcentuales y el resultado se aplica sumándolo al resultado del período actual.

Métrica: metodología de planificación, desarrollo y mantenimiento de sistemas de información. Actualmente se halla disponible su versión 3, que «puede ser utilizada libremente con la única restricción de citar la fuente de su propiedad intelectual, es decir, el Ministerio de Administraciones Públicas».

Mid-Market BPO: externalización de procesos de negocio para mercados intermedios. Mix: mezcla, paquete mixto compuesto por elementos de índole diversa.

Mobile supply chain management: gestión móvil de la cadena de suministro.

Mobile Technology Solutions: Soluciones de Tecnología Móvil.

NDA (non-disclosure agreement): acuerdo de confidencialidad.

Nearshore: externalización de servicios en lugares cercanos al negocio.

Net Neutrality: principio que atiende a la controversia mantenida entre las empresas de telecomunicaciones y los proveedores de contenidos sobre la utilización de la red Internet.

Netcentric: solución de sistemas centrada en la red.

Network Management: gestión de redes.

Non-disclosure agreement: véase NDA.

Offering: oferta de servicios; es término equivalente a portfolio.

Offshore: externalización de servicios en lugares diferentes al del negocio.

Open Source: código abierto. Se refiere a aquellas aplicaciones que se facilitan con el código desprotegido para poder trabajar con él

On-line trading: relaciones comerciales a través de sistemas electrónicos.

Onshore: externalización de servicios en la misma localización que el negocio.

Outputs: salidas, datos que proceden de un proceso y terminan en un dispositivo de almacenamiento; a veces dispositivos de presentación o periféricos; productos o resultados finales de un proceso.

Outsourcing Services: servicios de externalización.

Outsourcing: externalización de la gestión de una parte de un negocio.

Partnership: partenariado, asociación, entidad social, sociedad colectiva o comanditaria; designa a veces una sociedad colectiva, o civil, o una comunidad de bienes.

Players: actores, interesados, partes interesadas.

Portals & Content Management: gestión de portales Web y contenidos.

Portfolio: cartera de productos y servicios.

Quality Assurance: control de calidad.

Raw materials: materias primas

Reporting: proceso de elaboración y remisión de informes que permite cubrir la supervisión y control del desarrollo de un proyecto.

Request for information (RFI): solicitud de información.

Request for proposals (RFP): solicitud de propuestas u ofertas.

RFI: véase Request for information.

Risk Assessment: evaluación del riesgo

Seis Sigma (6s): metodología de gestión de la calidad, centrada en el control de procesos. Su empleo permite reducir el número de defectos en la entrega o provisión de un producto o servicio. La letra griega sigma denota en estadística la desviación estándar; 6s corresponde a 3,4 defectos por millón.

Service-Oriented Architecture(SOA): paradigma tecnológico basado en el diseño de las soluciones mediante servicios.

Short list: listado o relación de proveedores preseleccionados entre los candidatos en un proceso de evaluación y elección de ofertas presentadas.

Silent commerce (sCommerce): comercio silencioso. Alude a las transacciones que se realizan entre dispositivos electrónicos. Se producen sin ayuda y en ocasiones incluso sin conocimiento de los propietarios de los dispositivos.

Software: aplicación informática.

Solutioncentric: oferta de servicios basada en el producto.

Sourcing and Procurement: se refiere a la compra de productos o servicios de proveedores externos.

Stakeholders: interesados, parte interesadas, interlocutores, partícipes.

Supplier Relationship Management: gestión de la relación con proveedores.

Supply Chain Management: gestión de la cadena de suministro.

Systems Integration: integración de sistemas.

T&M: véase Time & materials.

TI: tecnologías de la información.

TIC: tecnologías de la información y comunicación.

Time & materials (T&M): lit. 'tiempo y materiales', tipo de proyectos de consultoría que incluyen la provisión de recursos humanos propios que se desplazan a las instalaciones del cliente.

TQS (total quality service): calidad total del servicio.

Underdelivery: incumplimientos del proveedor en la entrega o provisión del servicio.

Utilities: recursos naturales y energía.

Visión: representa cómo se desea que sea en el futuro la organización

Watch List: lista de observación.

WBS: véase Work breakdown structures.

Web 2.0: Web social y colaborativa, de nueva generación; este término, creado por la editorial O'Reilly Media en 2004, incluye fenómenos de Internet que fomentan el intercambio y la colaboración ágiles entre los usuarios de la red; entre ellos, las redes sociales, los blogs o los wikis.

win-lose: con beneficios para una parte y perjuicios para otra. Referido a relaciones. win-

wiki: entorno de colaboración electrónica donde cualquier participante puede contribuir en la generación de contenidos

win: con beneficios para ambas partes. Referido a relaciones.

Work breakdown structures (WBS): estructuras de descomposición o desglose del trabajo (EDT).

Workshop: taller o sesión de trabajo.

11.2 ANEXO II. CLASIFICACIÓN DE PROCESOS DE AA

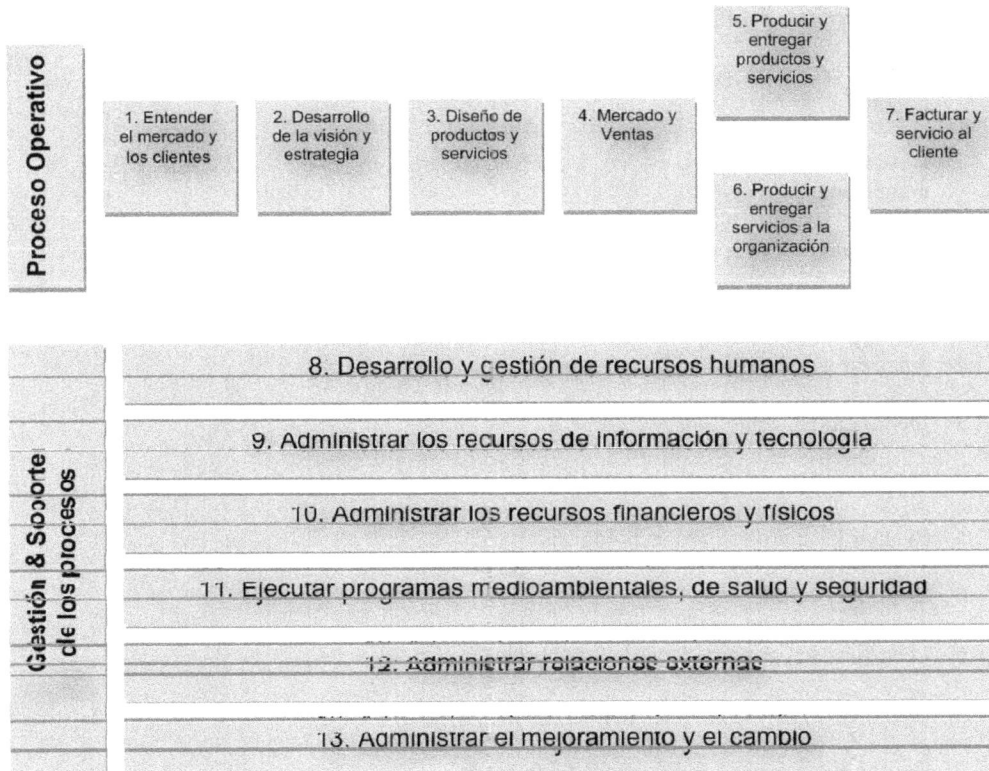

1. Entender el mercado y los clientes

1.1 Determinar las necesidades y deseos de los clientes

1.1.1 Evaluación cualitativa de la conducta

1.1.2 Evaluación cuantitativa de la conducta

1.1.3 Predecir el comportamiento de compra del cliente

1.2 Medir la satisfacción del cliente

1.2.1 Supervisar la satisfacción con productos y servicios

1.2.2 Supervisar la satisfacción con la resolución de las quejas

1.2.3   Supervisar la satisfacción con la comunicación

1.3   Supervisar los cambios en el mercado o las expectativas del cliente

1.3.1   Determinar las debilidades de los productos o servicios que se ofrecen

1.3.2   Identificar las nuevas innovaciones que están satisfaciendo las necesidades de los clientes

1.3.3   Determinar las reacciones de los consumidores en cuanto a lo que ofrece la competencia.

2.   Desarrollo de la Visión y la Estrategia

2.1   Supervisar el ambiente externo

2.1.1   Analizar y comprender a la competencia

2.1.2   Identificar las tendencias económicas

2.1.3   Identificar los problemas políticos y normativos

2.1.4   Evaluar las innovaciones tecnológicas

2.1.5   Entender la demografía

2.1.6   Identificar los cambios sociales y culturales

2.1.7   Entender la preocupación ecológica

2.2   Definir el concepto y la estrategia del negocio

2.2.1   Seleccionar los mercados importantes

2.2.2   Desarrollar la visión al largo plazo

2.2.3   Formular estrategias de la unidad de negocio

2.2.4   Desarrollar la misión

2.3   Diseño de la Estructura Organizativa

2.3.1   Administrar las operaciones internacionales

2.3.2   Externalizar funciones no críticas

2.3.3   Franquicias de productos y servicios

2.3.4   Crear Centros de servicios compartidos

2.3.5   Construir Alianzas estratégicas

2.4   Desarrollar y establecer metas organizacionales

3.   Diseño de productos y servicios

3.1   Desarrollar nuevos conceptos de productos y servicios

3.1.1   Traducir los deseos y necesidades de los clientes en productos y/o requerimiento de servicios.

3.1.2   Planeación y despliegue de los objetivos de calidad

3.1.3   Planeación y despliegue de los costos de los objetivos

3.1.4   Desarrollo del ciclo de vida del producto y desarrollo de los ciclos de tiempo

3.1.5   Desarrollo e integración de la tecnología líder dentro del concepto del producto y/o servicio

3.2.   Diseño, construcción y evaluación del prototipo de productos o servicios

3.2.1   Desarrollo de las especificaciones del producto y/o servicio

3.2.2   Conducta de la ingeniería concurrente

3.2.3   Aplicar la ingeniería de valor

3.2.4   Documentar las especificaciones de diseño

3.2.5   Desarrollo de prototipos

3.2.6   Solicitud y gestión de patentes

3.3   Perfeccionar los productos y servicios existentes

3.3.1   Desarrollar mejoras de los productos y servicios

3.3.2   Eliminar los problemas de fiabilidad de la calidad

3.3.3   Eliminar los productos y/o servicios obsoletos

3.4   Realizar pruebas de efectividad a los productos y/o servicios revisados

3.5   Prepararse para la producción

3.5.1   Desarrollo y prueba de un proceso de producción prototipo

3.5.2   Diseñar y conseguir el material y equipo necesario

3.5.3   Instalar o verificar procesos/metodologías

3.6   Gestión del proceso de desarrollo del producto y/o servicio

4.   Mercado y Ventas

4.1   Comercialización de productos/servicios relevantes para un segmento de clientes

4.1.1   Identificar los segmentos de mercado

4.1.2   Seleccionar los canales de distribución

4.1.3   Desarrollar la estrategia de precios

4.1.4   Estimar los recursos de publicidad y los requerimientos de capital

4.1.5   Desarrollo de la previsión de ventas

4.1.6   Venta de productos y servicios

4.1.7   Negociar los términos (condiciones)

4.2   Proceso de pedidos de los clientes

4.2.1   Vender a los clientes por medio de la fuerza de ventas

4.2.2   Proceso de los pedidos de los clientes

5.   Producir y distribuir productos y servicios

5.1   Planear y adquirir los recursos necesarios

5.1.1   Seleccionar y gestionar a los proveedores

5.1.2   Comprar bienes de capital

5.1.3   Comprar materiales y suministros

5.1.4   Gestión de los contratos de servicios

5.2   Convertir los recursos o insumos en productos

5.2.1   Desarrollo y ajuste del proceso producción de distribución

5.2.2   Calendario de producción

5.2.3   Mover materiales y recursos

5.2.4   Hacer el producto

5.2.5   Empaque del producto

5.2.6   Almacenamiento o deposito del producto

5.3   Transporte y entrega de materiales y productos

5.3.1   Fijar la entrega de productos

5.3.2   Estregar los productos a los clientes

5.3.3   Instalar productos

5.3.4   Confirmar los requerimientos específicos de servicio para los clientes individuales

5.3.5   Identificar y programar los recursos para satisfacer los requerimientos de servicios

5.3.6   Proporcionar los servicios para clientes específicos

5.4   Gestión de la producción y proceso de entrega

5.4.1   Documentar y monitorear el estado del pedido

5.4.2   Administrar los inventarios

5.4.3   Garantizar la calidad del producto

5.4.4   Programar y realizar mantenimiento

5.4.5   Supervisar las limitaciones ambientales

6.   Producir y entregar servicios orientado a las organizaciones

6.1   Planear para adquirir los recursos necesarios

6.1.1   Selección y administración de los proveedores

6.1.2   Compra de materiales e insumos

6.1.3   Administración de los contratos de servicios

6.2   Desarrollo de las competencias de los recursos humanos

6.2.1   Definir las competencias

6.2.2   Identificar e implementar el entrenamiento

6.2.3   Supervisar y administrar el desarrollo de competencias

6.3   Entregar el servicio al cliente

6.3.1 Confirmar los requerimientos específicos de servicio para los clientes individuales

6.3.2 Identificar y programar los recursos para satisfacer los requerimientos de servicios

6.3.3 Proporcionar los servicios para clientes específicos

6.4 Asegurar el servicio de calidad

7. Facturación y servicio al Cliente

7.1 Elaborar la factura al cliente

7.1.1 Elaborar, entregar y mantener las facturas de los clientes

7.1.2 Factura del cliente

7.1.3 Responder a las preguntas de facturación

7.2 Proporcionar servicio al cliente

7.2.1 Proporcionar servicio post-venta

7.2.2 Manejo de reclamaciones y garantías

7.3 Responder las preguntas de los clientes

7.3.1 Respondes a las solicitudes de información

7.3.2 Manejo de las quejas de los clientes

8. Desarrollo y Gestión de los Recursos Humanos

8.1 Crear y gestionar la estrategia de recursos humanos

8.1.1 Identificar las demandas estratégicas de la organización

8.1.2 Determinar los costos de los recursos humanos

8.1.3 Definir los requerimientos de recursos humanos

8.1.4 Definir el role dentro de la organización de los recursos humanos

8.2 Estrategia de cascada para el nivel de trabajo

8.2.1 Desarrollo de las competencias de liderazgo

8.2.2 Ampliar las competencias financieras

8.2.3   Definir las competencias de trabajo

8.3   Gestión del despliegue del personal

8.3.1   Planeación y pronóstico de las necesidades de fuerza de trabajo

8.3.2   Reclutamiento, selección y contratación de empleados

8.3.3   Administración de las asignaciones internacionales

8.3.4   Creación y despliegue de equipos

8.3.5   Restructuración de la fuerza de trabajo

8.3.6   Gestión de la jubilación de los empleados

8.3.7   Apoyar con la recolocación

8.4   Desarrollo y entrenamiento de los empleados

8.4.1   Alinear a los empleados y a la organización con las necesidades de desarrollo

8.4.2   Desarrollo y gestión de programas de entrenamiento

8.4.3   Desarrollo y gestión de programas de orientación para empleados

8.4.4   Desarrollo de competencias funcionales y/o de procesos

8.4.5   Desarrollo de competencias de gestión y/o de liderazgo

8.4.6   Desarrollo de competencias de equipo

8.5   Motivación y retención de empleados

8.5.1   Gestión de la compensación base y variable

8.5.2   Gestión del rendimiento del empleado, recompensa y reconocimiento

8.5.3   Garantizar la participación de los empleados

8.5.4   Evaluar el valor del trabajo en el mercado y la equidad interna

8.5.5   Desarrollar y gestionar programas de trabajo y de vida

8.5.6   Gestionar la diversidad

8.6   Manejar las relaciones de la gestión de mano de obra

8.6.1   Gestión de la satisfacción del cliente

8.6.2   Desarrollo de sistemas de trabajo y apoyo familiar

8.6.3   Manejo y administración de los beneficios de los empleados

8.6.4   Manejo del lugar de trabajo, salud y seguridad laboral

8.6.5   Manejo de la comunicación interna

8.6.6   Manejo y apoyo a la diversidad de la fuerza de trabajo

8.7   Garantizar la participación de los empleados

8.8   Manejar las relaciones de la gestión de mano de obra

8.8.1   Manejo del proceso de negociación colectivo

8.8.2   Administración y gestión de los asociados

8.9   Desarrollo de sistemas de información para los recursos humanos

9.   Gestión de los recursos de información y la tecnología

9.1   Administración de los Recursos de Información

9.1.1   Gestión de los documentos y registros

9.1.2   Aprovechamiento de los datos y la información

9.1.3   Aprovechamiento del conocimiento de la organización

9.1.4   Establecer normas estándares para gestión de datos

9.1.5   Establecer estándares de calidad y control

9.2   Gestión de la Tecnología de la Información

9.2.1   Realizar evaluaciones de necesidades específicas

9.2.2   Adquirir, desarrollar, desplegar y apoyar soluciones de aplicación

9.2.3   Soporte a los usuarios

9.2.4   Gestión del entorno técnico

9.2.5   Prueba, evaluación y despliegue de sistemas de apoyo a las empresas

9.3   Implementación de sistemas de seguridad y control

9.3.1   Establecer estrategias de sistemas de seguridad y niveles de control

9.3.2   Prueba, evaluación y despliegue de sistemas de seguridad y control

9.4   Gestión de almacenamiento y recuperación de la información

9.5   Gestión de las instalaciones y las operaciones de red

9.5.1   Administración de las instalaciones centralizadas

9.5.2   Administración de las instalaciones distribuidas

9.5.3   Administración de las operaciones de red

9.6   Administración de los servicios de información

9.6.1   Manejo de bibliotecas y centros de información

9.6.2   Manejo de los registros y documentos empresariales

9.7   Facilidad de compartir y comunicar la información

9.7.1   Manejar los sistemas de comunicacion externos

9.7.2   Manejar los sistemas de comunicación internos

9.7.3   Preparar y distribuir publicaciones

9.7.4   Evaluar y auditar información de calidad

10.   Manejo de los recursos físicos y financieros

10.1   Manejo de los recursos financieros

10.1.1 Desarrollo de presupuestos

10.1.2 Gestión de la asignación de recursos

10.1.3 Diseño de la estructura de capital

10.1.4 Manejo del flujo de caja

10.1.5 Manejo de los riesgos financieros

10.2   Proceso de financiación y transacciones contables

10.2.1 Proceso de las cuentas por pagar

10.2.2 Proceso de nomina

10.2.3 Proceso de cuentas por cobrar, créditos y recaudo

10.2.4 Cierre de libros

10.2.5 Proceso de información de los beneficios y jubilaciones

10.2.6 Administración de los gastos de viaje

10.2.7 Implementación y transferencia de política de precios

10.3   Reportes de información

10.3.1 Suministrar información financiera externa

10.3.2 Suministrar información financiera interna

10.4   Auditoria de conducta interna

10.5   Administración de los impuestos

10.5.1 Garantizar el cumplimiento del pago de los Impuestos Federales

10.5.2 Garantizar el cumplimiento del pago de los Impuestos de Estado y Locales

10.5.3 Garantizar el cumplimiento del pago de los Impuestos Internacionales

10.5.4 Manejo de las diferencias en los impuestos

10.5.5 Comunicar la gestión de los impuestos

10.5.6 Gestión la administración tributaria

10.6   Manejo de los recursos físicos

10.6.1 Manejo del capital de planeación

10.6.2 Manejo de los activos fijos

10.6.3 Manejo de las instalaciones

10.6.4 Manejo de los riesgos físicos

10.7   Manejo del riesgo de integridad

11.   Ejecutar programas medioambientales, de salud y seguridad laboral

11.1   Formular estrategias de Gestión EHS

11.2   Garantizar el cumplimiento de los reglamentos

11.3   Manejo y diseño de programas medioambientales

11.4   Implementación de programas de prevención de la contaminación

11.5 Administrar los esfuerzos de remediación

11.6 Implementación de programas de respuesta para emergencias

11.7 Administración de agencias gubernamentales y relaciones publicas

11.8 Manejo de la adquisición o desinversión de asuntos ambientales

11.9 Desarrollo y manejo de sistemas de información medioambientales

11.10 Seguimiento de los programas de gestión medioambiental

12. Administrar relaciones externas

12.1 Comunicación con los accionistas

12.2 Manejar las relaciones con el gobierno

12.3 Construir relaciones con los prestamistas

12.4 Desarrollar programas de relaciones públicas

12.5 Sistemas de comunicación con el Consejo de Administración

12.6 Desarrollar relaciones con la comunidad

12.7 Manejar los asuntos éticos y legales

13. Administrar el mejoramiento y el cambio

13.1 Medir el desempeño organizacional

13.1.1 Crear sistemas de medida

13.1.2 Medir la calidad de los productos y servicios

13.1.3 Medir los costos de calidad

13.1.4 Medir los costos

13.1.5 Medir el ciclo de tiempo

13.1.6 Medir la productividad

13.2 Realizar evaluaciones de calidad

13.2.1 Evaluación de la calidad basada en criterios externos

13.2.2 Evaluación de la calidad basada en criterios internos

13.3   Referencia del rendimiento

13.3.1 Desarrollar capacidades para poder evaluar comparativamente

13.3.2 Proceso de evaluación comparativa

13.3.3 Conducta del benchmarking competitivo

13.4   Mejora de procesos y sistemas

13.4.1 Crear el compromiso de mejoramiento

13.4.2 Implementar procesos de mejoramiento continuo

13.4.3 Reingeniería de procesos y sistemas del negocio

13.4.4 Administración de la transición del cambio

13.5   Implementación del TQM (Total Quality Management)

13.5.1 Crear compromiso para el TQM

13.5.2 Diseñar e implementar sistemas TQM

13.5.3 Gestionar el ciclo de vida del TQM

11.3 ANEXO III. EVALUACIÓN DE RECURSOS Y CAPACIDADES CLAVE

11.3.1 Encuesta para la evaluación de recursos y capacidades clave

La encuesta de evaluación de los Recursos y Capacidades Clave es una herramienta simple, que se utiliza para evaluar la diferencia entre la situación actual y la deseada en cuanto a dichos parámetros.

Se evalúan agrupados de la siguiente manera:

Factores Críticos de Éxito

¿Están presentes estos factores críticos de éxito para la gestión de conocimiento en la organización?

Sensibilización:

Las personas en todos los niveles de la organización, tienen una percepción de la necesidad de llevar a cabo un cambio de calado en la actividad de negocio

1. N A	3. 1	5. 2	7. 3	

Las personas en todos los niveles reconocen el equipo directivo como un órgano de decisión clave

9. N A	11. 1	13. 2	15. 3	

Las personas de la organización son conscientes de la necesidad de gestionar proactivamente los recursos y capacidades clave

17. N A	19. 1	21. 2	23. 3	

Compra por parte de la Dirección General:

Hay algún nivel de promoción de la iniciativa estratégica de negocio en la junta directiva

25. N A	27. 1	29. 2	31. 3	

La Alta Dirección de la compañía está comprometida con la iniciativa estratégica de negocio

33. N A	35. 1	37. 2	39. 3	

La Alta Dirección reconoce la necesidad de trabajar la estrategia de negocio

41. N A	43. 1	45. 2	47. 3	

Cultura de colaboración y participación:

Registrar y compartir el conocimiento es una rutina

49. N A	51. 1	53. 2	55. 3	

El fracaso es visto como una oportunidad de aprender

57. N A	59. 1	61. 2	63. 3	

El cambio es aceptado como parte de la actividad normal

65. N A	67. 1	69. 2	71. 3	

Todos los empleados cooperan y ayudan cuando se les pregunta sobre alguna información o consejo

73. N A	75. 1	77. 2	79. 3	

Desarrollar recursos y sistematizar capacidades es visto como una fortaleza

81. N A	83. 1	85. 2	87. 3

Medidas para evaluar los beneficios

Los recursos y capacidades clave son reconocidos y valorados

89. N A	91. 1	93. 2	95. 3

Hay un alto nivel de seguimiento y control del impacto de las capacidades en toda la organización

97. N A	99. 1	101. 2	103. 3

Incentivos y recompensas por trabajo colaborativo

El buen comportamiento colaborativo entre personas del mismo área o de distintos departamento se fomenta activamente en el día a día

105. N A	107. 1	109. 2	111. 3

El mal comportamiento individualista desanima

113. N A	115. 1	117. 2	119. 3

Los individuos son visiblemente recompensados por reutilizar y compartir el conocimiento

121. N A	123. 1	125. 2	127. 3

Infraestructura de Recursos

Estrategia

La iniciativa estratégica de negocio que se aborda es vital para la estrategia de negocio

129. N A	131. 1	133. 2	135. 3	

Hay una visión clara de la iniciativa objetivo

137. N A	139. 1	141. 2	143. 3	

Están definidas las responsabilidades y el presupuesto para la iniciativa estratégica

145. N A	147. 1	149. 2	151. 3	

Hay un liderazgo claro de la iniciativa, bien sea por parte de las unidades de negocio o por parte de todo el negocio

153. N A	155. 1	157. 2	159. 3	

La organización pone a punto sus procesos, para generar, adquirir y aplicar recursos y capacidades clave

161. N A	163. 1	165. 2	167. 3	

La organización evalúa sistemáticamente sus necesidades futuras de recursos y capacidades y ejecuta planes para conocerlas

169. N A	171. 1	173. 2	175. 3	

Tangibles

La empresa pública sus estados financieros de forma rigurosa y auditada

177. N A	179. 1	181. 2	183. 3	

Existen políticas claras destinadas al control de gastos e inversión para garantizar la salud económica de la compañía

185. N A	187. 1	189. 2	191. 3

Se preservan y mantener actualizadas las maquinarias y tecnologías necesarias para la actividad de negocio

193. N A	195. 1	197. 2	199. 3

Continuamente se invierte en la modernización de las infraestructuras y herramientas de trabajo, así como en las oficinas para garantizar el máximo rendimiento productivo

201. N A	203. 1	205. 2	207. 3

Intangibles

Los activos clave, tal como, el conocimiento del cliente se identifica, se preservan y se mantiene

209. N A	211. 1	213. 2	215. 3

Existe un manual de imagen corporativa claro y completo

217. N A	219. 1	221. 2	223. 3

Los activos intelectuales están protegidos legalmente

225. N A	227. 1	229. 2	231. 3

Existen políticas de uso de la marca de la compañía para preservar la reputación

233. N A	235. 1	237. 2	239. 3

Casi no existe duplicación de esfuerzos en la organización

241. N A	243. 1	245. 2	247. 3	

En el día a día de trabajo es fácil encontrar los recursos necesarios para la actividad

249. N A	251. 1	253. 2	255. 3	

El área de marketing es una de las más importantes en la organización, llevando a cabo continuamente estudios de mercado

257. N A	259. 1	261. 2	263. 3	

Existe una sistemática de benchmarking y habitualmente se acude a foros y congresos del sector

265. N A	267. 1	269. 2	271. 3	

Humanos

Hay una política avanzada de RRHH que integra la Gestión por Competencias y lleva a cabo programas anuales de Desarrollo

273. N A	275. 1	277. 2	279. 3	

La mayoría del personal que desempeña actividades de alto valor añadido tiene una preparación adecuada

281. N A	283. 1	285. 2	287. 3	

La rotación interna del personal, alienta activamente a difundir las mejores prácticas e ideas

289. N A	291. 1	293. 2	295. 3	

Las personas que ostentan cargos de responsabilidad en la organización son seleccionadas en base a criterios de desempeño, habilidades y experiencia

297. N A	299. 1	301. 2	303. 3

Hay una política de transparencia y comunicación hasta en la forma en que se transmiten los valores y políticas corporativas

305. N A	307. 1	309. 2	311. 3

Infraestructura de Capacidades

Funciones corporativas

Existen funciones y responsabilidades específicas para las actividades relacionadas con las capacidades clave en la organización

313. N A	315. 1	317. 2	319. 3

Existen redes formales que faciliten la diseminación de los recursos y capacidades clave

321. N A	323. 1	325. 2	327. 3

La rotación interna del personal, alienta activamente a difundir las mejores prácticas e ideas

329. N A	331. 1	333. 2	335. 3

Sistemas

La tecnología es un factor clave para garantizar que la información correcta esté disponible a las personas adecuadas, en el momento adecuado.

337. N A	339. 1	341. 2	343. 3

Hay sistemas para facilitar la comunicación efectiva a través de fronteras y zonas horarias

345. N A	347. 1	349. 2	351. 3

La información está continuamente actualizada de forma rigurosa para permitir toma de decisiones correctas

353. N A	355. 1	357. 2	359. 3

Hay procedimientos completos de seguridad de TI (copias de información, recuperación, etc.)

361. N A	363. 1	365. 2	367. 3

Redes sociales

Individual

Los individuos están comprometidos con el mejoramiento continuo y la constante generación de nuevas ideas dentro del contexto de la organización

369. N A	371. 1	373. 2	375. 3

Los recursos están comprometidos, para la formación continua y desarrollo de los individuos

377. N A	379. 1	381. 2	383. 3

Equipo

Los equipos en la organización son efectivos, auto-gestionable, compuestos de individuos capaces de aprender el uno del otro

244

385. N A	387. 1	389. 2	391. 3

Hay una buena comunicación dentro del equipo y se comparte el conocimiento

393. N A	395. 1	397. 2	399. 3

Organización

Virtual o remotamente los equipos están apoyados efectivamente en términos de acceso a las redes o al conocimiento

401. N A	403. 1	405. 2	407. 3

Se gestionan y se forman equipos efectivos y multidisciplinares

409. N A	411. 1	413. 2	415. 3

Hay ajuste de las metas de participación, medición y retroalimentación

417. N A	419. 1	421. 2	423. 3

Inter-organizacional

La tecnología se comparte con los clientes y proveedores, en caso de mejorar las relaciones

425. N A	427. 1	429. 2	431. 3

Las ideas de alianzas y empresas conjuntas (joint venture), se revisan constantemente y proceden cuando es necesario

433. N A	435. 1	437. 2	439. 3

Evaluación de la matriz

Asigne usted mismo los siguientes puntos para cada número

NA→ 0

→ 1

→ 2

→ 3

11.3.2 Ejemplo de plantilla para Inventario de Activos Latentes

Inventario de Activos Latentes

1 GLOBAL

BUSINESS MODEL

Modelo de negocio

Soluciones específicas

Elevados estándares de calidad

Reducción de costes

Mejora de la rentabilidad en productos o servicios

Nuevas fuentes de ingresos

Políticas de partnership y externalización

Ventajas competitivas

Flexibilidad, capacidad de reacción alta, tiempos de respuesta muy reducidos

Funcionalidades muy superiores en algunos productos

Atributos

Precio

Calidad

Disponibilidad

Gama

Funcionalidades

Tiempo respuesta (flexibilidad)

Novedades de valor-anticipación

2 MERCADO

MERCADO

Competidores

Benchmarking de competencia

Líder/ follower/ otros

Especialidades clave

Otras especialidades

Cadena de valor y papel

Posición dominante respecto a clientes o proveedores X

Posición débil frente a proveedores o clientes Y

Posición competitiva

Análisis de 5 fuerzas

Curva de valor. Creación de océanos azules

Geografía

Marca

Percepción

Proyección

Mercado

Gran penetración en los mejores clientes

Suministros exclusivos

Cutoa de mercado

Otros parámetros ponderación

3 RECURSOS CLAVE

RECURSOS CLAVE

Estructura

- Organización procesos
- Gestión y control
- Estructura ligera y funcional

Organización

- Alta orientación al cliente
- I+D vinculado a demandas de clientes
- Dinamismo del área comercial

Liderazgo distintos niveles

- Fuerte liderazgo e implicación alta dirección
- Segundo nivel directivo focalizado en operaciones

Cohesión y colaboración

- Gestión avanzada del conocimiento

Iniciativa de los colaboradores

- Alta autonomía
- Iniciativa comercial desde cualquier ámbito

Socios clave

- Partner 1
- Partner 2
- Partner 3
- Cluster sectorial/ geográfico colaborador

Acceso a fuentes externas/ actualización

- Colaboraciones partnership
- Formación continua

	Apoyo de consultoría externa experta
	Acceso a Centros de Investigación y Desarrollo/ Universidades
Redes interpersonales soportando K clave	
	Know how en técnicas soportado por equipos expertos
	Usuarios comunidades virtuales específicas
	Participación en foros y eventos
Tecnologías utilizadas	
	Desarrollo propio
	Absorción
	Máquinas adaptadas
	Adaptación de tecnologías de otros sectores
	Aplicación exclusiva
Desarrollo de Productos	
	Diseño y desarrollo propio
	Productos innovadores (menos de 3 años)
	Productos core
	Procesos diferentes a la media del sector

4 CAPACIDADES CLAVE

CAPACIDADES CLAVE

Desarrollo tecnológico	
	Desarrollo de productos o servicios de alta complejidad
	Aplicaciones exclusivas diferentes del sector
	Capacidad de adaptación a necesidades distintas
	Investigación a medida

Ensayos en laboratorio

Laboratorio homologado

Capacidades para el desarrollo organizacional

Capacidad de adaptación al cambio

Sistemas de control y seguimiento con indicadores sistematizados

Cultura de comunicación abierta

Gestión por Competencias de las personas

Sistematización de transferencia de know- how mediante mentoring

Mapa de talento clave

Identificación de áreas de conocimiento clave

Actividad Innovadora

Sistematización de actividad innovadora

Recursos para I+D

Cluster para innovación abierta

Sensibilización en la dirección por la innovación

Compromiso con la promoción de la colaboración y sistematización de la GC

Seguimiento y medición de impacto de la actividad innovadora

Gestión del conocimiento

Identificación de áreas de conocimiento clave

Estrategia de protección y potenciación de conocimiento core

Proceso de GC

Acceso y uso de repositorios de Conocimiento

Sistematización de transferencia de know- how mediante mentoring

Personas

Mapa de Competencias de las personas

Evaluación del desempeño y reconocimiento

Planes de desarrollo

Programas de formación

5 ACTIVIDADES CLAVE

ACTIVIDADES CLAVE

Procesos de negocio

Optimización procesos core

Externalización procesos no core

Optimización costes y consumos

Automatización de procesos

Actualización de maquinaria

Modernización de líneas

Actualización de TICs

Producción

Capacidad de producción (escalabilidad y flexibilidad)

Distribución en planta (Lay out)

Almacén

Logística y distribución

Medición y seguimiento. KPI's

Atención al cliente y postventa

Call center

Fuerza comercial

Product managers

Gestión de la relación con el cliente unificada CRM

11.4 ANEXO IV. BIBLIOGRAFÍA RECOMENDADA

ANSOFF, Igor. Corporate Strategy. United States of America. McGraw-Hill, 1965.

ARGYRIS, Chris. Knowledge for action: a guide to overcoming barriers to organizational change. United States of America. Jossey-Bass, 1993. ISBN: 978-1-5554-2519-7.

ARGYRIS, Chris. Organizational learning. 2a ed. United States of America. Wiley-Blackwell, 1999. ISBN: 978-0-6312-1309-3.

BARNARD, Chester. The functions of the executive. 30a ed. United States of America. Harvard University Press, 1968, 11 vol. ISBN: 978-0-6743-2803-7.

BARTLETT, Christopher; GHOSHAL, Sumantra. Managing Across Borders: The Transnational Solution. 2a ed. United States of America. Harvard Business Press, 2002. ISBN: 978-1-5785-1707-7.

BELBIN, Meredith. Management Teams: Why They Succeed Or Fail. 3a ed. Oxford. Butterworth-Heinemann, 2010. ISBN: 978-1-8561-7807-5.

BENNIS, Warren; NANUS, Burt. Leaders: the strategies for taking charge. 2a ed. United States of America. Harper & Row, 2003. ISBN: 978-0-0601-5246-8.

CARNEGIE, Dale. How to win friends and influence people. New York. Simon & Schuster, 1998. . ISBN: 978-0-6710-2703-2.

CHAN KIM, W; MAUBORGNE, Renné. Blue ocean strategy. Boston. Harvard Business Press, 2005. ISBN: 978-1-5913-9619-2.

CHANDLER, Alfred. Strategy and structure. Washington D.C. Beard Books, 2003. ISBN: 978-1-5879-8198-2.

CHESBROUGH, Henry William. Open innovation: the new imperative for creating and profiting from technology. United States of America. Harvard Business Press, 2006. ISBN: 978-1-4221-0283-1.

COVEY, Stephen. The 7 habits of highly effective people. Restoring the character ethics. 8a ed. New York. Editorial Paidós, 1997. ISBN: 978-8-4493-0432-3.

CROSS, Robert; PARKER, Andrew. The hidden power of social networks: understanding how work really gets done in organizations. Boston. Harvard Business Press, 2004. ISBN: 978-1-5913-9270-5.

DAVENPORT, Thomas; PRUSAK, Laurence. Working knowledge: how organizations manage what they know. United States of America. Harvard Business Press, 2000. ISBN: 978-1-5785-1301-7.

DE BONO, Eduard. Seis sombreros para pensar. Buenos Aires. Ediciones Granica S.A, 1993. ISBN: 978-9-5064-1061-2.

DEMING, W.Edwards. Out of the crisis. United States of America. MIT Press, 2000. ISBN: 978-0-2625-4115-2.

DRUCKER, Peter. The age of discontinuity: guidelines to our changing society. 2a ed. United States of America. Transaction Publishers, 1992. ISBN: 978-1-5600-0618-3.

DRUCKER, Peter. The practice of management. 2a ed. United States of America. Butterworth-Heinemann, 2007. ISBN: 978-0-7506-8504-7.

FAYOL, Henri. Administration industrielle et générale. 30a ed. Francia. Dunod, 1947.

FORD, Henry. My life and work. Minneapolis. Filiquarian Publishing, LLC, 2006. ISBN: 978-1-5998-6968-1.

FRIEDMAN, Thomas L. The World Is Flat: A Brief History of the Twenty-First Century. 3a ed. Cánada. Douglas & McIntyre, 2007. ISBN: 978-1-5536-5175-8.

GERBER, Michael. The E-myth revisited: why most small businesses don't work and what to do about it. United States of America. HarperBusiness, 1995. ISBN: 978-0-8873-0728-7.

GOLDRATT, Goldratt. La meta. 3a ed. Buenos Aires. Ediciones Granica S.A, 2008. ISBN: 978-9-5064-1523-5.

GOLEMAN, Daniel. Working with emotional intelligence. United Kingdom. Bantam Books, 1998. ISBN: 978-0-5531-0462-2.

GOOLD, Michael; CAMPBELL, A; ALEXANDER, Marcus. Corporate-level strategy: creating value in the multi-business company. United States of America. J. Wiley, 1994. ISBN: 978-0-4710-4716-2.

HAMEL, Gary; PRAHALAD, C.K. Competing for the future. United States of America. Harvard Business Press, 1994. ISBN: 978-0-8758-4416-9.

HAMMEL, Gary; BREEN, Bill. The future of management. United States of America. Harvard Business Press, 2007. ISBN: 978-1-4221-0250-3.

HAMMER, Michael; CHAMPY, James. Reengineering the corporation: a manifesto for business revolution. United States of America. HarperBusiness Essentials, 2003. ISBN: 9-780-0605-5953-3.

HANDY, Charles. The age of unreason. 2a ed. United Kingdom. Arrow Business Books, 1995. ISBN: 9-780-0995-4831-7.

HERZBERG, Frederick; MAUSNER Bernard; BLOCH, Barbara. The motivation to work. New Jersey. Transaction Publishers, 1993. ISBN: 978-1-5600-0634-3.

HUNTER, James. La paradoja: un relato sobre la verdadera esencia del liderazgo. 4a ed. España. Urano, 2000. ISBN: 978-8-4795-3365-6.

JURAN, Joseph. Planning for quality. United States of America. Free Press, 1988. ISBN: 978-0-0291-6681-9.

KAPLAN, Robert; NORTON, David. Strategy maps: converting intangible assets into tangible outcomes. United States of America. Harvard Business Press, 2004. ISBN: 978-1-5913-9134-0.

KAPLAN, Robert; NORTON, David. The balanced scorecard: translating strategy into action. United States of America. Harvard Business Press, 1996. ISBN: 978-0-8758-4651-4

KOTLER, Philip; et al. Marketing management. England. Pearson Education Limited, 2009. ISBN: 9-780-2737-1856-7.

KURZWEIL, Ray. The singularity is near when humans transcend biology. United States of America. Penguin, 2005. ISBN: 978-0-6700-3384-3.

LEVINSON, James. Guerrilla marketing excellence: the 50 golden rules for small-business success. New York. Houghton Mifflin Harcourt, 1993. ISBN: 978-0-3956-0844-9.

LEVITT , Theodore. Innovation in marketing. United States of America. McGraw-Hill, 1962..

LIKER, Jeffrey. The Toyota way: 14 management principles from the world's greatest manufacturer. United States of America. McGraw-Hill Professional, 2004. ISBN: 978-0-0713-9231-0.

MACHIAVELLI, Niccolò. El príncipe. 1a ed. Madrid. Impr. de León Amarita, 1821.

MASLOW, Abraham ; FRAGER, Robert. Motivation and personality. 3a ed. United States of America. Harper & Row, 1987. ISBN: 0-604-19873.

MCGREGOR, Douglas; CUTCHER-GERSHENFELD, Joel. The human side of enterprise. United States of America. McGraw-Hill Professional, 2006. ISBN: 978-0-0714-6222-8.

MCGREGOR, James. Leadership. United States of America. Harper & Row, 1979, 697 vol. ISBN: 978-0-0609-0697-9.

MINTZBERG, Henry. The nature of managerial work. California. Prentice-Hall, 1980. ISBN: 978-0-1361-0402-5.

MINTZBERG, Henry. The rise and fall of strategic planning. Edinburgh. Pearson Education, 2000. ISBN: 978-0-2736-5037-9.

MOSS KANTER, Rosabeth. The change masters: corporate entrepreneurs at work. 2a ed. London. Taylor & Francis, 1983. ISBN: 978-0-0465-8244-9.

NEVADO PEÑA, Domingo; et al. Consultor: Para la Dirección General. Madrid. Wolters Kluwer España, 1997. ISBN: 80-934408-2-5.

NONAKA, Ikujiro; TAKEUCHI, Hirotaka. The Knowledge-Creating Company: How Japanese Companies Create the Dynamics of Innovation. Oxford. Oxford University Press, 1995. ISBN: 978-0-1950-9269-1.

NORDSTRÖM, Kjell; RIDDERSTRALE, Jonas. Funky Business: El Talento Mueve al Capital. United States of America. Prentice Hall, 2000. ISBN: 978-8-4205-3020-8.

OHMAE, Kenichi. The borderless world: power and strategy in the interlinked economy. New York. HarperBusiness, 1999. ISBN: 9-780-8873-0967-0.

OHMAE, Kenichi. The mind of the strategist: the art of Japanese business. United States of America. McGraw-Hill Professional, 1982. ISBN: 978-0-0704-7904-3.

PARKER FOLLETT, Mary ; METCALF, Henry, . Dynamic Administration: The Collected Papers of Mary Parker Follett: Early Sociology of Management and Organizations. 3a ed. United States of America. Routledge, 2003. ISBN: 978-0-4152-7985-7.

PARKINSON, C. Northcote. Parkinson's law.[s.l]. Ballantine, 1983. ISBN: 978-0-3453-0064-5.

PASCALE, Richard. Managing on the edge: how the smartest companies use conflict to stay ahead. New York. Simon & Schuster, 1991. ISBN: 978-0-6717-3285-1.

PASCALE, Richard; ATHOS, Anthony. The art of the japanese management. United Kingdom. Penguin Books, 1986. ISBN: 978-0-1400-9115-1.

PETERS, Tom; TISCORNIA, Alejandro; COCO, Luis. Liberation management. 2a ed. Argentina. Atlántida, 1992.

PETERS, Tom; WATERMAN Robert. In search of excellence: lessons from America's best-run companies. United States of America. HarperBusiness Essentials, 2004. ISBN: 978-0-0605-4878-0.

PORTER, Michael. Competitive strategy: techniques for analyzing industries and competitors : with a new introduction. New York. Simon & Schuster, 1998. ISBN: 978-0-6848-4148-9.

PORTER, Michael. The competitive advantage of nations: with a new introduction. United States of America. Free Press, 1990. ISBN: 9-780-6848-4147-2.

PRITCHARD , Alfred. My years in GM. New York. Doubleday, 1964.

RASIEL, Ethan. The McKinsey way: using the techniques of the world's top strategic consultants to help you and your business. United States of America. McGraw-Hill Professional, 1999. ISBN: 978-0-0705-3448-3.

RAYMOND, Eric. The cathedral and the bazaar: musings on Linux and Open Source by an accidental revolutionary. United States of America. O'Reilly Media, Inc, 2001. ISBN: 978-0-5960-0108-7.

REDONDO, Emilio. La venta consultiva. Madrid. Piramide, 2007. ISBN: 978-8-4368-2122-2

SCHEIN, Edgar. Organizational culture and leadership. 3a ed. San Francisco. John Wiley and Sons, 2004. ISBN: 978-0-7879-6845-8.

SEMLER, Ricardo. Maverick!: the success story behind the world's most unusual workplace. United Kingdom. Random House Business Books, 2001. ISBN: 978-0-7126-7886-5.

SEMLER, Ricardo. The seven-day weekend: changing the way work works.[s.l]. Portfolio, 2004. ISBN: 978-1-5918-4026-8.

SENGE, Peter. The fifth discipline: the art and practice of the learning organization. New York. Doubleday, 2006. ISBN: 978-0-3855-1725-6.

SENGE, Peter; KEINER, Art; ROBERTS Charlotte. La danza del cambio: el reto de avanzar en las organizaciones que aprenden. New York. Gestión 2000, 2000. ISBN: 978-8-4808-8421-1.

SMITH, Adam. The Wealth of Nations. [s.l]. Forgotten Books, 2003, 1 vol. ISBN: 978-0-4864-2513-9.

TAPSCOTT, Don; WILLIAMS, Anthony. Wikinomics: la nueva economía de las multitudes inteligentes. España. Paidós, 2007, 108 vol. ISBN: 9-788-4493-2014-9.

TAYLOR, Frederick. The principles of scientific management. [s.l]. Forgotten Books, 2008. ISBN: 978-1-6068-0112-3

TOFFLER, Alvin. The third wave. Germany. Bantam Books, 1989. ISBN: 9-780-5532-4698-8

TOWNSEND, Robert; BENNIS, Warren. Up the Organization: How to Stop the Corporation from Stifling People and Strangling Profits. San Francisco. John Wiley and Sons, 2007, 144 vol. ISBN: 978-0-7879-8775-6

TROMPENAARS, Fons. Riding the waves of culture. 2a ed. [s.l]. Cram101 Incorporated, 2006. ISBN: 9-781-4288-1052-5

TROUT, Jack; RIVKIN, Steve. El poder de lo simple: una guía empresarial para eliminar lo absurdo y ser más racional. United States of America. McGraw-Hill, 1999. ISBN: 978-8-4481-2309-3.

TZU, Sun. Sun Tzu "El Arte de la Guerra: para directivos". 4a ed. Barcelona. Ediciones Gestión 2000, S.A, 2001. ISBN: 84-8088-910-1.

VON HIPPEL, Eric. Democratizing innovation. United States of America. MIT Press, 2005. ISBN: 978-0-2620-0274-5.

WATSON JR, Thomas. A business and its beliefs: the ideas that helped build IBM. New York. McGraw-Hill Professional, 2003. ISBN: 9-780-0714-1859-1.

WEBER, Max. Theory of social and economic organization. New York. The free press, 1964. ISBN: 0-684-83640-8.

ISBN: 978-84-615-7625-8

Autor:

José Carlos Ramos Carrasco

Colaboradores:

Ignacio Esteban Gassó

Yady Liliana Alvarado Salazar

www.ingramcontent.com/pod-product-compliance
Lightning Source LLC
Chambersburg PA
CBHW081500200326
41518CB00015B/2324